O legado de Calvino

A influência calvinista na teoria e na práxis humanas contemporâneas

O legado de Calvino

Christian Medeiros • Cristiano Camilo Lopes • Fabiano de Almeida Oliveira • Fernando Luis Cazarotto Berlezzi • Hermisten Maia • Marcelo Martins Bueno • Paulo Romeiro • Ricardo Bitun • Rodrigo Franklin de Sousa • Sérgio Ribeiro Santos

Copyright © 2021 por Christian Medeiros, Cristiano Camilo Lopes, Fabiano de Almeida Oliveira, Fernando Luis Cazarotto Berlezzi, Hermisten Maia, Marcelo Martins Bueno, Paulo Romeiro, Ricardo Bitun, Rodrigo Franklin de Sousa, Sérgio Ribeiro Santos

Todos os direitos reservados por Vida Melhor Editora LTDA.

Os pontos de vista desta obra são de responsabilidade de seus autores e colaboradores diretos, não refletindo necessariamente a posição da Thomas Nelson Brasil, da HarperCollins Christian Publishing ou de sua equipe editorial.

Publisher	*Samuel Coto*
Editores	*André Lodos Tangerino e Bruna Gomes*
Copidesque	*Aldo Menezes*
Revisão	*Jean Xavier*
Diagramação	*Sonia Peticov*
Capa	*Jonatas Belan*

DADOS INTERNACIONAIS DE CATALOGAÇÃO NA PUBLICAÇÃO (CIP)
(Benitez Catalogação Ass. Editorial, Campo Grande/MS)

L525
    O legado de Calvino: a influência calvinista na teoria e na práxis humanas contemporâneas / Marcelo Martins Bueno. — 1.ed. — Rio de Janeiro: Thomas Nelson Brasil, 2021.
    240 p.; 15,5 x 23 cm.

    Vários autores
    Bibliografia.
    ISBN 978-65-56891-77-4

    1. Calvino, Italo, 1509–1564 — Escritos.   2. Ensaio.   3. Protestantismo. 4. Reforma protestante.   5. Moral cristã.

01-2021/32   CDD: 230.1

Índice para catálogo sistemático:
1. Calvinismo: Reforma protestante: História   230.1

Aline Graziele Benitez — Bibliotecária — CRB-1/3129

Thomas Nelson Brasil é uma marca licenciada à Vida Melhor Editora LTDA.
Todos os direitos reservados à Vida Melhor Editora LTDA.
Rua da Quitanda, 86, sala 218 — Centro
Rio de Janeiro — RJ — CEP 20091-005
Tel.: (21) 3175-1030
www.thomasnelson.com.br

Sumário

Apresentação 7

Prefácio 9

Introdução 13

PARTE 1: Antecedentes intelectuais
e culturais do pensamento de Calvino

1. As Escrituras 19
2. Os antecedentes agostinianos da teologia
   de Calvino legados pela tradição medieval
   e pelo humanismo renascentista 37

PARTE 2: A influência perene de Calvino
na teoria e na práxis humanas

3. As artes 71
4. A literatura 94
5. A economia 107
6. O uso social das riquezas 124
7. A educação 143
8. A ética: noções gerais 161
9. A ética social 176
10. A civilização moderna e as ciências 210

Apresentação

É NOTÁVEL O DESAFIO de escrever uma obra sobre um autor amplamente mencionado, citado e estudado. É um desafio que, apesar da complexidade, nos motiva e emociona logo que tomamos conhecimento. Os estudos sobre João Calvino não se restringem apenas a seus seguidores ou aos religiosos, visto que a Reforma protestante se tornou conteúdo obrigatório para todos os que se propuseram a conhecer, mesmo que não profundamente, a trajetória da humanidade em relação à fé.

No entanto, é importante perceber que muitas das obras que carregam o nome de Calvino não dão conta da profundidade de sua vida e obra, nem mesmo aquelas que levam em consideração as várias contradições e lacunas que não foram preenchidas por pesquisadores. Assim, se a história de Calvino não é capaz de completar uma linha lógica do tempo, como toda vida humana, nada melhor do que imergir em seus pensamentos para conhecer o autor mais de perto.

Sem deixar de contemplar o contexto vivido por Calvino, a grande contribuição dos autores desta obra é o mergulho nos vários aspectos das reflexões feitas por um dos maiores líderes da Reforma protestante, amplamente conhecido pelas denominações religiosas, mas superficialmente alcançado em sua totalidade.

Mais do que um pensador, escritor e cristão visionário, este livro nos apresenta Calvino como um homem de seu tempo, ressoando a arte, a literatura, a economia, a filosofia e todas as correntes culturais dos anos em que viveu, que tiveram papel fundamental no desenvolvimento de suas ideias.

Para nós, cristãos protestantes que muitas vezes fazemos o que fazemos, em termos de ética cristã ou liturgia, principalmente motivados pelas contribuições desse célebre autor, considero esta obra um presente, não apenas por nos ajudar a ter uma compreensão mais ampla de um notável líder cristão, mas por nos auxiliar no encontro com nós mesmos, com nossas motivações e com a nossa fé, de forma mais crítica e sincera.

Este não é um convite somente para aprender mais sobre Calvino. É um convite para entender aspectos de quem somos, enquanto cristãos e seres humanos.

Boa leitura!

PROF. DR. MARCO TULLIO DE CASTRO VASCONCELOS
Reitor da Universidade Presbiteriana Mackenzie

Prefácio

QUEM É JOÃO CALVINO? Para muitos, um teólogo francês que se tornou "ditador espiritual" da cidade de Genebra, onde quis construir uma sociedade perfeita, governada por homens que se imaginavam eleitos de Deus. Segundo essa interpretação, não havia nenhuma liberdade de pensamento nessa cidade, como descobriu o infeliz Miguel Serveto, que, buscando refúgio em Genebra, foi condenado à morte por heresia pelos supostos guardiães da única verdade permitida. Nesse cenário, Calvino, que se dizia profeta e mensageiro de Deus, tornou-se em perseguidor de todos os que não aceitavam a sua visão da vontade divina.

Esse retrato nada lisonjeiro é certamente uma caricatura hostil e nociva que precisamos confrontar e abandonar. Não somente ela insulta a memória do grande reformador, mas compromete nossa compreensão da sua influência histórica e geralmente positiva sobre o desenvolvimento da civilização moderna. Sem Calvino, o mundo no qual habitamos não existiria na forma que o conhecemos. Nossas concepções de liberdade, democracia e justiça social seriam pelo menos outras do que são, e talvez fossem mesmo totalmente desconhecidas.

O pensamento de Calvino transformou nossa percepção da realidade e, por isso, cada cristão, calvinista ou não, deve abordar a sua obra de maneira objetiva e sem pressupostos introduzidos por seus detratores. A verdade é que não podemos pregar a Palavra de Deus no mundo atual se não tivermos uma simpatia profunda pelos propostos calvinistas enraizados na revelação bíblica, o fundamento essencial de todo o seu pensamento.

Calvino viveu no tempo dos grandes descobrimentos, na época de glória da cultura lusófona e do nascimento do Brasil. A grande tentação do homem do século XVI era recusar a tradição medieval, ainda ligada à Igreja Católica e à teologia sistemática chamada escolástica. O reformador Martinho Lutero já havia denunciado a corrupção e a ignorância dos sacerdotes que dominavam a vida espiritual dessa Igreja, e a sua voz havia se juntado com as protestações de muitos intelectuais, conhecidos como *humanistas*. A mente do homem, munida da faculdade de razão, podia conceber a construção de uma nova sociedade sem a intervenção de um poder divino.

Mas Calvino sabia que a razão humana, ainda que dotada de muitas capacidades maravilhosas, provém de uma criatura limitada às dimensões do mundo material. Segundo ele, para o homem transformar a sociedade precisaria da presença do Espírito Santo de Deus na sua vida, o único que poderia lhe dar a compreensão e o poder de absorver e de aplicar a vontade divina à realidade da nossa existência cotidiana.

O que Calvino chamava de *testemunho do Espírito Santo* não é algo que o homem pode criar a partir da própria imaginação. Se não conhecemos o Espírito de Deus, não temos a chave que pode abrir a porta da verdadeira ciência. Eis a tragédia do mundo moderno: procurar uma visão social comparável com a de Calvino sem, no entanto, reconhecer o Espírito que pode realizá-la. O homem moderno é uma criatura não somente humanista mas também ateísta. Por isso, ele vai sempre lutar *contra* Calvino, e não *com* ele, para alcançar o desejo do Deus que nos fez à sua imagem. Pela sua exposição atenta da Palavra de Deus, Calvino assimilou a justa medida entre a mente divina e o papel atribuído pelo todo-poderoso Criador ao homem na construção da civilização.

Não é necessário que adotemos todo o seu pensamento cegamente e sem reflexão, porque o mundo muda com o tempo e devemos pensar de novo como podemos aplicar os mesmos princípios à nossa situação.

O diferencial deste livro é que os seus autores nos oferecem uma exposição do pensamento do grande reformador no contexto da nossa realidade contemporânea. Nós todos sabemos que o potencial extraordinário da sociedade brasileira nunca poderá se realizar sem uma transformação radical dos seus fundamentos

Prefácio 11

ideológicos. Ordem e progresso tornam-se ideais imaginários sem a integração do homem criado com o seu Criador. Esta é a mensagem de Calvino, tomada diretamente da Revelação divina. Nesta antologia de artigos, lemos como o testemunho do Espírito Santo no coração do cristão pode abrir o caminho que nos conduz à cidade de Deus. Que ele abençoe as reflexões contidas nesta obra, e, nas palavras do próprio Calvino, *soli Deo gloria*.

GERALD BRAY
Professor de Teologia Histórica e Sistemática
Beeson Divinity School, Birmingham, Alabama, EUA.

Introdução

Prof. Dr. Marcelo Martins Bueno

EM 2017, o mundo comemorou os 500 anos da Reforma protestante, um movimento religioso que se voltou contra ações e regras da Igreja Católica Romana. A principal causa pode ser atribuída ao monge alemão Martinho Lutero (1483-1546), que, em 1517, publicou 95 teses que, fundamentalmente, criticavam a venda de indulgências pela Igreja. O ato deu origem a um processo de ruptura que abalou seriamente o domínio católico na Europa Ocidental. Seus principais representantes, além de Lutero (Alemanha), foram Martin Bucer (Alemanha), João Calvino (Suíça), Menno Simons (Holanda), Thomas Cranmer (Inglaterra) e outros. A Reforma deu origem às denominações históricas do protestantismo, de diferentes confissões: luterana, reformada, anglicana e anabatista. Seu legado não foi somente doutrinário, mas também político, social, econômico, arquitetônico e cultural, aspectos para os quais esta obra se volta.

Nesse sentido, o presente livro é resultado das atividades e do projeto de pesquisa realizados durante as comemorações do quinto centenário da Reforma pelos pesquisadores da Universidade Presbiteriana Mackenzie (UPM), cujos teores versaram sobre a importância da Reforma protestante e o legado do calvinismo para a sociedade contemporânea no que se refere especificamente à ética, à educação, à literatura, às artes visuais e à economia.

Encorajados pelo sucesso das ações desenvolvidas e da pesquisa realizada na visita *in loco* a Genebra para conhecer e aprender de perto o que representa o pensamento calvinista, busca-se agora oferecer à sociedade contemporânea os resultados de todas essas ações por meio da publicação deste livro que, de certa forma, sintetiza de maneira exemplar o que representa o pensamento do reformador francês João Calvino na academia brasileira. Nascido na cidade de Noyon, em 10 de julho de 1509, e falecido em 27 de maio de 1564 em Genebra, Suíça, ele foi um dos pilares da teologia reformada, o que é possível afirmar categoricamente. Formado em Direito, era conhecido como um humanista clássico. De família humilde, porém com certa ascensão social decorrente das alterações socioeconômicas ocorridas no final do século XV, que fizeram surgir a burguesia comercial, João Calvino aproximou-se da nobreza e adquiriu sua cultura e seus valores. Em 1536, publicou *Institutio Religionis Christianal* (*Instituição* ou *Institutas da religião cristã*), que se tornou uma referência da Reforma. Nessa obra, ele apresenta a vida cristã e a fé com base nas Sagradas Escrituras.

Partindo desses ideais, os pesquisadores reunidos nesta importante publicação ressaltam, ao longo dos capítulos, a relevante contribuição calvinista que não ficou estagnada no século XVI, mas ecoa de modo significativo neste terceiro milênio. Assim, o livro está estruturado em duas partes distintas. Na primeira, percorre-se pelo terreno que prepara o caminho para os ideais humanísticos de Calvino, a saber, seus antecedentes e suas fontes inspiradoras, e, na segunda, analisa-se seu legado nos mais variados aspectos da vida humana. Ressalta-se a forte influência do autor nas artes, na literatura, na ética, na economia, na educação, enfim, na formação cultural da modernidade.

Além dos artigos aqui reunidos, que representam de certa forma o cerne do pensamento calvinista, destacam-se outras ações que contribuíram efetivamente para a finalização desta obra. Na linha das ações comemorativas pelos 500 anos da Reforma, foi celebrado um convênio internacional entre a Universidade Presbiteriana Mackenzie e a Faculté Jean Calvin, por meio do Institut de Théologie Protestante et Evangélique — Aix en Provence — France, que prevê parcerias acadêmicas de estudos e pesquisas entre ambas as instituições com possibilidades de trocas de experiências entre os docentes e discentes das duas universidades. Pode-se afirmar que essa parceria já tem dado frutos, pois temos o privilégio de ter entre os autores desta obra o pesquisador da referida faculdade, o professor doutor Rodrigo Franklin de Sousa, que assina o primeiro capítulo. Vale ressaltar, ainda, outras conquistas realizadas pelos pesquisadores mackenzistas, que participam desta obra inédita, ou seja, a realização do I Colóquio: "A Reforma protestante e o seu impacto no século XXI", em que foram abordados o legado da Reforma protestante na ética, na educação, na economia e nas artes visuais. O evento contou com a presença de inúmeros pesquisadores que refletiram e debateram a atualidade das ideias dos reformadores. Realizou-se também a produção do programa de entrevistas denominado "Redescobrindo a Reforma", divulgado pelo canal no YouTube da TV Mackenzie, cuja apresentação ficou a cargo do professor doutor Paulo Romeiro, responsável por um capítulo sobre ética nesta obra. Ao todo, foram produzidos vinte programas com a temática da Reforma e o seu legado, que estão em exibição no referido canal, contando com a produção do professor mestre Fernando Berlezzi, que assina o capítulo sobre artes nesta obra.

Além da parceria internacional citada, destaca-se ainda a realização de dois grandes eventos nacionais. O primeiro foi realizado em parceria com a Universidade Luterana do Brasil (ULBRA), denominado "Seminário Internacional Reforma, 500 anos: Educação, Ciência e Cultura", em que pesquisadores de ambas as universidades puderam expor ao público das instituições o legado da Reforma, pois o evento ocorreu nos dois *campi* e contou com a participação dos professores Marcelo Martins Bueno e Hermisten Maia Pereira da Costa, que escreveram, respectivamente, os capítulos sobre economia e ética social. Já o segundo foi a realização, por meio do Núcleo de Ética e Cidadania da Universidade Presbiteriana Mackenzie, que oferta a disciplina "Ética e Cidadania" em todos os cursos de graduação, do "Simpósio de Ética e Cidadania: o legado da Reforma protestante do século XVI", sob o ponto de vista ético, na educação e nas ciências, que também reuniu muitos pesquisadores para refletirem sobre a importância da Reforma com todos os alunos de graduação. Destaca-se a participação nesse evento dos professores Cristiano Camilo Lopes, Ricardo Bitun, Christian Medeiros Brially e Sérgio Ribeiro Santos, que também assinam capítulos nesta obra.

Enfim, este livro nasce da experiência e da dedicação de todos os professores que, de uma forma ou de outra, além da longa tradição na pesquisa acadêmica, também dedicam seu tempo a atividades pastorais e ações que se refletem no trabalho à sociedade, como é o caso das que foram relatadas anteriormente e de tantas outras que resultam na melhoria da vida das pessoas. Nesse último aspecto, podem-se apontar as orientações de projetos de pesquisa na área de iniciação científica, de trabalho de conclusão de curso de graduação e até dissertações no âmbito da pós-graduação, o que reforça a importância desta obra e sua contribuição para a comunidade em geral. Nessa mesma linha de produção bibliográfica, ressalta-se também que a publicação deste livro por uma editora renomada no meio evangélico, como é o caso da Thomas Nelson Brasil, só reforça a importância desta pesquisa.

Assim, pode-se concluir que a fidelidade de João Calvino a Deus, aliada ao seu trabalho profícuo, permitiu que a igreja não se desviasse do seu caminho original e o tornou uma importante referência na teologia reformada. E é por isso que esta magnífica obra deve ser lida, refletida e debatida para que jamais se saia da rota traçada pelos primeiros reformadores. Com o mesmo espírito daqueles nossos antepassados na fé, desejo que os leitores recebam esta importante obra, a qual muito nos ajudará a crescer e permanecer na fé, rendendo graças e louvores ao Pai por toda a eternidade.

PARTE 1

Antecedentes intelectuais e culturais do pensamento de Calvino

1

As Escrituras

Rodrigo Franklin de Sousa[1]

INTRODUÇÃO

O objetivo deste capítulo é discutir em linhas gerais o lugar das Escrituras Sagradas na epistemologia de Calvino e apresentar brevemente algumas implicações dessa discussão para uma melhor compreensão de sua teologia.[2] Essa pode ser uma tarefa desafiadora porque Calvino nunca apresentou uma doutrina completa e sistemática das Escrituras. Em vez disso, os contornos de sua visão são desenvolvidos de forma desigual ao longo de seus escritos (OPITZ, 2009, p. 236). A maneira mais óbvia de estudar a visão de Calvino das Escrituras é observando seu tratamento de passagens bíblicas específicas, no vasto *corpus* de seus comentários, sermões e tratados. Outra abordagem é procurar por textos em que Calvino explicitamente discuta conceitos gerais que informaram sua abordagem.

---

[1]Mestre em Divindade (M.Div.) pelo Covenant Theological Seminary (EUA). Ph.D; em Estudos Hebraicos pela Universidade de Cambridge (Reino Unido). Professor de Hebraico e Antigo Testamento e coordenador de pós-graduação na Faculté Jean Calvin, Aix-en-Provence, França.

[2]Uma versão anterior deste artigo foi apresentada sob forma de conferência no *Studium Notre Dame de Vie*, em St. Didier, França, com o título "L'Ecriture Sainte selon Calvin: une étude des premiers chapitres de l'Institution Chrétienne (1559)", em 17 maio de 2019.

20 O legado de Calvino

Nesse sentido, os dados mais importantes se encontram nas *Institutas da religião cristã*, sua obra principal, que passou por sucessivas reedições e acréscimos entre sua primeira e última edição (1536 e 1559, respectivamente). A partir da segunda edição (1539), Calvino acrescentou um prefácio em que ele explica detalhadamente os objetivos da obra. O conteúdo global desse prefácio não foi alterado nas edições subsequentes, o que indica que seu autor continuou a considerá-lo válido. Em linhas gerais, Calvino argumenta, nesse prefácio, que as *Institutas* servem a um duplo objetivo: apresentar um resumo geral das doutrinas fundamentais da fé cristã e oferecer uma introdução geral ao conteúdo da Bíblia, para facilitar a leitura de seus comentários escritos especificamente sobre cada livro. Sendo assim, embora Calvino não desenvolva uma doutrina sistemática das Escrituras, as referências ao texto sagrado nas *Institutas* podem oferecer o essencial de suas ideias sobre o tema. Neste artigo, concentro-me nos capítulos iniciais da edição de 1559.[3] Tratando-se da edição mais desenvolvida da obra, e tendo sido escrita após a maioria de seus comentários e outros textos exegéticos, ela reflete o pensamento mais maduro de Calvino sobre as Escrituras e a influência que esta exerceu sobre ele.[4]

---

[3]As *Institutas* foram publicadas originalmente em latim em 1536, e reeditadas e ampliadas em 1539, 1543, 1550, 1559. Calvino também traduziu e publicou todas as edições a partir de 1539 em francês, cada uma dessas traduções surgindo em média cerca de quinze meses após a publicação dos originais latinos. Embora as revisões e os acréscimos tenham feito a edição de 1559 aumentar para quatro volumes (em vez do volume único original de 1536), a estrutura do conteúdo em quatro partes permaneceu constante. Calvino herdou a prática de distribuir os conteúdos de tratados teológicos em quatro partes, correspondendo aos segmentos do Credo Apostólico (Pai, Filho, Espírito Santo e igreja), dos teólogos medievais. Para nosso estudo, foi utilizado o texto latino de 1559, segundo sua edição definitiva publicada em CALVINUS (1864). No restante deste capítulo, essa edição será citada como OC 2, seguindo a convenção. A tradução de todas as citações é de responsabilidade do autor deste capítulo. Para referência e consulta na tradução, foi utilizado CALVIN (1955). Para edições em português, o leitor pode consultar CALVINO (2006a; 2006b; e 2008).

[4]Estudiosos identificam uma evolução no pensamento de Calvino a esse respeito entre a edição de 1536 e as revisões subsequentes desse trabalho, principalmente no que diz respeito à sua visão do relacionamento entre as Escrituras e a aliança. Para uma introdução a essa problemática, cf. NICOLE (1959).

Minha apresentação concentra-se nos capítulos VI-X do livro I, em que Calvino discute a questão específica do lugar das Escrituras em uma doutrina do conhecimento de Deus. Esses capítulos iniciais das *Institutas* nos permitem identificar dois aspectos importantes de sua visão, que são fundamentais para a compreensão do desenvolvimento subsequente da teologia calvinista e que nos ocuparão no presente artigo, a saber: a função da Escritura (dar conhecimento de Deus) e a forma de revelação (em manifestações divinas concretas na história humana). Para tanto, a discussão se concentra na maneira como Calvino conecta conhecimento e revelação, levando em conta a relação dialógica entre seu pensamento e o humanismo de seu tempo.

A BÍBLIA NA EPISTEMOLOGIA DE CALVINO

A discussão de Calvino sobre as Escrituras nos capítulos VI-X do livro I das *Institutas* não visa ser exaustiva. Enquanto ele afirma que a Escritura revela todo o escopo da história do trato de Deus com seu povo (o que a teologia contemporânea chama de "história da salvação"), seu objetivo nessa discussão inicial não é apresentar um relato completo dessa relação, mas simplesmente declarar e demonstrar como a Bíblia apresenta Deus como o único verdadeiro criador do mundo, em oposição aos ídolos moldados pela imaginação humana (OC 2, I.VI.1, p. 53-4).

Essa discussão faz parte dos prolegômenos de sua teologia e segue seu discurso sobre a natureza do verdadeiro conhecimento de Deus e de nós mesmos, desenvolvido nos capítulos I-V. Isso mostra que, para Calvino, sua doutrina das Escrituras e sua epistemologia não podem ser dissociadas. As Escrituras são tão centrais em sua epistemologia que ele afirma que delas emergem "o começo de toda reta inteligência, quando recebemos reverentemente tudo que Deus quis testificar de si mesmo" (OC 2, I.VI.2, p. 54).

Em linhas gerais, a epistemologia de Calvino toma como ponto de partida duas noções fundamentais. A primeira é que a raiz de todo conhecimento real é uma verdadeira compreensão de Deus e de nós mesmos (OC 2, I.I.1, p. 31). A segunda é que esses dois aspectos do conhecimento podem ser adquiridos plenamente apenas por uma compreensão do mundo criado, iluminada pelas Sagradas Escrituras. Este segundo aspecto será desenvolvido mais tarde na tradição teológica calvinista sob as rubricas *revelação geral* e *especial*. A distinção entre essas duas formas de revelação nos ajuda a entender o lugar da Escritura na teologia e epistemologia de Calvino.

A ideia de "revelação geral" refere-se a tudo o que é revelado por Deus na criação, em seus atos de providência — pelos quais ele sustenta e dirige sua criação — e na consciência natural do ser humano. Podemos chamá-la de "geral" porque é acessível a todos os seres humanos de todas as eras. Por meio dela, é possível conhecer o poder e os atributos eternos de Deus. A "revelação especial" seria a interpretação dos atos redentores de Deus na história, por meio dos quais os seres humanos podem chegar a um conhecimento salvífico de seu criador. É chamada de especial ou "particular" porque tem um conteúdo definido e preciso, que não pode ser deduzido da observação do mundo criado, e porque alcança pessoas específicas em situações históricas definidas. Esse tipo de revelação também é progressivo em seu caráter.

Na teologia calvinista, essas duas formas de revelação são complementares. A primeira nos dá o conhecimento de que existe um Deus e que ele é todo-poderoso e soberano. No entanto, diante da ideia do obscurecimento de nossa mente pelo pecado, surge a necessidade de uma revelação adicional e particular, que permita apreender Deus de forma mais completa e compreensível, de acordo com nossa capacidade e nossas limitações.[5] A relação entre as duas formas de revelação é mais complexa do que parece ser em um primeiro momento. Como resultado, devemos entender que elas não podem atingir plenamente seu objetivo se não estiverem em interação dinâmica. É nesse sentido que autores como Noel Weeks (1988) afirmam que todas as passagens bíblicas que tratam

---

[5]Calvino recorria frequentemente à noção de "acomodação", pela qual Deus tornaria o incompreensível mais fácil de ser apreendido pela mente humana. Para estudos sobre esse conceito, ver BATTLES (1996a, p. 117-37) e WRIGHT (1993).

da revelação geral enfatizam a necessidade última de uma revelação especial (por exemplo: Salmos 19; 119:89-96; Romanos 1:18-32; Atos 14:15-17).

Essa precisão nos ajuda a ver que a ideia calviniana da autorrevelação de Deus na criação não equivale a uma forma de "teologia natural". Com relação a essa questão, David Steinmetz argumenta corretamente que Calvino propõe uma distinção entre o que Deus oferece à contemplação de suas criaturas no mundo criado e o que os seres humanos são capazes de compreender. Para Steinmetz (1995, p. 32), apesar da queda humana no pecado, a ordem criada continua a funcionar como lugar de manifestação da glória de Deus. Assim, a razão pode perceber a existência de Deus, mas não entender quem ele é. A razão só pode verdadeiramente reconhecer a criação como reflexo da atividade divina quando iluminada pela fé. A isso, simplesmente acrescento que, na opinião de Calvino, essa compreensão adequada do mundo é iluminada pela fé, mas somente através da ação do Espírito Santo, mediada pelas Escrituras.

Para Calvino, é impossível alcançar um conhecimento pleno e salvífico de Deus sem as Escrituras, e aqui reside sua principal razão de ser. Isto já está claro no título do capítulo VI, "Para alcançar Deus, o Criador, a Escritura deve ser guia e mestre" (OC 2 I.VI, p. 53). As Escrituras, a seu ver, dão um conhecimento mais preciso de quem é exatamente o criador do mundo, qual é a real posição de suas criaturas diante dele e como Deus se revela também como redentor. Ele escreve:

> Pois esse tipo de conhecimento, pelo qual ele lhes deu a conhecer primeiramente quem era Deus; depois, aquele (conhecimento) que é mais privado, e que carrega plena fé consigo mesmo, foi acrescentado em segundo lugar. É o único que vivifica as almas, ou pelo qual Deus é conhecido não apenas como criador do mundo, tendo autoridade e controle sobre tudo o que é feito, mas também como redentor na pessoa de nosso Senhor Jesus Cristo (OC 2, I.VI.1, p. 53-4).

Surge então um problema fundamental a ser abordado. Dada a centralidade das Escrituras a fim de se alcançar um conhecimento real de Deus e de nós mesmos, como saber se seu conteúdo é verdadeiramente digno de confiança? Daí a importância, para Calvino, de desenvolver critérios de validação epistemológica das Escrituras.

A VALIDAÇÃO EPISTEMOLÓGICA DAS ESCRITURAS

O testemunho interior do Espírito Santo

No pensamento de Calvino, só podemos ter uma fé firme nas doutrinas das Escrituras se estivermos convencidos de que Deus é seu autor último (mesmo atuando pela agência de autores humanos). Sendo assim, "a prova maior da Escritura parte normalmente da pessoa de Deus, que nela fala" (OC 2, I.VII.4, p. 58). Porque a Bíblia se origina com Deus e consiste em sua própria revelação de quem ele é e de quem somos, seu conteúdo só pode ser totalmente autenticado pelo mesmo Espírito que a inspirou.

A noção de "testemunho interno do Espírito Santo" não é vista por Calvino como uma ideia subjetivista. Pelo contrário, trata-se de uma noção teológica segundo a qual a verdade objetiva revelada nas Escrituras é recebida em fé pelo sujeito que crê através da ação de seu autor último. Esse conceito leva a uma rejeição de critérios externos de autenticação, isto é, uma rejeição da noção de que a verdade das Escrituras pode ser determinada por proclamação externa, tais como decisões dogmáticas da igreja, ou pela apresentação de provas racionais de autenticidade. Calvino lida com essas questões nos capítulos VIII e IX.

O testemunho da igreja

Calvino rejeita a ideia de que a igreja determina a inspiração da Escritura e a extensão do cânon, e considera essa ideia uma forma de impiedade (OC 2, I.VII.1, p. 56-7). A defesa desse argumento ocupa a totalidade do capítulo VII. Na opinião de Calvino, o papel da igreja não é o de determinar a autoridade das Escrituras, mas reconhecê-las, isto é, receber e aceitar, por meio de uma iluminação do Espírito Santo, aquilo que é apresentado nas próprias Escrituras. Ele afirma: "Se o fundamento da igreja é a doutrina que os profetas e apóstolos nos deixaram, essa doutrina deve ter toda a certeza antes que ela (a igreja) comece a existir" (OC 2, I.VII.2, p. 57). Em outras palavras, a realidade da origem divina da Escritura deve ser *de facto* antes de se tornar *de jure*. O julgamento da igreja não torna a Escritura autêntica; ela somente recebe, pela fé, o testemunho imposto pelas Escrituras, através da ação do Espírito (ibidem). A igreja não pode ser a garantia da autoridade das Escrituras porque o selo final dessa autoridade deve vir do próprio Deus. Em sua visão, a Bíblia é suficiente para autenticar a si mesma como palavra de Deus.

A mesma linha de raciocínio é usada para argumentar contra uma suposta liberdade de ir além das Escrituras em busca de novas revelações do Espírito Santo. Calvino fala fortemente contra aqueles que confiam em revelações místicas que não são sancionadas pela Bíblia (cap. IX). Ele critica aqueles que buscam tais revelações em detrimento das Escrituras ou que acreditam em uma oposição entre "letra" e "espírito", que identifica a Escritura com uma forma de racionalismo morto e as experiências extáticas como marcas de uma verdadeira espiritualidade e conhecimento de Deus. Nessa discussão, ele oferece uma explicação da distinção que Paulo propõe entre a "letra que mata" e o "Espírito que vivifica" em 2Coríntios 3 (OC 2, I.IX.3, p. 71-2). Em sua opinião, uma abordagem cristã das Escrituras não pode dissociar o texto escrito da realidade espiritual viva de que ele testemunha. Com base em textos como Lucas 24:27 e 1Tessalonicenses 5:19-20, ele afirma que nenhuma revelação espiritual é possível à parte do que é dado na Palavra escrita. Este é o principal meio pelo qual Deus ilumina a mente de seu povo (ibidem).

Os limites das provas racionais

A ideia da suficiência das Escrituras garantida pelo testemunho do Espírito ressurge quando Calvino fala de uma responsabilidade apologética de defender a veracidade das Escrituras contra seus críticos. Isso leva Calvino a tratar extensivamente da questão das "provas" que a própria Escritura avança de sua autoridade e que dão testemunho de sua inspiração. Ele dedica o capítulo VIII a essa tarefa. Ele organiza o capítulo em provas gerais tiradas da Escritura como um todo, provas do Antigo Testamento, do Novo

26 O legado de Calvino

Testamento e, por último, provas eclesiásticas. Essas provas podem ser de várias naturezas, como estética, literária, histórica e ética. Ele também discute provas teológicas, a partir do que ele vê como a extraordinária realização de profecias. Ele menciona especificamente: Gênesis 49:10; 1Samual 11:15; 16:13; Deuteronômio 32; Isaías 45:1; 42: 9; Jeremias 25:11-12 (OC 2, I.VIII.6-7, p. 64-5). Por fim, Calvino argumenta também a partir da preservação dos textos bíblicos nas circunstâncias mais improváveis (OC 2, I.VIII.8-11, p. 65-8) e do testemunho dos mártires que morreram por acreditarem nas Escrituras (OC 2, I.VIII.13, p. 68).

Do ponto de vista do leitor moderno, o ponto mais frágil da argumentação de Calvino se encontra justamente em sua lista de provas de inspiração (OC 2, I.VIII.3-5, p. 62-4). Seria extremamente difícil hoje argumentar a partir da inspiração por causa de fatores como a disposição, dignidade, harmonia, simplicidade e profundidade das Escrituras, ou da "beleza e doçura do estilo dos profetas". Essa linha de raciocínio é problemática por seu excessivo subjetivismo. Ele também argumenta a partir da veracidade de Moisés, que revela detalhes "comprometedores" de sua vida pessoal (o assassinato do egípcio em Êxodo 2, por exemplo), e que escreve sobre milagres que ocorreram em um ambiente público, tendo, portanto, a autenticação de testemunhas oculares que teriam rejeitado seus relatos se estes não fossem verídicos. Para nós que vivemos na era da "pós-verdade" e das chamadas *fake news*, e que testemunhamos a facilidade humana de crer em informações falsas facilmente refutáveis, essa linha de argumentação é bastante frágil. Ainda mais problemáticos são alguns dos argumentos históricos de Calvino, tais como a ideia de que não havia religião no Egito antes de Moisés ou que os escritos de Moisés são os mais antigos do mundo, afirmações que sabemos hoje ser factualmente incorretas.

Calvino é consciente das limitações dessa forma de argumentação. Nesse sentido, ele propõe que, em última análise, essas demonstrações não são suficientes para incutir a verdadeira fé. Ele afirma que sempre haverá uma disposição crítica e incrédula que leva as pessoas a questionar a inspiração divina das Escrituras. Dessa forma, argumentos não podem, por si mesmos, mudar corações incrédulos. Portanto, ele conclui que o testemunho do Espírito é mais eficaz do que qualquer argumento racional. Ele afirma:

> É por isso que é necessário que o mesmo Espírito que falou pelas bocas dos profetas entre em nossos corações e toque-os rapidamente para convencê-los de que os profetas apresentaram fielmente o que lhes foi ordenado pela divindade (OC 2, I.VII.4, p. 59).

Calvino acredita que a Escritura é totalmente confiável em si mesma e que ela testemunha sua própria autenticidade e autoridade. Para expressar essa noção, ele afirma que a Escritura é αὐτόπιστον — *autopiston* (OC 2, I.VII.5, p. 60). É preciso entender o que essa noção significa em seu contexto. Por um lado, ele afirma que se as Escrituras são verdadeiramente inspiradas, as marcas dessa inspiração precisam ser empíricas e perceptíveis. Por outro lado, ele reconhece que provas racionais, assim como o testemunho da igreja, só podem ter um valor secundário e subordinado. Ele afirma:

> [As provas racionais] não são suficientes em si mesmas para fundamentar corretamente a certeza até o Pai celestial, fazendo brilhar sua divindade, a resposta à toda dúvida e pergunta, dando-lhe firme reverência. As Escrituras nos satisfarão com um conhecimento de Deus que nos traz salvação, quando a certeza se basear na persuasão interior do Espírito Santo. Os testemunhos humanos, que servem para confirmá-lo, não serão em vão, quando seguirão esse testemunho principal e soberano, como auxílio e segundo meio de apoiar nossa imbecilidade. Mas aqueles que querem provar, por argumentos aos incrédulos, que as Escrituras são de Deus, são imprudentes. Isso é conhecido apenas pela fé (OC 2, I.VIII.13, p. 69).

Calvino afirma que, em si mesma, isto é, à parte de uma certeza espiritual que seria "tanto superior quanto mais firme que todo julgamento humano" (OC 2, I.VIII.1, p. 61), qualquer prova ou declaração da igreja sobre a autoridade das Escrituras é inútil. Sendo assim, ele propõe que essas provas devem ser entendidas como confirmações para a mente que já acredita, e não como instrumentos que poderiam levar alguém à fé. O raciocínio de Calvino é que a crença na inspiração e autoridade da Escritura depende do testemunho interno do Espírito, porque a mente pecaminosa não pode ser convencida com base no que enxergam na Bíblia com seus olhos "carnais".

A EPISTEMOLOGIA DE CALVINO E A ABORDAGEM HUMANISTA ÀS ESCRITURAS

Calvino no contexto do humanismo do século XVI

Para compreender melhor a lugar da Bíblia na epistemologia de Calvino, é preciso situar seu pensamento hermenêutico no contexto do humanismo do século XVI. Como vimos, Calvino apresentou suas *Institutas* como uma introdução geral à leitura da Bíblia. Em outras palavras, podemos afirmar que aqui Calvino apresenta sua visão da abordagem adequada para uma leitura teológica das Escrituras. Vimos também que a base dessa visão se encontra na forma como ele confere um lugar privilegiado às Escrituras em sua epistemologia.

Essa abordagem de Calvino mostra claramente sua inserção no contexto intelectual do humanismo do século XVI. Com efeito, Thomas F. Torrance (1988, p. 162) está correto em afirmar que nos capítulos iniciais das *Institutas* temos possivelmente a melhor demonstração de como as primeiras influências de Calvino afetaram sua hermenêutica. Ao mesmo tempo, podemos ver como Calvino engaja criticamente o humanismo, absorvendo alguns de seus pressupostos e métodos, mas ao mesmo tempo transformando alguns de seus elementos por meio de sua abordagem teológica.

Em termos gerais, a abordagem exegética de Calvino reflete o caráter geral da hermenêutica reformada em sua interação dinâmica com o humanismo. Apesar da diversidade significativa de pontos de vista e métodos entre os reformadores, eles compartilharam semelhanças importantes na maneira como representam um momento de transição entre leituras antigas e modernas das Escrituras (MULLER; THOMPSON, 1996). Calvino, por exemplo, embora exibindo elementos marcantes de continuidade com a exegese medieval (MULLER, 1996),[6] é visto por muitos como um precursor do método "histórico-crítico", com uma abordagem que parece antecipar desenvolvimentos posteriores na crítica de texto e na *Formgeschichte* (NEUSER, 1994).

Os estudos da hermenêutica de Calvino invariavelmente mencionam sua forte formação humanística.[7] O ponto de referência habitual é o seu comentário a *De Clementia* (*Sobre a clemência*), de Sêneca (1532). Os estudiosos apontam para seu domínio das ferramentas humanísticas e para a continuidade entre a abordagem hermenêutica e exegética adotada nesse texto e em seu trabalho subsequente sobre a Bíblia.[8] A conexão de Calvino com o humanismo é revelada em sua atenção às questões de filologia, gramática e lexicografia, seu interesse em reconstruir o contexto original de passagens e seu foco na *mens autoris*, ou a intenção do autor original. Outro aspecto de sua formação humanista foi sua compreensão da retórica e sua aplicação em seus próprios escritos.[9] Em suma, Calvino se aproxima do humanismo acima de tudo por suas concepções de linguagem, texto e história.

Aproximações e contrastes

Entretanto, é importante notar as particularidades da hermenêutica calviniana. Conforme aponta Brevard Childs, a hermenêutica de Calvino deve ser compreendida à luz da continuidade entre seu método e sua teologia. Em sua opinião, Calvino aplica os princípios humanistas tendo em vista que a Bíblia foi escrita por autores humanos, mas ao mesmo tempo ele evita minimizar ou relativizar

---

[6]Ele também teve um grande apreço pelos pais da igreja e os usou extensivamente como fonte. O mais aprofundado estudo nesse sentido é o de LANE (1999). Ver também LANE (1981); BACKUS (2009). Calvino mostrava um interesse particular por Crisóstomo, como demonstrado por GANOCZY; MÜLLER (1981).

[7]WENDEL (1950); BOURRILLY (1959); MILLET (1992, p. 27-55); GANOCZY (1987); BOUWSMA (1988); GAMBLE (1994); STEINMETZ (1995, p. 3-22); BATTLES (1996b); BURGER (2009).

[8]WENDEL (1950, p. 12-20); MILLET (1992, p. 57-111); TORRANCE (1988); BATTLES (1996c).

[9]Esse aspecto do pensamento de Calvino foi estudado em profundidade por MILLET (1992).

30 O legado de Calvino

seu caráter divino (CHILDS, 2004, p. 211).[10] Ele busca alcançar esse equilíbrio a partir de sua compreensão da autorrevelação progressiva de Deus na história humana, que funciona para ele como regra de fé.

Para Calvino, existe uma estreita conexão entre o conhecimento de Deus e sua autorrevelação, como podemos ver, por exemplo, no estudo desenvolvido por François Wendel (1950, p. 110-22). A epistemologia de Calvino baseia-se no princípio de que o conhecimento de Deus é possível a partir de sua própria iniciativa de se revelar de uma maneira clara e eficaz. Isso tem implicações para o tratamento da linguagem e sua relação com a realidade. De acordo com Torrance (1988, p. 130), o entendimento de Calvino sobre Deus leva-o a uma ruptura com uma epistemologia teológica medieval, na direção de uma simplificação radical de nosso conhecimento. Calvino propõe uma noção de conhecimento mais simples e intuitiva, mas ao mesmo tempo mais dependente da ação de Deus. Para Torrance, isso implica duas coisas: primeiramente, uma mudança no centro de gravidade do polo subjetivo para o objetivo do conhecimento intuitivo; em segundo lugar, uma concepção de linguagem como subordinada às realidades objetivas a que serve.

Para Torrance (1988, p. 132), esse é um ponto crucial de diferença entre Calvino e humanistas como Erasmo, por exemplo. Ele argumenta que Calvino seguiu Erasmo ao vislumbrar as interconexões entre a literatura, a história e as estruturas sociais humanas, além de ver a necessidade de interpretação de documentos clássicos através de pesquisas filológicas e históricas ligadas às fontes e circunstâncias das quais eles surgiram. Outro ponto de semelhança com Erasmo seria o tratamento criterioso de crítica histórica dos textos. A diferença se encontra no fato de Calvino propor uma abordagem mais técnica e exata dos textos, além de rejeitar qualquer interpretação subjetivista dos atos concretos de revelação de Deus na história humana.

---

[10]Childs argumenta que Calvino trabalhou a partir de uma única e complexa noção de sentido literal que era recuperável pelas ferramentas técnicas do humanismo, mas que também era espiritual no sentido de que era desejado por Deus, o autor supremo das Escrituras.

Assim, o interesse humanista pela pesquisa histórica toma um rumo peculiar em Calvino "por causa de sua doutrina de Deus que está ativamente trabalhando em sua ordenança providencial de sua criação e que não renuncia seu controle ou autoridade ao homem ou à natureza" (TORRANCE, 1988, p. 144). Para Calvino, então, a história é um meio de revelação de Deus. A história é o teatro no qual a relação entre Deus e o homem acontece, e a Escritura é um guia para esses encontros. Assim, enquanto aprecia os métodos dos escritores ditos "profanos", ele rejeita sua interpretação da história, pois não tem lugar para a orquestração divina da progressão histórica.[11]

CONCLUSÃO

Falar do lugar das Escrituras na epistemologia de Calvino é evocar uma relação intrínseca e indissociável entre conhecimento, revelação e história. Essa relação é estabelecida por Calvino em parte como reflexo da tradição intelectual humanista na qual ele estava inserido, mas é reconfigurada à luz de sua teologia. A proximidade entre conhecimento, revelação e história é evidente na própria forma como Calvino concebe o processo de composição das Escrituras.[12] Nesse sentido, pode-se destacar, por exemplo, a forma como ele propõe uma analogia entre a redação da Bíblia e o ofício profético (OC 2, I.VI.2, p. 54). Este é o caso não apenas no sentido de que a ação de Deus sobre os profetas é semelhante à dos escritores bíblicos, mas também porque o próprio ato de escrever as Escrituras é uma parte contínua da história da salvação.[13] As ações

---

[11]Ver a discussão em TORRANCE (1988, p. 144).

[12]Há debates sobre a doutrina de inspiração de Calvino. Discutir esses pontos de vista detalhadamente vai além do escopo deste capítulo. Podemos apenas afirmar que existem divergências significativas. LAW (2001), por exemplo, argumenta que a doutrina da inspiração de Calvino se aproxima de uma forma de "ditado". Por sua vez, OPITZ (2009, p. 242) argumenta que Calvino não apresenta uma doutrina de "inspiração verbal" e prefere falar de uma "inspiração pessoal", por meio da qual os escritores bíblicos seriam divinamente designados para o ofício de escrever de forma confiável a revelação divina.

[13]Para um desenvolvimento adicional desse argumento, com implicações para a concepção de cânon, consulte RIDDERBOS (1988).

32   O legado de Calvino

de Deus registradas nas Escrituras e a escrita das Escrituras estão, para Calvino, na mesma categoria de evento. Não é por acaso, portanto, que o conceito de "aliança" é a pedra angular da visão de calviniana das Escrituras, e muito de seu tratamento teológico da natureza da Bíblia envolve discussões sobre o significado da aliança e da relação entre o Antigo e o Novo Testamento.

Opitz (2009, p. 237-8) traça o desenvolvimento da concepção de aliança exposta por Calvino e seu lugar em sua exegese das Escrituras. Ele argumenta que, na edição de 1559 das *Institutas*, a doutrina das alianças está totalmente integrada na soteriologia de Calvino e passa a ser o elo entre sua visão teológica e cristológica e sua exegese. Para Calvino, a história da revelação e a história das Escrituras estariam integradas, e cada um dos livros bíblicos ocupa seu respectivo lugar específico na história redentiva. Essa integração é vista, por exemplo, no fato de que ele identifica o início das Escrituras propriamente ditas com o ponto em que Moisés começou a escrever — enquanto nos tempos patriarcais a revelação especial se daria primariamente por meio das tradições orais sobre o elo de aliança entre Deus e seu povo. Segundo Calvino, um processo paralelo ocorre nos tempos do Novo Testamento, na transição entre a proclamação oral da palavra de Cristo e a escrita dos textos apostólicos. Como um instrumento da realização da aliança, as Escrituras são análogas às tábuas da Lei (uma ideia que será desenvolvida no quarto livro das *Institutas* (OC 2, IV.VIII.5-9, p. 860-3) e representam a própria voz de Deus, e assim devem ser interpretadas teologicamente (OPITZ, 2009, p. 240).[14]

Dessa forma, vemos que as Escrituras têm um lugar muito definido na teologia de Calvino. Para resumir, podemos ler suas observações finais no capítulo X do livro I, onde ele encerra seu

---

[14]Na sequência de sua argumentação, OPITZ (2009, p. 244) afirma que a aliança é a principal chave interpretativa para se aproximar da Escritura, e como a aliança tem seu ponto culminante em Cristo, pode-se dizer que a leitura de Calvino sobre o Antigo e o Novo Testamento é cristológica. Deve-se ressaltar, contudo, que a leitura cristológica de Calvino é historicamente redentora, e não simplesmente alegórica ou tipológica, o que muitas vezes levou à acusação de que sua hermenêutica cristológica não está suficientemente desenvolvida.

argumento sobre a centralidade da Escritura em uma doutrina da revelação divina. Ele afirma:

> Agora, o conhecimento de Deus, que é apresentado a nós nas Escrituras, não tem outro fim senão o que nos é dado enquanto criaturas: a saber, incitar-nos primeiro ao temor de Deus, e em seguida fazer-nos confiar nele, para que aprendamos a servi-lo e honrá-lo com vida imaculada e obediência não fingida, e possamos descansar inteiramente em sua bondade (OC 2, I.X.3, p. 74).

Para Calvino, as Escrituras nos apresentam um Deus que se revela e age de maneira concreta na história humana em favor de seu povo, e seu objetivo final é aproximar seus filhos dele. Torrance (1988, p. 164) resume a doutrina de Calvino sobre o conhecimento de Deus afirmando que, segundo ele, a revelação divina tem o objetivo de nos despojar de nossas pressuposições ou de quaisquer noções preconcebidas sobre Deus ou sobre nós mesmos. Teologia e interpretação bíblica devem partir da noção de um Deus que existe independentemente de nossa imaginação, que deseja objetivamente revelar quem ele realmente é e quem nós realmente somos, nos dando conhecimento que finalmente resultará em sua própria glória. A ligação entre teologia e epistemologia se dá então à medida que toda verdadeira teologia consiste em um "conhecimento disciplinado" (TORRANCE, 1988, p. 165) que leva à uma relação real e mais próxima com o Deus que se revela.

Conhecimento e piedade não podem ser dissociados, segundo Calvino. Ao tratar do lugar das Escrituras na obtenção do conhecimento de Deus e de nós mesmos, ele ensina que o cristão deve abordar a Bíblia com disciplina e reverência, e empregar toda a gama de ferramentas intelectuais e técnicas à sua disposição para compreender, por meio dela, o verdadeiro Deus que se revelou na história humana. Acima de tudo, no entendimento de Calvino, esse conhecimento é inútil se não for iluminado pelo próprio Deus que se revela nas Escrituras e, por conseguinte, não levar a uma maior comunhão com ele.

REFERÊNCIAS BIBLIOGRÁFICAS

BACKUS, I. Calvin and the Church Fathers. In: SELDERHUIS, H. J. (Ed.). *The Calvin Handbook*. Grand Rapids: Eerdmans, 2009, p. 125-37.

BATTLES, F. L. *Interpreting John Calvin. Edited by Robert Benedetto*. Grand Rapids: Baker, 1996a.

_____. Calvin's Humanistic Education. In: BATTLES, F. L. (ed.). *Interpreting John Calvin. Edited by Robert Benedetto*. Grand Rapids: Baker, 1996b, p. 47-64.

_____. The Sources of Calvin's Seneca Commentary. In: BATTLES, F. L. (ed.). *Interpreting John Calvin. Edited by Robert Benedetto*. Grand Rapids: Baker, 1996c, p. 65-85.

BOURRILLY, E. Humanisme et Réforme: la formation de Calvin. In: BOURRILLY, E., LÉONARD, E. G., *et al* (ed.). *Calvin et la Réforme en France*. Aix-en-Provence: Faculté Libre de Théologie Réformée, 1959, p. 6-22.

BOUWSMA, W. J. *John Calvin: A Sixteenth Century Portrait*. Oxford: Oxford University Press, 1988.

BURGER, C. Calvin and the Humanists. In: SELDERHUIS, H. J. (ed.). *The Calvin Handbook*. Grand Rapids: Eerdmans, 2009, p. 137-42.

CALVIN, J. *Institution de la Réligion Chretienne — Livre Premier*. Genève: Labor et Fides, 1955.

CALVINO, J. *As institutas:* edição clássica. São Paulo: Cultura Cristã, 2006a, v. 1.

_____. *As institutas:* edição especial com notas para estudo e pesquisa. São Paulo: Cultura Cristã, 2006b, v. 1.

_____. *A instituição da religião cristã*. São Paulo: Editora da Unesp, 2008, v. 1.

CALVINUS, I. *Institutio christianae religiones*. In: BAUM, G., CUNITZ, E., *et al* (Ed.). *Ioannis Calvini opera quae supersunt omnia*. Vol. 2. Braunschweig: A. C. Schwestschke et Filium, 1864 (Corpus Reformatorum).

CHILDS, B. S. *The Struggle to Understand Isaiah as Christian Scripture*. Grand Rapids: Eerdmans, 2004.

GAMBLE, R. C. Current Trends in Calvin Research, 1982-90. In: NEUSER, W. H. (Ed.). *Calvinus Sacrae Scripturae Professor:* Calvin as Confessor of Holy Sciputre. Grand Rapids: Eerdmans, 1994, p. 91-112.

GANOCZY, A.; MÜLLER, K. *Calvins handschriftliche Annotations zu Chrysostom:* Ein Beitrag zur Hermeneutik Calvins. Wiesbaden: Franz Steiner, 1981.

GANOCZY, A. *The Young Calvin*. Louisville: Westminster John Knox Press, 1987.

LANE, A. N. S. Calvin's Use of the Fathers and the Medievals. *Calvin Theological Journal*, v. 16, n. 2, p. 149-205, 1981.

_____. *John Calvin:* Student of the Church Fathers. Edinburgh: T & T Clark, 1999.

LAW, D. R. *Inspiration*. Edinburgh: T & T Clark, 2001.

MILLET, O. *Calvin et la dynamique de la parole:* Etude de la thétorique réformée. Paris: Librairie Honoré Champion, 1992 (Bibliothèque Littéraire de la Renaissance).

MULLER, R. A.; THOMPSON, J. L. The Significance of Precritical Exegesis: Retrospect and Prospect. In: MULLER, R. A.; THOMPSON, J. L. (ed.). *Biblical Interpretation in the Era of the Reformation:* Essays Presented to David C. Steinmetz in Honor of his Sixtieth Birthday. Grand Rapids: Eerdmans, 1996, p. 335-45.

MULLER, R. A. Biblical Interpretation in the Era of Reformation: The View from the Middle Ages. In: MULLER, R. A.; THOMPSON, J. L. (ed.). *Biblical Interpretation in the Era of the Reformation:* Essays Presented to David C. Steinmetz in Honor of his Sixtieth Birthday. Grand Rapids: Eerdmans, 1996, p. 3-22.

NEUSER, W. H. Calvins Verständnis der Heiligen Schrift. In: NEUSER, W. H. (Ed.). *Calvinus Sacrae Scripturae Professor:* Calvin as Confessor of Holy Scriputre. Grand Rapids: Eerdmans, 1994, p. 41-71.

NICOLE, J.-M. Calvin, homme de la Bible. In: BOURRILLY, E., LÉONARD, E. G., *et al.* (ed.). *Calvin et la Réforme en France.* Aix-en-Provence: Faculté Libre de Théologie Réformée, 1959, p. 42-59.

OPITZ, P. Scripture. In: SELDERHUIS, H. J. (ed.). *The Calvin Handbook.* Grand Rapids: Eerdmans, 2009, p. 235-44.

RIDDERBOS, H. *Redemptive History and the New Testament Scriptures.* Phillipsburg: P&R, 1988.

STEINMETZ, D. C. *Calvin in Context*. Oxford: Oxford University Press, 1995.

TORRANCE, T. F. *The Hermeneutics of John Calvin*. Edinburgh: Scottish Academic Press, 1988.

WEEKS, N. *The Sufficiency of Scripture.* Edinburgh: Banner of Truth Trust, 1988.

WENDEL, F. *Calvin: sources et évolution de sa pensée religieuse.* Paris: Presses Universitaires de France, 1950.

WRIGHT, D. F. Accommodation and Barbarity in John Calvin's Old Testament Commentaries. In: AULD, G. (ed.). *Understanding Poets and Prophets:* Essays in Honour of George Wishart Anderson. Sheffield: Sheffield Academic Press, 1993, p. 413-27.

2

Os antecedentes agostinianos

da teologia de Calvino legados pela tradição medieval e pelo humanismo renascentista

Fabiano de Almeida Oliveira[1]

O PENSAMENTO DO HUMANISTA e reformador religioso do século XVI, João Calvino, é produto da confluência de diversos fatores históricos, sociais, culturais e religiosos que em muito contaram com a influência indireta e direta do renovado interesse pelo pensamento de Agostinho de Hipona desde o século XIV.

Em sua extensa análise sobre o uso que Calvino fez da contribuição dos pais da igreja, Anthony Lane nos fornece algumas

---

[1] O autor é professor do Centro de Educação, Filosofia e Teologia da Universidade Presbiteriana Mackenzie.

diretrizes interessantes que devem ser levadas em consideração a fim de que nos atenhamos a uma interpretação mais plausível da utilização que o reformador genebrino fez das obras patrísticas, inclusive as de Agostinho.

O primeiro critério a ser observado é que nem sempre é possível determinar as fontes diretas a partir das quais Calvino faz suas afirmações nas suas obras. Isso, em parte, se deve ao método retórico humanista que não trabalhava com a exigência de demonstrações ou justificações documentais, como acontece nos dias de hoje. Os humanistas do século XVI comumente se apropriavam da concepção de determinado autor, não se sentindo na obrigação de citar as fontes deste ou daquele pensamento ao qual haviam aderido (LANE, 1999, p. 1-2).

Também era comum entre os autores do século XVI citarem os pensadores antigos a partir de fontes secundárias sem mencioná-las. Nem todas as citações ou referências feitas por Calvino aos autores antigos são, via de regra, diretas. Algumas delas provavelmente resultaram de fontes indiretas ou de paráfrases dos escritos antigos presentes em fontes secundárias (LANE, 1999, p. 1-2).

Outra questão que precisa ser levada em consideração é que a mera existência de paralelos e similaridades entre o pensamento de Calvino e o de determinados pensadores antigos não implica, necessariamente, influência direta, ou mesmo indireta, desses autores em seu pensamento. As citações ou referências diretas e nominais de Calvino a autores antigos tinham a finalidade de funcionar como um expediente retórico — um apelo à autoridade desses autores — contra a constante acusação de inovação feita, sobretudo, por parte dos clérigos da Igreja Católica, e também porque na atmosfera intelectual do ocidente europeu do século XVI já estava consolidado o princípio humanista segundo o qual a sabedoria e o conhecimento confiável estavam intrinsecamente vinculados às fontes antigas e clássicas.

Portanto, toda tentativa de se estabelecer um tipo de influência específica e determinada sobre Calvino a partir de prováveis semelhanças ou até mesmo de repetidas referências e citações feitas por ele deve ser vista com muita cautela (LANE, 1999, p. 8-9). O fato é que a leitura de Calvino dos antigos, ainda que privilegiada por muitas das edições completas, produzidas no século XVI, nunca é completamente isenta da influência das leituras presentes na atmosfera intelectual de seu tempo.

Esse critério, por sua vez, deve ser contrabalanceado com outro, que diz respeito à falta de menção direta e nominal a determinados autores antigos, medievais e contemporâneos nas *Institutas* de Calvino, ou mesmo de correntes vigentes em sua época. Tal ocorrência também não implica, necessariamente, a falta de familiaridade de Calvino com tais pensadores ou correntes ou na não influência destes sobre ele (LANE, 1999, p. 2,10).

Tendo esses critérios críticos em mente, tentaremos reconstruir, de forma panorâmica, básica e geral o ambiente intelectual no qual o pensamento de Calvino foi formado, sobretudo na sua relação com os influxos resultantes do uso que se fez do pensamento de Agostinho tanto na Baixa Idade Média como pelos humanistas renascentistas. E a maneira mais apropriada de iniciarmos esta apresentação é determinarmos a partir de qual modelo ou referencial teórico mais amplo basearemos a nossa compreensão da relação entre a tradição escolástica da Baixa Idade Média e o humanismo renascentista.

As principais concepções contemporâneas sobre a relação entre a tradição medieval e o surgimento do humanismo renascentista podem ser representadas pelas obras de Jacob Burckhardt, Giuseppe Toffanin, Paul Oskar Kristeller e, mais recentemente, Hans Baron (OZMENT, 1980, p. 305). Jacob Burckhardt compreendia o movimento humanista da Renascença como uma ruptura súbita e descontinuada com o período medieval, com o consequente surgimento do período moderno a partir da exaltação e aplicação de princípios humanistas e antropocêntricos tais como o individualismo, o secularismo e a autonomia moral.[2]

Já Giuseppe Toffanin apresenta uma tese inversa, afirmando que o humanismo italiano nada mais seria que o resultado da vitória

---

[2]A obra principal na qual Jakob Burckhardt apresenta sua tese é *A cultura do Renascimento na Itália*. São Paulo: Companhia de Bolso, 2009.

das tradições platônicas e agostinianas cristãs da cultura medieval sobre o averroísmo e aristotelismo medievais, apontando para a continuidade entre ambas as tradições e minimizando a relevância de suas oposições.[3] Paul Oskar Kristeller, por sua vez, restringe o humanismo renascentista a um movimento de caráter educacional e cultural que enfatizava a importância primária do preparo retórico, literário e, secundariamente, filosófico-moral e teológico-religioso.[4] Hans Baron tende a interpretar a Renascença como um movimento cívico surgido com os humanistas florentinos que defendiam, contra os princípios políticos medievais, a liberdade e responsabilidade cívicas sob a base de um regime político republicano. Tal movimento e suas demandas necessárias teriam levado esses humanistas ao estudo dos clássicos da antiguidade como forma de instrução moral e política.[5]

A concepção de Kristeller sobre a relação entre cultura medieval e renascimento parece ser a mais plausível. Ele estabelece uma continuidade entre a tradição retórica medieval e as origens do humanismo renascentista italiano sem perder de vista as tensões existentes entre ambas as tradições. Contudo, Kristeller nos adverte quanto ao perigo de minimizarmos a realidade das transformações que levaram a uma distinção característica entre a cultura medieval e a cultura renascentista, pois, quando defende uma espécie de continuidade entre tradição medieval e Renascimento,

---

[3]A obra principal na qual Toffanin apresenta sua tese é *Storia dell'unamesimo*, vols. 1—3. Bologna: Zanichelli, 1952.

[4]Três obras de Kristeller merecem ser mencionadas: *Tradição clássica e pensamento do Renascimento*. Lisboa: Edições 70, 1995; *El pensamiento renacentista y sus fuentes*. Madrid: Fondo de Cultura Económica, 1993; e *Ocho filósofos del Renacimiento italiano*. México: Fondo de Cultura Económica, 1970.

[5]A obra principal na qual Baron apresenta sua tese é *The crisis of the Early Italian Renaissance*: civic humanism and republican liberty in a age of classicism and tyranny, Vols 1-2. New Jersey: Princeton, 1966. Quentin Skinner questiona a conclusão de Baron ao afirmar que, mesmo estando certo a respeito dos efeitos causados pela crise italiana nos cidadãos florentinos, quanto a importância de um envolvimento mais ativo com os ideais republicanos, é preciso que tenha havido um ponto de partida teórico, que, segundo Skinner, seria os humanistas medievais da escola de Petrarca. Além disso, Skinner percebe a falta de uma consideração mais detida da parte de Baron a respeito da relação entre o pensamento dos humanistas cívicos e seus predecessores imediatos, os *dictatores* medievais (2000, p. 93).

ele não está falando em "estabilização", mas sim "numa grande quantidade de mudança gradual e de inovação cumulativa" que aconteceu entre os séculos XIV e XVII (1970, p. 191).

O HUMANISMO RENASCENTISTA E A REFORMA PROTESTANTE DO SÉCULO XVI

É sabido que durante os séculos XII e XIII uma grande quantidade de obras gregas foi traduzida para o latim, remediando assim séculos de desinteresse do ocidente latino pela literatura grega, e que durante o século XIV tais obras começaram a se difundir por toda Europa em função dos constantes intercâmbios culturais realizados por estudiosos bizantinos e italianos, sem falar nas traduções latinas dessas obras feitas pelos humanistas (KRISTELLER, 1995, p. 101-2). O interesse pela Bíblia entre os humanistas florentinos do Trecento era antigo e se deu como consequência do interesse pela tradição cristã clássica, ou patrística, a começar por Petrarca, que foi levado ao estudo das Escritura através de suas leituras dos pais da igreja, sobretudo Agostinho. Em princípio, Petrarca e outros humanistas do Trecento e do Quatrocento foram levados a ler os pais porque aliavam em seus escritos uma concepção de vida e moralidade muito mais próxima da concepção apostólica, a um estilo latinista mais apurado e elegante. Nesse primeiro momento, o interesse humanista pelos pais da igreja não era tanto teológico, mas sim retórico, moral e espiritual.

A maior parte daqueles indivíduos que tomaram parte ativa na reforma religiosa do século XVI havia sido educada no interior da cultura humanista. Daí porque, durante algum tempo (até a segunda década do século XVI), reformadores e humanistas cristãos pareciam compartilhar os mesmos princípios gerais e as mesmas críticas contra a tradição escolástica medieval. Um desses princípios gerais era que ambos valorizavam o interesse pelo resgate das fontes antigas e originais do cristianismo, sobretudo em suas línguas originais, como a Bíblia e a literatura patrística, aquilo que ficou conhecido como *Christianismus renascens* (HARRISON, 2007, p. 243).

Isso muito se deveu ao trabalho filológico pioneiro de Lorenzo Valla e às edições das obras patrísticas e do Novo Testamento grego em 1516, ambas de Erasmo. Lorenzo Valla, pioneiro nos estudos filológicos da Bíblia, teve suas anotações do Novo Testamento mais tarde publicadas por Erasmo. Nelas, ele demonstrava a falta de precisão da Vulgata latina, fornecendo aos reformadores religiosos análises filológicas precisas de alguns termos-chave para a reinterpretação doutrinária da teologia católica. Além disso, Valla "desafiou a base legal da autoridade papal e atacou a filosofia moral aristotélica" dos escolásticos medievais (HARRISON, 2007, p. 243-4).

Uma das principais contribuições à consolidação do renascimento dos estudos agostinianos no século XVI foi a publicação, em 1506, das obras de Agostinho, um *corpus* constituído de onze volumes que ficou conhecido como "edições Amerbach", e, posteriormente, a edição das obras de Agostinho publicada por Erasmo, que também editou as obras de Jerônimo, Cipriano, Hilário, Irineu e Ambrósio (HARRISON, 2007, p. 243). No entanto, logo diferenças fizeram com que o humanismo renascentista e a Reforma protestante assumissem direções distintas. Um divisor de águas que logo surgiu, por exemplo, foram as posteriores críticas de Lutero e Zuínglio a Erasmo sobre a questão do livre-arbítrio. Os humanistas tinham uma concepção otimista das capacidades naturais humanas que se chocava frontalmente com a antropologia agostiniana adotada pelos reformadores, a qual enfatizava a precariedade da vontade humana afetada pelo pecado (ibidem, p. 244).

Apesar do rompimento formal entre Lutero e Erasmo ter ocorrido em 1525, "a colaboração entre humanistas e reformadores protestantes" persistiu em torno daquilo que consideravam afinidades de um projeto comum, por exemplo, as reformas educacionais que se iniciaram nas cidades ou nações protestantes em todo o século XVI.

Em seu tratamento sobre as características típicas do humanismo cristão, Kristeller menciona Calvino, dentre outros, como um dos legítimos representantes desse movimento, chamando-o de "elegante escritor latino e comentador de Sêneca", ao mesmo tempo que exclui Lutero desse rol por considerá-lo apenas como teólogo, apesar de reconhecer nele algumas marcas do humanismo renascentista (KRISTELLER, 1995, p. 90). De fato, uma apreciação dos influxos humanistas sobre a formação do pensamento de Calvino é útil para termos um panorama mais abrangente de seus antecedentes intelectuais e culturais.

Após se licenciar em artes pelo Collège de Montaigu, no fim da década de 1520, Calvino se mudou de Paris para Orleans e, depois, para Bourges, a fim de estudar direito civil. Em Orleans, estimulado pela crescente insatisfação dos estudantes quinhentistas com os comentários e as glosas de obras clássicas, que há séculos haviam constituído uma tradição à parte de estudos, intermediando e, às vezes, até encobrindo o significado original desses textos ao leitor, Calvino entrou em contato com o currículo programático referente aos *studia humanitatis*. Ali, iniciou os seus estudos de grego com o literato Melchior Wolmar, a fim de cumprir as exigências mínimas de qualquer estudioso das humanidades, que era o acesso às fontes primárias em sua língua original (McGRATH, 2004, p. 74-6).

Calvino teve acesso ao programa de estudos humanistas através do direito, naquela tradição que ficou conhecida como humanismo jurídico francês. Os estudiosos franceses desenvolveram uma forma muito peculiar de estudo do direito. Na esteira da tradição humanista, propunham um retorno às fontes originais do direito romano, como o *Corpus Iuris Civilis* romano e as *Institutas Justinianas*. Um dos pioneiros nesses estudos foi Guilherme Budé, cujas ideias humanistas parecem "ter introduzido Calvino ao mundo dos valores, métodos e fontes humanistas" (McGRATH, 2004, p. 77).

Foi justamente o impacto desses princípios humanistas sobre Calvino que contribuiu, em grande medida, para a formação de uma forma de pensar e escrever clara, persuasiva e prática, e para a formação de seus escrúpulos literários e filológicos quanto aos textos antigos.

> As origens do método de Calvino, talvez como o maior comentarista bíblico de sua época, estão no seu estudo do direito, na

sofisticada atmosfera de Orleans e Bourges. Há várias indicações de que ele aprendeu com Budé sobre a necessidade de ser um competente filólogo, de fazer uma aproximação direta a um texto básico, a interpretá-lo dentro dos parâmetros linguísticos e históricos de seu contexto e aplicá-lo às necessidades do contexto atual (McGRATH, 2004, p. 78).

Em 1531, após se licenciar em leis pela Faculdade de Direito de Orleans, Calvino retornou a Paris. Agora como um devotado admirador das belas letras e da retórica refinada, ele tenta seu ingresso no mundo dos escritores, publicando, em 1532, seu comentário à obra *Sobre a clemência* do autor romano Sêneca. Apesar de demonstrar destreza no uso das fontes clássicas e do estilo retórico apurado, essa obra não teve repercussão relevante em seus dias. Mas o legado recebido dos *studia humanitatis*, este sim, após sua conversão à fé protestante, seria vitalício em sua carreira bem-sucedida como reformador eclesiástico e pensador cristão.

A erudição de Calvino se restringia naturalmente ao domínio de conhecimentos consolidados pela tradição humanista que compreendia as esferas política, eclesiástico-teológica, literário-filológica, legal e filosófica, mantendo-se como um grande admirador das ciências naturais e da matemática, permanecendo, no entanto, às margens de um interesse especializado por essas áreas do conhecimento humano (WENDEL, 1997, p. 36).

ESCOLASTICISMO MEDIEVAL, NOMINALISMO E O PENSAMENTO DE AGOSTINHO

Tal como acontece com o humanismo renascentista, definir o escolasticismo medieval não é uma tarefa simples dada a diversidade de correntes representativas desse movimento. O escolasticismo foi um movimento teológico que se estendeu do século XIII ao XVI e que procurou apresentar uma justificação racional da fé cristã e uma apresentação sistemática do seu conteúdo através de um método de demonstração racional extraído da filosofia. Sendo assim, o escolasticismo está muito mais relacionado a uma atitude acadêmica e a um método teológico do que propriamente a um sistema específico de crenças teológicas (McGRATH, 1999, p. 67-8). Muller vai nessa mesma direção quando afirma que o escolasticismo deve ser entendido como

> um método dialético das escolas, historicamente enraizadas no período patrístico posterior, particularmente no pensamento de Agostinho, e desenvolvido durante todo o período medieval à luz da lógica clássica e da retórica, construída visando à autoridade do texto e da tradição, e devotado primariamente à exposição da Escritura e de tópicos teológicos que derivam dela, usando as melhores ferramentas disponíveis de exegese, lógica e filosofia (2000, p. 42).

Esse anseio por demonstrar a inerente racionalidade da fé e sistematizá-la *sub specie philosophicae* encontrou, no século XIII, na recém-introduzida filosofia de Aristóteles, a sua maior representante. Muito da oposição humanística e reformada à tradição escolástica centralizava-se em problemas de ordem retórica e filológica, como a ausência de refinamento linguístico resultante da falta de familiaridade com as línguas clássicas e na sua aplicação retórica ao discurso, mas principalmente ao tipo de teologia meramente acadêmica "divorciada das necessidades reais da comunidade cristã", resultante do uso excessivo de especulações metafísicas descoladas de uma aplicação prática no contexto da fé e da vida (MULLER, 2000, p. 43-4).

O século XIV foi um período de muitas transformações quanto às expectativas nutridas, em todo século XIII, por uma gama de pensadores da Baixa Idade Média que acreditava ser possível o estabelecimento de uma síntese final entre o domínio da razão, representado pela filosofia, e o domínio da fé, representado pela teologia revelada (GILSON, 1998, p. 794). A idealização de tal síntese pressupunha a utilização da filosofia como *ancilla theologiae* (serva da teologia), na forma de uma teologia natural que fornecesse o tratamento racional daquelas questões que deveriam justificar a existência, pertinência e primazia do dogma revelado sobre toda forma de conhecimento. Apesar de soluções mais otimistas quanto a essa possibilidade terem sobrevivido, e até se consolidado séculos mais tarde na forma de sistemas tradicionais de pensamento como, por exemplo, ocorrerá com o tomismo, o clima intelectual do século XIV não era tão otimista quanto às possibilidades reais de se buscar uma aplicação integrada da filosofia com a teologia revelada. Pensadores como Duns Scotus já haviam limitado severamente o alcance da filosofia como base de fundamentação racional para as questões da fé, bem como haviam criticado o uso ancilar da filosofia, embora, paradoxalmente, ainda mantivesse considerável confiança na razão nas suas tratativas teológicas (ibidem).

É nesse cenário crítico do século XIV, de extrema desconfiança quanto à possibilidade de uma síntese integrativa entre a filosofia e a teologia revelada, bem como de crítica ao caráter subserviente e restrito da filosofia em relação à teologia, que se insere William de Ockham (GILSON, 1998, p. 794). O nominalismo de Ockham é um típico representante das transformações intelectuais pelas quais passava a Europa do século XIV. Estabelecer de maneira detalhada o alcance e os caminhos pelos quais se enveredou o nominalismo durante os séculos que se seguiram, sobretudo no contexto do século XVI europeu, onde reside nosso interesse maior, está para além do escopo deste texto, requerendo uma análise muito mais específica e aprofundada, o que foge por completo aos objetivos deste presente capítulo. Contudo, é de importância central podermos, pelo menos, estabelecer a inter-relação da *via nominalium* com o renovado interesse pelos estudos agostinianos do século XIV, para que mais à frente possamos constatar a importância desses dois movimentos na formação do pensamento de Calvino.

A *SCHOLA AUGUSTINIANA MODERNA*

Em anos recentes, estudos especializados têm dado conta da existência de um movimento teológico distinto e bem definido dentro da ordem agostiniana do fim do período medieval (séculos XIV e XV), e que exerceu sua influência para além dos limites

Os antecedentes agostinianos 47

eclesiásticos (McGRATH, 2007, p. 89-94).[6] Tais estudos mostraram que a mesma "polarização" ocorrida nas universidades europeias do Trecento e do Quatrocento, resultante dos movimentos representados pela *via moderna* e pela *via antiqua*, também aconteceu na ordem agostiniana desse período (McGRATH, 2002, p. 178 *apud* TRAPP, 1956, p. 248).

> Enquanto os *antiqui* estavam principalmente preocupados em estabelecer com precisão as opiniões de escritores como Agostinho com base em estudos histórico-críticos, os *moderni* empregavam o dispositivo lógico-crítico da dialética entre os dois poderes de Deus para "corrigir" essas opiniões (McGRATH, 2002, p. 178-9).

A *via antiqua*, no contexto do agostinismo, passou a ser representada pela *Schola Aegidiana*, cujo proponente principal foi Giles de Roma (1243-1316), mas sua duração não ultrapassou o século XIV. De viés mais realista, essa escola propunha uma interpretação tomista do pensamento de Agostinho, enquanto a *via moderna*, no agostinismo, passou a ser representada pela *Schola Augustiniana Moderna* ou *via Gregorii*, cujo proponente principal foi Gregório de Rimini. De viés epistemológico mais nominalista e de forte teor antropológico e soteriológico antipelagiano, foi esse movimento que acabou prevalecendo nas universidades e ordem agostiniana até o século XVI (McGRATH, 2002, p. 178-9; 2007, p. 91-2). McGrath chega a afirmar que, por causa dessa associação tão íntima entre o agostinismo e o nominalismo, é "totalmente fútil" tentar fazer uma distinção nítida entre ambos os movimentos na ordem agostiniana do período final da Idade Média.

> No final do século XV, uma teologia da justificação se desenvolveu em certas áreas da ordem agostiniana, que só pode ser considerada

---

[6]Dentre esses estudos minuciosos citados por Alister McGrath, os mais significativos são TRAPP, Damasus. *Augustinian Theology of the fourteenth century*: Notes on editions, marginalia, opinions and book-lore, *Augustiniana* 6 (1956), p. 147-265; e ZUMKELLER, Adolar. *Die Augustinerschule dês mittelalters*: Vetreter und philosophisch-theologische lehre, *Analecta Augustiniana* 27 (1964), p. 167-262.

uma espécie híbrida, mantendo muitas das autênticas ênfases teológicas de Agostinho (por exemplo, a ênfase na depravação do homem e a prioridade da *caritas* na justificação), enquanto empregava métodos (como a dialética entre os dois poderes de Deus) que deviam mais à *via moderna* [...] não só muitos agostinianos adotaram uma epistemologia nominalista (como Gregório de Rimini e Ugolino de Orvieto) — como incorporaram também elementos significativos do nominalismo em sua discussão sobre a justificação (2002, p. 179).

Segundo Heiko Oberman, não houve um período da história do pensamento medieval em que o interesse renovado pelo pensamento de Agostinho tenha se dado com tamanha intensidade como aconteceu no século XIV; uma busca por Agostinho não apenas como um dos pais da igreja mais importantes, mas como "o intérprete autoritativo e definitivo das Escrituras". Aliás, Oberman denominou esse interesse renovado de "Renascença agostiniana" (1992, p. 8).

Esse movimento trecentista de reinterpretação do pensamento de Agostinho, de natureza estritamente acadêmica ou escolástica, teve nos filósofos e teólogos Thomas Bradwardine e Gregório de Rimini seus principais representantes, cujos nomes também figuram entre aqueles que participaram das origens do humanismo renascentista europeu (OBERMAN, 1992, p. 8). Esse movimento de renovado interesse no pensamento de Agostinho foi desencadeado pela profusão dos estudos teológicos dos séculos XII e XIII, por causa da consequente necessidade de definição mais precisa, sistematização e até mesmo reformulação de vários dos conceitos doutrinários vigentes, sendo muitos destes de origem agostiniana (McGRATH, 2007, p. 171). No século XIV, por exemplo, surge um movimento acadêmico de crítica às fontes que procurava determinar quais seriam as obras de autoria verdadeiramente agostiniana. Isso porque, até o século XIV, boa parte dos estudos sobre o pensamento de Agostinho eram realizados de "maneira atomística" a partir de uma coletânea de textos (*dicta*) como aquela encontrada nos manuais de teologia e de direito canônico, por exemplo, a obra

Liber sententiarum ex operibus Augustini, de Prosper de Aquitaine (c.390-c.455), cujo procedimento foi imitado bem mais tarde por Pedro Lombardo (c. 1100-1160) em seus *Libri IV Sententiarum,* tornando muito difícil precisar a relação de tais sentenças isoladas com o seu contexto mais amplo (McGRATH, 2007, p. 171). Além disso, nessa época havia uma grande quantidade de escritos espúrios cuja autoria era equivocadamente atribuída a Agostinho. Muitos desses escritos de autoria questionável tratavam de temas antropológicos e soteriológicos a partir de uma perspectiva claramente pelagiana ou semipelagiana, chocando-se, portanto, com o conteúdo das legítimas obras antipelagianas de Agostinho.

É justamente desse esforço em determinar a veracidade autoral de Agostinho, especialmente no tocante àquelas obras de natureza mais soteriológica e antropológica, como as obras antipelagianas, que acabou suscitando, no século XIV, um interesse muito grande por questões teológicas como graça, livre-arbítrio e predestinação (McGRATH, 2007, p. 172-3). Neste ponto, deve-se ressaltar a importância de Gregório de Rimini como crítico filológico das obras de Agostinho e um dos maiores responsáveis, nesse período, pelo resgate de um entendimento mais próximo da doutrina agostiniana da graça e pela ênfase em seus escritos antipelagianos. Isso colocou as questões antropológicas e soteriológicas no centro das discussões teológicas que se seguiriam até o século XVI, preparando, assim, o ambiente intelectual para as principais controvérsias ocorridas no período da Reforma protestante, a começar por Martinho Lutero (McGRATH, 2007, p. 172-3). Essa renascença agostiniana de forte matiz riminiano, como já dissemos, também ficou conhecida como *via Gregorii* ou, simplesmente, *Schola Augustiniana Moderna,* por aliar aspectos filosóficos da *via moderna* com a antropologia e soteriologia antipelagianas de Agostinho.[7] É nesse contexto intelectual agostiniano *moderno* que o pensamento e as obras futuras do então monge agostiniano e professor universitário Martinho

---

[7]Para mais detalhes sobre em que consistiu na *Schola Augustiniana Moderna* ou *Via Gregorii,* remeto os leitores para OBERMAN, 1992, p. 65-83; e McGRATH, 2007, p. 89-94, 170-4.

Lutero serão forjados (McGRATH, 2002, p. 179). E será, sobretudo, a partir da intermediação dessas obras de Lutero que o pensamento de João Calvino será direcionado, desde o início de sua conversão à fé protestante.[8]

O ESCOLASTICISMO MEDIEVAL E SUA RECEPÇÃO POR PARTE DOS REFORMADORES PROTESTANTES

Quando se fala sobre a oposição dos reformadores à tradição escolástica, algumas qualificações precisam ser feitas para que tal afirmação não seja tomada de maneira genérica e simplista. Da mesma forma como é verdadeiro o fato de que os reformadores se opuseram de forma explícita àquelas concepções escolásticas que reproduziam muito mais o caráter emancipatório proveniente da síntese com a filosofia do que propriamente resultante dos princípios bíblicos, sobretudo no tocante ao uso indiscriminado da metafísica e da ética aristotélicas (HARRISON, 2007, p. 236-9), também é igualmente verdadeiro o fato de que, explícita ou implicitamente, suas formulações e seu método de trabalho davam mostras incontestáveis de sua dependência em relação a alguns aspectos do pensamento escolástico, especialmente das tradições scotista e ockhamista, sendo esta última muito associada àquilo que ficou conhecido como *via moderna*. Lutero mesmo, embora criticasse

---

[8]A influência do pensamento agostiniano-nominalista de Martinho Lutero no início da carreira teológica de João Calvino não pode ser subestimada, pois, embora já estivesse familiarizado com algumas das principais obras de Agostinho, antes mesmo de sua conversão (o seu comentário ao *Sobre a clemência* de Sêneca demonstra isso), muito provavelmente em virtude de seus anos de estudo em Paris, será a sua conversão à fé protestante que o levará a uma forte carga de afetividade e confiança com as obras de Lutero. Tal apreciação pela pessoa e pelas obras do reformador alemão persistirá por toda a vida de Calvino, embora, mais tarde, tenha se tornado mais crítico de sua teologia, mas sempre de forma polida e respeitosa como demonstram os termos de saudação e despedida de uma de suas cartas endereçadas a Lutero: "Excellentissimo christianae ecclesiae pastori D. Martino Luthero patri mihi plurimum observando" [...] "Vale, clarissime vir, praestantissime Christi minister ac pater mihi semper pergat usque in finem, in commune ecclesiae suae bonum." Epistulae 605, Epistolici Calviniani, Tomus III, MDXLV, *Corpus Reformatorum*: Ioannis Calvini opera quae supersunt omnia, vol. 12, 1874, reprint 1990.

explicitamente a teologia de Tomás de Aquino, por outro lado demonstrava apreciação pela contribuição de William de Ockham (OBERMAN, 1992, p. 56-7), sobretudo quanto às suspeitas da possibilidade de interação pacífica entre razão e fé, filosofia e teologia (HARRISON, 2007, p. 245). Isso não aconteceu por acaso, afinal de contas Lutero fora educado no interior da tradição ockhamista na Universidade de Erfurt. Mas nem por isso deixou de criticar de forma contundente a *via moderna* quando teve que optar pela concepção agostiniana de livre-arbítrio em contraposição ao que parecia ser uma visão antropológica pelagiana (ibidem), ou quando achava necessário.[9]

Levantar dados que, em algum nível, associem a origem do pensamento de Lutero com a proposta nominalista, sobretudo aquela representada por Ockham, é uma tarefa menos complexa, não somente por causa do número de evidências histórico-discursivas que ligam ambos os movimentos, mas muito mais pelas citações explícitas, algumas delas inclusive elogiosas, feitas por Lutero a Ockham.[10] O mesmo não acontece em relação a Calvino, pelo menos não explicitamente. Portanto, determinar os influxos da *via moderna* sobre a formação do pensamento de João Calvino é uma tarefa que só pode ser feita de forma indireta.

Calvino e a tradição escolástica medieval

Muito do que se tem escrito sobre a relação de Calvino com a teologia do escolasticismo medieval tem sido marcado pelo paradigma

---

[9]Como acontece com todos os movimentos surgidos no final do período medieval e no Renascimento, definirmos a precisa relação entre os termos ockhamismo, nominalismo e via moderna, e o nível de influência exercida sobre o movimento de reforma religiosa do século XVI, é uma tarefa muito complexa e difícil. Uma das maneiras de fazê-lo é apelarmos ao contexto discursivo da época, a fim de determinarmos o grau de inter-relação entre esses movimentos. No entanto, isso está para além do escopo deste capítulo. Uma boa análise e conjugação de estudos sobre essa questão e esse cruzamento de fontes da época, especialmente quanto aos influxos do nominalismo na formação do pensamento de Lutero, é realizado por especialistas como Heiko Oberman em várias de suas obras (cf. OBERMAN 1992; 2000).
[10]Para um tratamento historiográfico elaborado sobre esta questão, consultar OBERMAN, 1992, p. 52-65.

52   **O legado de Calvino**

mais amplo concernente à relação entre a tradição humanista renascentista e a tradição escolástica medieval. Como já vimos, o modelo explicativo clássico, até décadas recentes, supervalorizava as disjunções entre ambas as tradições, interpretando o surgimento da cultura renascentista como uma ruptura súbita com a cultura medieval.[11] À luz desse modelo explicativo, as oposições levantadas por Calvino em relação aos escolásticos se tornam absolutamente incontornáveis. No entanto, vista sob a perspectiva do modelo explicativo de Kristeller, em que a Renascença é vista, na sua relação de continuidade com a tradição medieval, como resultado de um contínuo e gradual processo de transformação, sem é claro perdermos de vista algumas de suas indiscutíveis oposições, o cenário envolvendo Calvino e a teologia escolástica se torna menos crítico.

Na verdade, é inegável o fato de que, em termos metodológicos, Calvino é claramente um humanista. Contudo, isso não inviabilizou a incorporação de aspectos doutrinários próprios da agenda de discussões teológicas da Baixa Idade Média, como as doutrinas de Deus, da Trindade, da criação, da providência e da predestinação, mesmo porque nunca houve uma antítese absoluta e estanque entre a tradição humanista cristã e o escolasticismo medieval (MULLER, 2000, p. 39-40).[12] No entanto, permanece também como evidência inegável o fato de que Calvino, nas *Institutas*, de forma constante e persistente, reserva várias críticas aos teólogos escolásticos, demonstrando uma nítida ruptura com essa tradição em alguns aspectos.

Como, então, podemos entender a aparente contradição que revela, ao mesmo tempo, uma atitude de continuidade e disjunção entre Calvino e a teologia escolástica? La Vallee, em sua dissertação de Ph.D., apresentada em 1967 em Harvard University, sugere que muito das críticas de Calvino se fundavam numa estratégia retórica de desqualificação de um tipo específico de tradição escolástica própria do contexto parisiense onde se deram seus

---

[11]Por exemplo, as teses de Burchhardt e Hans Baron.
[12]Sobretudo esta última, a partir da perspectiva da *Schola Augustiniana Moderna*.

estudos iniciais, com a finalidade de colocar em relevo os ensinos da Reforma.[13] Após uma análise extensa e minuciosa das ocasiões em que, nas *Institutas*, Calvino desaprova e critica a teologia dos escolásticos, Muller refina a tese de La Vallee e chega à interessante conclusão de que Calvino não o faz de maneira indiscriminada, como que motivado por um "preconceito antiescolástico", mas segue uma diretriz seletiva que, na grande maioria dos casos, tinha em vista desqualificar a teologia dos escolásticos contemporâneos da Sorbonne parisiense, seus diretos e principais adversários. Isso fica muito evidente, por exemplo, nas sucessivas edições francesas das *Institutas* que tinham como público-alvo os seus contemporâneos, os franceses (MULLER, 2000, p. 50-2, 56-7).

Boa parte dos estudos recentes sobre as origens intelectuais do pensamento dos reformadores religiosos do século XVI tem reconhecido que as polêmicas teológicas com a teologia escolástica da Baixa Idade Média, dos séculos XVI e XVII, "serviu para obscurecer o relacionamento positivo" e a linha de continuidade entre muitos dos aspectos presentes no pensamento dos reformadores e seus "precursores medievais" (MULLER, 2000, p. 41-2). Somente a partir de uma análise exegética detalhada, comparando os pontos polêmicos levantados pelos reformadores e pelos teólogos escolásticos medievais, é que se pode, de fato, avaliar com justiça o quanto tais críticas se justificam ou o quanto elas representam um drama retórico ou um jogo de palavras. Como os ataques de Calvino aos escolásticos nem sempre são especificamente direcionados, dificilmente indicando as fontes precisas a partir das quais está criticando seus oponentes medievais, fica difícil determinar, comparativamente, de forma precisa, o mérito da questão criticada (ibidem). Isso fica muito evidente, por exemplo, nas críticas de Calvino a respeito da distinção escolástica entre *potestas dei absoluta* e *potestas dei ordinata*.

Certamente que uma das doutrinas teológicas que serviu como pano de fundo crítico na elaboração da teontologia de Calvino foi a

---

[13]LA VALLEE, Armand Aime. *Calvin's criticism of scholastic theology*. Ph.D. dissertation, Harvard University, 1967, p. 237-41.

distinção scotista e ockhamista entre *potestas dei absoluta* e *potestas dei ordinata*. No capítulo III.XXIII.2 das *Institutas*, Calvino critica essa distinção como uma especulação teológica que separa a onipotência de Deus de sua justiça, transformando Deus em um ser absolutamente arbitrário (STEINMETZ, 1995, p. 40-1). É muito discutível se de fato Scotus e Ockham intentaram chegar a tal conclusão, pois tal distinção tinha em vista apenas salvaguardar a liberdade absoluta e transcendente de Deus e, ao mesmo tempo, a contingência do mundo. Tanto é que alguns dos teólogos calvinistas do século XVII tentarão minimizar o tom da crítica de Calvino à essa questão. Isso, por exemplo, acontece com o professor de teologia e um dos sucessores de Calvino na Academia de Genebra, Francis Turrettini, que dizia que Calvino objetava o uso abusivo dessa distinção por certos teólogos medievais, e não a distinção em si, dado o seu vínculo de familiaridade com a teontologia calvinista (ibidem, p. 41 *apud* TURRETTINI, loc. III q. 21 a.3-5). Apesar das críticas de Calvino à distinção escolástica entre poder absoluto de Deus e poder ordenado, ele não se opõe ao espírito da doutrina que Scotus e Ockham queriam preservar, que era a da absoluta transcendência e liberdade divinas e a radical contingência do mundo e dos seres criados (STEINMETZ, 1995, p. 41,50). O problema para Calvino é que tal distinção não está fundada na revelação, e sim na razão especulativa, indo de encontro aos seus escrúpulos metodológicos em evitar, o máximo possível, toda forma de teologia natural baseada na metafísica clássica. Para Calvino, a natureza do poder de Deus deve ser corretamente compreendida à luz do dado revelado na Escritura e com a finalidade prática de promover a edificação da fé da igreja.[14]

Outro caso característico refere-se à concepção de fé de Tomás de Aquino e aquela esposada por Calvino. Num primeiro momento, partindo do uso específico que cada autor faz dos termos que envolvem a questão, as duas concepções parecem irremediavelmente contrárias entre si: Calvino afirma que a fé é conhecimento,

---

[14]Segundo Steinmetz, a ideia de *potestas dei absoluta* implicava, para Calvino, um poder desordenado e uma onipotência divorciada da justiça (1995, p. 50).

enquanto Aquino afirma que não. Contudo, quando devidamente analisadas, as duas concepções de fé apresentam muitas similaridades que acabaram sendo encobertas pelo ardor retórico das discussões críticas entre Calvino e seus contemporâneos escolásticos, quando a contrastava com os abusos decorrentes da tradição escolástica.[15]

O fato é que a oposição de Calvino ao escolasticismo medieval tem sido bastante superestimada. A relação de Calvino com o pensamento dos escolásticos medievais é marcada por uma atitude de clara disjunção, que é apresentada de forma explícita em seus escritos, e por uma atitude positiva de apropriação, que na maioria dos casos permanece implícita, sendo perceptível apenas através da exegese comparativa dos textos de Calvino e de suas prováveis fontes diretas e indiretas. Os casos de disjunção ficam sempre por conta daquilo que Calvino considera como interpretações equivocadas e distinções teológicas abusivas, completamente impraticáveis do ponto de vista da revelação escriturística (MULLER, 2000, p. 41; STEINMETZ, 1995, p. 50). Uma das mais significativas distinções teológicas entre Calvino e os principais representantes da escolástica medieval é aquela que envolve a antropologia e soteriologia escolásticas que, geralmente, tendiam para uma espécie de semipelagianismo.

A RECEPÇÃO DO PENSAMENTO DE AGOSTINHO POR CALVINO VIA TRADIÇÃO MEDIEVAL E HUMANISMO RENASCENTISTA

Há diversas hipóteses sobre as fontes diretas ou indiretas que, possivelmente, influíram na formação da teologia e da piedade de Calvino. No entanto, de comum nestas hipóteses parece ser a extensa influência de alguns temas agostinianos que foram muito marcantes nos séculos XIV, XV e XVI. Em especial, dois movimentos

---

[15]Para um estudo sobre as semelhanças e diferenças entre as concepções de fé de Calvino e Aquino, consultar VOS, Arvin. *Aquinas, Calvin, and contemporary protestant thought*. Grand Rapids: Eerdmans, 1986, especialmente as p. 1-20.

de inspiração agostiniana, iniciados na Baixa Idade Média, provavelmente incidiram na formação do pensamento de Calvino. Um deles, como já vimos, de natureza teológico-filosófica, consistiu no encontro da *via moderna* com o reavivamento do pensamento antipelagiano de Agostinho, hoje denominado por alguns especialistas no pensamento da Reforma de *Schola Augustiniana Moderna*.

O outro foi um movimento de redescoberta da devoção religiosa e da prática da fé pautadas no exercício da humildade e de uma piedade bem simples e prática.[16] Tal movimento de forte inspiração na mística agostiniana se manifestou inicialmente como contraponto ao tipo de espiritualidade clerical e especulativa que vinha sendo praticada por setores da Igreja Católica Romana nos séculos XIV e XV (OZMENT, 1980, p. 96). Esse movimento originado na Holanda entre Os Irmãos da Vida Comum ficou conhecido como *Devotio Moderna*, e uma de suas obras mais representativas foi *De Imitatione Christi* (*Imitação de Cristo*), de Tomás de Kempis (TORRANCE, 1988, p. 73).

Segundo Torrance, embora não haja nenhuma menção explícita nas obras de Calvino ao *De Imitatione Christi*, há uma aproximação muito estreita entre os temas e o tratamento que envolvem a doutrina do conhecimento de Deus na sua relação com este ideal renovado de espiritualidade cristã proposto por Tomás de Kempis em sua obra (TORRANCE, 1988, p. 73).[17] A doutrina do conhecimento de Deus de Calvino, pelo menos no tocante à sua natureza, está intimamente relacionada com esses princípios da *Devotio Moderna*. É muito provável que Calvino tenha entrado em contato com os princípios da *Devotio Moderna* nos anos em que estudou em Paris, no College de Montaigu, mas boa parte da influência

---

[16]Para mais detalhes, cf. TORRANCE, 1988, p. 72-95; OZMENT, 1980, p. 73-134. Para um tratamento mais extensivo sobre os prováveis movimentos precursores da Reforma do século XVI, recomendo as seguintes obras: McGRATH, 1999; 2007; OBERMAN, 1992; 1966; 1994.

[17]Além do *De imitatione Christi*, Smits afirma que muitos dos tratados de fins da Idade Média, escritos debaixo da influência direta e indireta da espiritualidade agostiniana, tinham a tendência de versar sobre o tema do conhecimento de Deus e do autoconhecimento (1957, v. 1, p. 21, n. 3).

recebida deve ter vindo das obras do reformador Martinho Lutero que Calvino leu avidamente.

Lutero já havia sido moldado por esse tipo de movimento de devoção espiritual que foi muito influente na Alemanha de seus dias. É fato que, sendo um reformador de segunda geração, Calvino foi muito influenciado por Lutero e, por extensão, pelo arcabouço filosófico-teológico que influiu vitaliciamente em sua teologia e metodologia, incluindo aspectos do nominalismo. Além dessa influência indireta, podemos dizer que o nominalismo era um dos principais antecedentes intelectuais já consolidados na atmosfera cultural da França do século XVI. É claramente perceptível as marcas indeléveis de aspectos da filosofia nominalista no pensamento e no método teológico de Calvino.

Alguns especialistas defendem a tese de que Calvino entrou em contato com o pensamento de Agostinho, Bernardo de Claraval, João Duns Scotus, Boaventura, Tomás de Aquino e Pedro Lombardo, bem como com o pensamento de Ockham e de alguns *nominalistas-agostinianos* como Thomas Bradwardine e Gregório de Rimini, também à época que estudou artes, em Paris, no Collège de Montaigu. McGrath, por sua vez, atribui o contato de Calvino com esses pensadores medievais e, especialmente, com a filosofia de Agostinho, de forma mais indireta, à *Schola Augustiniana Moderna*.[18] Em síntese, a *Schola Augustiniana Moderna* tendia a aliar aspectos da epistemologia e teontologia nominalistas (como

---

[18]A *Schola Augustiniana Moderna*, como já vimos, foi um movimento teológico--filosófico muito eclético, como tantos outros que surgiram por ocasião do fim da Idade Média e Renascença. Contudo, é possível listar algumas características comuns presentes nos mais diversos autores que a representavam, especialmente Gregório de Rimini: (1) um "nominalismo" ou "terminismo" epistemológico estrito; (2) uma visão voluntarista da *ratio meriti*, contrastando com uma visão intelectualista; (3) o uso extensivo dos escritos de Agostinho, especialmente de suas obras antipelagianas; (4) uma visão intensamente pessimista do pecado original, identificando a Queda como um divisor de águas na economia da salvação; (5) uma ênfase sobre a primazia de Deus na justificação, associada a uma doutrina da graça especial; (6) uma doutrina radical da dupla predestinação absoluta (McGRATH, 2007, p. 105). Segundo McGrath, todas essas seis características comuns à *Schola Augustiniana Moderna* estão presentes no pensamento de João Calvino, algumas num nível maior, outras num nível menor (ibidem, p. 105-6).

a questão da relação entre universais e particulares, e da distinção entre *potestas dei absoluta e potestas dei ordinata*) com uma férrea admissão da antropologia e soteriologia presentes nos escritos antipelagianos de Agostinho.

A grande questão debatida entre os especialistas é saber exatamente como Calvino foi afetado por essa corrente de pensamento que, na Paris de seus dias de estudante, se fazia presente em boa parte dos colégios e universidades, sobretudo através do pensamento de Ockham e Rimini. Alguns especialistas, como Reuter e Torrance, por exemplo, atribuem esse aprendizado de Calvino ao trabalho de um teólogo e filósofo escocês chamado John Major, que lecionou em Montaigu à época em que Calvino lá estudou (TORRANCE, 1988, p. 80-95; REUTER, 1963, p. 84). A dívida intelectual de Major em relação a Scotus, Ockham e Rimini é até mesmo declarada no seu prefácio à edição do *Comentário sobre as Sentenças* de Ockham. Wendel também afirma que, sob a provável instrução direta do "celebrado teólogo nominalista" John Major, durante os cinco anos de residência que estudou no Collège de Montaigu, Calvino não somente foi introduzido à filosofia escolástica da Baixa Idade Média — como as *Sentenças* de Pedro Lombardo e os *Comentários* de William de Ockham sobre esta obra —, como também foi educado à luz dos clássicos da patrística, especialmente Agostinho, cujo impacto sobre o seu pensamento se deu de forma vitalícia (1997, p. 18-9). Portanto, é muito provável que Calvino tenha entrado em contato com tais ensinos à época em que esteve no Collège de Montaigu, ainda que indiretamente.

Essa tese tem sofrido críticas por várias razões, sendo a mais expressiva aquela feita por Ganoczy, que diz que não há sequer uma citação direta de Calvino a Aquino, Scotus, Ockham, Rimini ou mesmo Major na primeira edição de suas *Institutas* de 1536, obra esta que marcou o início formal de seus esforços teológicos (1987, p. 175).[19] Ganoczy conclui disso que, a essa altura, Calvino

---

[19]A tese de Reuter de que a instrução de Calvino nos pensadores Scotus, Ockham e Rimini foi resultado de seu contato direto com John Major à época que estudou em Montaigu tem sofrido várias críticas, mas uma das mais expressivas tem

Os antecedentes agostinianos   59

ainda não possuía treino formal nos autores medievais, algo que só aconteceria após a publicação da primeira edição das *Institutas* (ibidem, p. 176-7). Segundo Ganoczy, nessa primeira edição das *Institutas*, as únicas referências medievais mencionadas são Pedro Lombardo e Graciano, cujos pensamentos teriam sido assimilados indiretamente por Calvino através de suas leituras das obras de Lutero, sobretudo *O cativeiro babilônico da igreja* (ibidem, p.173).

Embora concorde com Ganoczy quanto a questão de não ser possível afirmar categoricamente se Calvino travou ou não contato direto com John Major em Montaigu, McGrath, no entanto, afirma que o fato de não ter citado tais pensadores nas suas obras iniciais não implica, necessariamente, que ele os desconhecesse a essa altura, mas sim que Calvino estava seguindo uma estratégia determinada pelas circunstâncias da época ao escrever a primeira edição das *Institutas*. Diferentemente da reforma luterana, iniciada com um caráter fortemente polêmico no contexto universitário, cerca de vinte anos antes dos primeiros esforços de Calvino se tornarem realidade, o trabalho intentado por ele nas *Institutas*, especialmente em sua primeira edição em 1536, tinha a finalidade de "defender a ortodoxia do movimento evangélico em oposição às críticas francesas, atuando como cartilha religiosa, e não como um ataque à teologia do final do período medieval" (McGRATH, 2007, p. 103).

Portanto, diferentemente do contexto inicial de Lutero, o contexto marcado pelos esforços teológicos iniciais de Calvino era um contexto de consolidação da fé reformada, daí o caráter catequético da edição das *Institutas* de 1536, muito semelhante, inclusive, aos catecismos de Lutero. Mesmo depois, quando as sucessivas edições das *Institutas* foram incorporando um tom fortemente polêmico, isso acontecia como forma de atender às demandas práticas do movimento que iam surgindo à medida que a fé reformada era desafiada por propostas teológicas conflitantes com seus princípios.

---

sido feita por Ganoczy, que crê que Reuter transformou uma suposição provável em uma afirmação factual sem tê-la, contudo, fundamentado documentalmente de maneira suficiente. Para uma apresentação detalhada sobre essa questão tão debatida, cf. GANOCZY, 1987, p. 173-8; e LANE, 1999, p. 16-25.

É bastante plausível assumirmos que Calvino esteve em contato com tais correntes de pensamento presentes à atmosfera intelectual da Paris de sua época, especialmente em Montaigu, onde estudou em sua juventude, o que o levou a reproduzir em seu ideário teológico ideias muito similares àquelas preconizadas pela *Schola Augustiniana Moderna* (McGRATH, 2007, p. 102). Certamente Calvino assimilou "boa parte da visão dialética da *via moderna* ou da *Schola Agustiniana Moderna* durante sua estadia em Paris", ainda que isso não tenha sido resultado do contato pessoal de Calvino com indivíduos em particular, a exemplo de John Major, como defende Reuter.

Embora não seja ainda possível demonstrar historiograficamente, de forma direta, explícita e cabal como se deram exatamente os influxos resultantes da *Schola Agustiniana Moderna* sobre o pensamento de Calvino, é possível, contudo, fazê-lo de forma indireta através de uma análise literária de suas obras, especialmente da última edição das *Institutas* (1559), demonstrando a presença de conceitos e ideias que remontam a aspectos do nominalismo e scotismo filosóficos, jungidos a uma antropologia estritamente agostiniana próprios do programa da *Schola Augustiniana Moderna*. Uma forma de fazer isso é justamente comparar o itinerário e as características da doutrina do conhecimento de Deus seguidos por Calvino com a proposta original de Agostinho quanto a essa questão. No tocante às questões antropológicas e soteriológicas envolvidas no tratamento da dinâmica do conhecimento de Deus se percebe, especialmente no geral, uma concordância estrita de Calvino com a teologia antipelagiana de Agostinho, enquanto no específico — sobretudo em relação às questões de ordem metafísica, metodológica e epistemológica — há várias distinções entre eles, justamente em função dos reflexos do ideário nominalista sobre essas áreas presentes no pensamento de Calvino.[20] Além dessa frente, temos também uma onda renovada de interesse

---

[20]Para uma análise mais aprofundada dessa questão, cf. OLIVEIRA, Fabiano de Almeida. *João Calvino e Santo Agostinho: sobre o conhecimento de Deus e o autoconhecimento*: paralelos e disjunções. São Paulo: Fonte Editorial, 2018.

humanista por Agostinho no século XIV, que se seguiu das leituras de algumas de suas obras (especialmente as *Confissões*) a partir de Francesco Petrarca (GILSON, 1998, 897-905). Mas os influxos agostinianos, oriundos do humanismo, serviram apenas para preparar o ambiente em que o processo de disseminação e aceitação renovada das obras e pensamento de Agostinho ocorreria no contexto cultural do século XVI. Uma dessas contribuições humanistas se deu no campo da análise filológica e do preparo das edições completas das obras de Agostinho, disponibilizadas ao público no século XVI.

Na edição final das *Institutas,* vemos Calvino dialogando constantemente com os pais da igreja, ora apelando para o seu testemunho, ora reprovando-o. Contudo, Calvino não dialoga com nenhum outro autor patrístico de maneira tão recorrente e apreciativa como o faz com Agostinho.

> Contudo, a influência de santo Agostinho sobre o reformador [Calvino] é mais importante e pode mesmo ser considerada única em seu gênero. Ele faz de santo Agostinho sua constante leitura e sente-se em pé de igualdade com ele, citando-o em todas as oportunidades, apropriando-se de suas expressões e considerando-o um dos mais valiosos aliados em suas controvérsias (WENDEL, 1997, p. 124).

Apesar das afinidades entre Calvino e Agostinho, é notório em suas *Institutas* o fato de que apenas a Escritura "tem valor normativo para a fé, o que não pode ser dito de nenhum pai da igreja" (WENDEL, 1997, p. 125).

AS EDIÇÕES DAS OBRAS DE AGOSTINHO E SEU USO NAS *INSTITUTAS* DE CALVINO

O contato de Calvino com o pensamento de Agostinho não se deu apenas de forma indireta, por intermédio da atmosfera intelectual e religiosa do século XVI. Além dos manuais tradicionais de direito canônico e de teologia como o *Decretum Gratianum* e os

62 O legado de Calvino

Libri IV Sententiarum de Pedro Lombardo, nos quais abundavam citações às obras agostinianas, Calvino também pôde ler as obras de Agostinho diretamente através das edições do *corpus augustinianum* disponibilizadas no século XVI mediante a contribuição da crítica literária do movimento humanista renascentista. Duas edições em especial circulavam nos dias de Calvino: a de Johannes Amerbach, do início do século, e a publicada por Erasmo entre os anos de 1528 e 1529 (LANE, 1999, p. 157). Aliás, a estas duas edições muito se deveu o avanço nos estudos do pensamento teológico-filosófico de Agostinho no século XVI (McGRATH, 2007, p. 173-4). A primeira edição da *Opera Omnia* Amerbach foi publicada em 1506, com a segunda edição publicada em Paris, em 1515, e distribuída por toda a Alemanha (SMITS, 1957, v. 1, p. 197-8).

A primeira edição de Erasmo das *Opera Omnia* de Agostinho superou a edição Amerbach sob vários aspectos: "caracteres mais legíveis, papel mais adequado, páginas menos densas, menos erros de impressão, todas as obras agrupadas em uma só edição, disposição sistemática mais que cronológica, e, enfim, um elemento muito importante, um julgamento competente sobre a autenticidade de cada obra" (SMITS, 1957, v. 1, p. 199). A edição de Erasmo teve seis reimpressões durante os anos de vida de Calvino.

O estudo crítico-textual criterioso de Luchesius Smits tem apontado a edição erasmiana como aquela que Calvino utilizou de maneira majoritária. Além disso, Smits apresenta outras evidências para apoiar a sua tese, como o fato de Calvino ter tido uma formação humanista e de, por isso, ter um "conhecimento íntimo das recentes publicações humanistas" e de estar em constante contato com a cidade de Basileia, onde a primeira edição das *Opera Omnia* de Erasmo fora publicada.[21] Já Anthony Lane questiona os argumentos de Smits e defende a tese de que até o seu debate com Albert Pighius, sobre a escravidão e a liberdade da vontade (1542), Calvino utilizou cópias disponíveis das obras de Agostinho conseguidas enquanto esteve em Basileia e Estrasburgo, só que a

---

[21]Para uma apresentação detalhada dos argumentos de Smits sobre essa questão, sugiro a leitura de SMITS, 1957, p. 201-5.

partir de fontes intermediárias. Somente depois teve acesso à reedição erasmiana de 1531/1532 ou 1541/1543 das *Opera Ominia* de Agostinho (1999, p. 10-3).[22]

O movimento de Reforma protestante do século XVI era constantemente acusado de defender doutrinas inovadoras sem nenhum lastro de afinidade com a tradição teológica da igreja. Não é por acaso que Calvino fazia uso abundante dos pensadores patrísticos, em especial Agostinho, com a finalidade de mostrar que a sua teologia estava muito mais afinada com o pensamento dos antigos e, portanto, mais expressivos representantes da igreja cristã, do que a teologia dos autores medievais (MARSHALL, 1999, p. 116).

Como já vimos, é muito provável que o contato de Calvino com as obras de Agostinho tenha se dado à época em que estudou no Collège de Montaigu (SMITS, 1957, v. 1, p. 13-4). Em seu comentário de *Sobre a clemência* de Sêneca, obra tipicamente humanista publicada em 1532, Calvino já prestigiava a autoridade dos escritos de Agostinho, embora não manifestasse nenhum interesse explícito pelas questões relacionadas ao movimento de reforma religiosa (ibidem, p. 16). Das quinze citações patrísticas encontradas em *Sobre a clemência*, treze são das obras de Agostinho (HAN, 2008, p. 71). Calvino cita *A cidade de Deus*, o *Sermão 355* e *Sobre o espírito e a letra*. Esse dado é significativo, pois, nessa ocasião Calvino ainda não havia iniciado formalmente sua carreira teológica, tratando-se ainda de um jovem entusiasta do movimento humanista, interessado em discutir aspectos literários e estilísticos da antiguidade clássica. Em 1534, Calvino publica uma obra de cunho teológico intitulada *Psychopannychia*, escrita contra os anabatistas, representantes da reforma religiosa radical. Nessa obra, ele cita pelo menos doze obras diferentes de Agostinho (SMITS, 1957, v. 1, p. 19).

Na primeira edição das *Institutas* (1536), Calvino apela para a autoridade de Agostinho citando suas obras de forma direta e indireta cerca de 134 vezes (SMITS, 1957, v. 1, p. 36). Na edição

---

[22]Para uma apresentação detalhada dos argumentos de Anthony Lane sobre essa questão, sugiro a leitura de LANE, 1999, p. 157-62.

de 1539, as *Institutas* sofrem uma considerável transformação metodológica, dando a obra um tom mais apologético e polêmico, além de sofrer um aumento considerável de seu conteúdo. Nessa edição já são cerca de 345 citações e referências diretas e indiretas às obras de Agostinho (ibidem, p. 46). É na edição de 1539 que Calvino começa a fazer uso recorrente da concepção agostiniana de livre-arbítrio na sua relação com temas tais como lei, expiação, mérito e predestinação (ibidem, p. 61).

Uma das obras mais importantes no itinerário evolutivo do conteúdo de suas *Institutas*, responsável pelo aumento significativo do tratamento de questões antropológicas e soteriológicas como a relação entre pecado, graça e vontade, livre-arbítrio e predestinação, bem como pelo aumento considerável do uso de citações patrísticas e, sobretudo, agostinianas, nas sucessivas edições das *Institutas* desde 1543, foi um debate por escrito com o teólogo católico romano Albert Pighius, que mais tarde foi publicado por Calvino com o seguinte título: *Defensio sanae et orthodoxae doctrinae de servitute et liberatione humani arbitrii adversus calumnias Alberti Pighii Campensis.*[23] À parte das *Institutas*, essa é a obra de Calvino que mais contém citações patrísticas. Lane cita a tabela comparativa de citações dos pais da igreja nas obras de Calvino produzida por R. J. Mooi,[24] na qual mostra que, enquanto na segunda edição das *Institutas* (1539) havia apenas 301 citações aos patrísticos, após o início da controvérsia com Pighius o número de citações aumentou consideravelmente. Isso significa que o conhecimento da teologia patrística e, especialmente, das obras antipelagianas de Agostinho, que já lhe eram familiares, agora seria grandemente intensificado através de seu contato polêmico com Pighius. Na verdade, Pighius foi despertado para esse debate após a publicação da segunda edição das *Institutas*, em 1539, em que num acréscimo de um tratamento polêmico sobre a doutrina do livre-arbítrio,

---

[23]*Defesa da doutrina sã e ortodoxa da escravidão e libertação do arbítrio humano contra a calúnia de Alberti Pighii Campensis.*
[24]MOOI, R. J. *Het kerk em dogmahistorisch element in de werken van Johannes Calvijn*. Wageningen: H. Veenman, 1962, p. 365-97.

Os antecedentes agostinianos 65

Calvino afirmava que, "à parte de Agostinho, os pais antigos eram tão confusos, vacilantes e contraditórios sobre o assunto 'livre-arbítrio' que quase nada podia ser determinado com certeza sobre esse assunto a partir de seus escritos" (LANE, 1999, p.152). Em resposta a Calvino, em agosto de 1542, Pighius publicou sua obra intitulada *De libero hominis arbítrio et divina gratia* (*Sobre o livre-arbítrio do homem e a graça divina*). A resposta de Calvino foi publicada em 1543. Quando publicou a sua edição das *Institutas* de 1543, esta, não por acaso, já contava com 418 novas citações às obras patrísticas, e, por fim, na edição final em 1559, as *Institutas* já perfaziam um total de 866 citações (ibidem, p. 151, n. 2).

Portanto, isso provavelmente indica que o conhecimento patrístico de Calvino aumentou consideravelmente com o tempo à medida que se envolvia em debates com seus adversários. Se isso é verdadeiro no tocante às obras dos patrísticos em geral, o é em maior monta em relação às obras de Agostinho que já contava na quinta e última edição das *Institutas* (1559) com cerca de 1.175 menções entre citações e referências diretas e indiretas (SMITS, 1957, v. 1, p. 117,139). De todas essas citações às obras de Agostinho feitas por Calvino em suas sucessivas edições das *Institutas*, os escritos antipelagianos de Agostinho são, de longe, os mais mencionados por Calvino nas *Institutas*. São cerca de 294 menções entre citações e referências diretas e indiretas.[25] Entre os escritos apologéticos de Agostinho, Calvino menciona em suas sucessivas edições das *Institutas* 56 citações e referências diretas e indiretas ao *A cidade de Deus* (idem, 1958, v. 2, p. 159-63).

Já os diálogos de Cassicíaco são muito pouco mencionados por Calvino nas *Institutas*, revelando seu desinteresse pelo tratamento especulativo de Agostinho sobre questões de natureza mais filosófica.

---

[25]As obras antipelagianas usadas nas sucessivas edições das *Institutas* foram: *De peccatorum meritis et remissione*, 29 menções; *De spiritu et littera*, 14; *De natura et gratia*, 20; *De perfectione iustitiae hominis*, 12; *De gratia Christi*, 9; *De peccato originali*, 3; *De nuptiis et concupiscentia*, 8; *De anima et eius origine*, 4; *Contra duas epistolas pelagianorum*, 42; *Contra Julianum*, 29; *Contra secundam Juliani responsionem imperfectum opus sex*, 30; *De gratia et libero arbitrio*, 18; *De correptione et gratia*, 31; *De praedestinatione sanctorum*, 20; *De dono perseverantiae*, 24; e *Opera polemica contra pelagianos*, 1 menção (SMITS, 1958, v. 2, p. 155-257).

No total, eles são citados e referenciados direta e indiretamente apenas seis vezes (SMITS, 1957, v. 1, p. 147): a obra *Contra os acadêmicos* é mencionada apenas duas vezes; *A ordem*, duas vezes; e duas menções a *Solilóquios* (idem, 1958, v. 2, p. 155, 215, 253). O mesmo acontece em relação à obra *O livre-arbítrio*, mencionada apenas três vezes nas *Institutas* (ibidem, p. 210).

CONSIDERAÇÕES FINAIS

Podemos concluir dizendo que o contato de Calvino com o pensamento de Agostinho, bem como sua explícita e vitalícia aderência a muitos dos temas agostinianos, se deveram aos diversos fatores formativos de seu contexto intelectual e religioso. A começar pelo movimento devocional de resgate da piedade religiosa fundado no ideal de obediência às Escrituras, mais voltado para a vida prática da fé conhecido como *Devotio Moderna*, passando pela tradição de estudos agostinianos iniciada no século XIV e já consolidada, e ainda muito influente no século XVI, que conjugava aspectos da epistemologia e teontologia nominalistas e temas originais do pensamento de Agostinho, como o resgate de sua antropologia e soteriologia antipelagianas, conhecida como "Renascença agostiniana" ou, simplesmente, *Schola Augustiniana Moderna*. Outro fator foi a tradição de pensamento humanista igualmente iniciada por volta do século XIV, que, apesar de ter objetivos e características bem distintos, e às vezes até opostos aos da filosofia escolástica medieval, também demonstrou, desde seu nascedouro em Francesco Petrarca, extremo interesse não tanto pela teologia de Agostinho, mas muito mais pelo seu carisma clássico e seu estilo literário. A tradição teológica medieval de pensamento agostiniano, mediada pela teologia de Martinho Lutero, um característico representante da *Schola Augustiniana Moderna*, e o ímpeto dos estudos literários e filológicos profundamente consolidados pelo humanismo cristão, através do trabalho pioneiro de indivíduos como Lorenzo Valla e Erasmo de Roterdã, com suas edições críticas dos clássicos cristãos, incluindo as obras completas de Agostinho, estão na base da formação da cultura humanista e teológica do século XVI, incluindo o pensamento de João Calvino.[26]

REFERÊNCIAS BIBLIOGRÁFICAS

CALVINO, João. *A instituição da religião cristã*. 2 vols. São Paulo: Unesp, 2008-2009.

GANOCZY, Alexandre. *The young Calvin*. Philadelphia: Westminster Press, 1987.

GILSON, Étienne. *A filosofia na Idade Média*. São Paulo: Martins Fontes, 1998.

HAN, S.J. An investigation into Calvin's use of Augustine. *Acta Theologica Supplementum*, v. 10, p. 70-83, 2008.

HARRISON, Peter. Philosophy and the crisis in religion. In: HANKINS, James (ed.). *The Cambridge companion to Renaissance philosophy*. New York: Cambridge University Press, 2007, p. 234-49.

LANE, Anthony N. S. *John Calvin*: student of the church fathers. Grand Rapids: Baker, 1999.

KRISTELLER, P. O. *Tradição clássica e pensamento do renascimento*. Lisboa: Edições 70, 1995.

_____. *El pensamiento renacentista y sus fuentes*. Madrid: Fondo de Cultura Económica, 1993.

_____. *Ocho filósofos del Renacimiento italiano*. México: Fondo de Cultura Económica, 1970.

MARSHALL, David J. John Calvin. In: FITZGERALD, Allan D. *et al* (eds.). *Augustine Through the Ages an Encyclopedia*. Grand Rapids: Eerdmans, 1999, p. 116-20.

---

[26]Creio que Muller resume muito bem como se deu a recepção de Agostinho e seu impacto nos principais representantes da reforma do século XVI, inclusive Calvino: "Certamente é verdade que os escritos de Agostinho foram estudados e citados extensivamente e em profundidade pelos reformadores, e que o impulso humanista *ad fontes* que levou muitos dos reformadores aos textos hebraico e grego das Escrituras também os levou para o texto de Agostinho. [...] Em suma, a Reforma, particularmente nas formas tomadas pelas confissões luteranas e reformadas (calvinistas), seguiu um caminho em grande parte agostiniano, extraindo uma série de ênfases trinitárias, antropológicas, soteriológicas, sacramentais e eclesiológicas tanto de Agostinho diretamente ou da tradição agostiniana, mediada pelos professores da Idade Média. Esses temas foram combinados em uma teologia que permaneceu "agostiniana" no sentido mais amplo, mas que diferiu em muitos detalhes do próprio pensamento de Agostinho" (1999, p. 707).

MCGRATH, Alister E. *A life of John Calvin: a study in the shaping of western culture*. Oxford: Blackwell, 1990.

_____. *A vida de João Calvino*. São Paulo: Cultura Cristã, 2004.

_____. *Iustitia Dei*: a history of the Christian doctrine of justification. 2. ed. Cambridge: Cambridge University Press, 2002.

_____. *Origens intelectuais da Reforma*. São Paulo: Cultura Cristã, 2007.

_____. *Reformation thought*: an introduction. Malden: Oxford University Press, 1999.

MULLER, Richard A. Augustinianism in the Reformation. In: FITZGERALD, Allan D. *et al.* (eds.). *Augustine Through the Ages an Encyclopedia*. Grand Rapids: Eerdmans, 1999, p. 705-7.

_____. *The unaccommodated Calvin*: studies in the foundation of a theological tradition. New York: Oxford University Press, 2000.

OBERMAN, Heiko A. *Forerunners of the reformation*: the shape of late medieval thought. New York: Holt, Rinerhart and Winston, 1966.

_____. *Harvest of medieval theology*: Gabriel Biel and late medieval nominalism. Grand Rapids: Eerdmans, 2000.

_____. *The dawn of the reformation*: essays in late medieval and early reformation thought. Grand Rapids: Eerdmans, 1992.

_____. *The Reformation*: roots and ramifications. Grand Rapids: Eerdmans, 1994.

OZMENT, Steven. *The age of Reform 1250-1550*: an intellectual and religious history of late medieval and reformation Europe. New Haven: Yale University Press, 1980.

REUTER, Karl. *Das grundverständnis der theologie Calvins*. Neukirchen: Neukirchner Verlag, 1963.

SKINNER, Quentin. *As fundações do pensamento político moderno*. São Paulo: Companhia das Letras, 2000.

SMITS, Luchesius. *Saint Augustin dans l'ouvre de Jean Calvin*. Vols. 1-2. Assen: Van Gorcum, 1957-1958.

STEINMETZ, David Curtis. *Calvin in context*. New York: Oxford University Press, 1995.

TORRANCE, Thomas F. *The hermeneutics of John Calvin*. Edinburgh: Scottish Academic Press, 1988.

WENDEL, François. *Calvin*: origins and development of his religious thought. Grand Rapids: Baker, 1997.

PARTE 2

A influência perene de Calvino na teoria e na práxis humanas

3

As artes

Fernando Luis Cazarotto Berlezzi[1]

INTRODUÇÃO

A arte foi definida como uma atividade voltada para a criação de sensações ou de estados de espírito de caráter estético, bem como a capacidade criadora de transmitir tais sensações e sentimentos.

Precisamos das artes — e a teologia é uma delas — para esquadrinhar o transcendental e confortar a mente especulativa e fértil. Sendo numerosas tais atividades, convencionou-se subdividi-las em artes plásticas ou visuais, cênicas ou dramáticas, musicais etc. As mais destacadas são a música, o teatro, a pintura, a escultura e a arquitetura.

Numa sociedade caracteristicamente pós-moderna, que vive imersa num mundo de imagens e repleta de estímulos sensitivos, entendemos ser imprescindível investigar a influência da Reforma protestante — que em 2017 comemorou 500 anos — no que diz respeito às leituras artísticas, especialmente, nesta pesquisa, a pictórica. Para a academia, o valor desse estudo se alicerça na interdisciplinaridade das áreas selecionadas — a

---

[1]Doutorando em Letras e Mestre em Educação, Arte e História da Cultura pela Universidade Presbiteriana Mackenzie.

Reforma protestante é um evento de cunho primário espiritual--teológico, e as artes visuais, um de seus desmembramentos.

Os reformadores foram unânimes na apresentação do fundamento sobre o qual sua teologia seria elaborada: *sola Scriptura (somente a Escritura). Ela é a única fonte que nos mostra em que os cristãos devem crer.* A Bíblia é a única regra de fé. A grande ênfase dos reformadores na Palavra como meio de comunicação da mensagem cristã fez as artes visuais serem relativizadas ou até mesmo esquecidas pelos protestantes, que também se mostraram reticentes com relação à pintura e à escultura por considerar que ela havia sido utilizada de modo inadequado pela igreja medieval. A ênfase na Palavra com a norma *sola Scriptura* exigia que a Bíblia fosse lida, estudada e ensinada. Antes apenas os sacerdotes católicos possuíam tal acesso às Escrituras, e os fiéis leigos eram espectadores e apreciadores das imagens (artes visuais e esculturas) que preenchem as catedrais católicas até à atualidade.

Pesquisador da arte nesse período, o professor John Dillenberger defende a ideia de que:

> Por definição, a tradição Reformada mantinha as modalidades verbais de modo tão central que o aspecto visual foi rejeitado [...] Para a eucaristia, uma celebração simples da ceia era suficiente. Por isso, os ângulos de visão da adoração eram diferentes: todos enfocavam um único ponto, prestando atenção apenas na audição. Não havia lugar para outros sentidos — visão, paladar, olfato. A concentração devia estar apenas na Palavra por intermédio de palavras, não de visão (1999, p. 190).

Enquanto a arte era "deixada de lado" para que as pessoas pudessem ler elas mesmas as Escrituras, era preciso que fossem alfabetizadas e instruídas e que os ministros da Palavra recebessem sólida formação intelectual. Em consequência, desde o início os reformados se dedicaram à criação de escolas, como a Academia de Genebra, fundada por João Calvino em 1559, e os protestantes disseminaram o interesse pela educação e multiplicaram suas instituições de ensino não somente na Europa, mas também nos outros continentes aonde chegaram.

Mas, apesar da ênfase nas Escrituras, que teve como decorrência o desenvolvimento da literatura, será que com o passar do tempo houve interesse e o uso das artes como forma de comunicação na mensagem protestante? Como os reformadores viam a questão das artes? Trataremos dessas questões a partir de agora.

REFORMADORES, ARTISTAS E AS ARTES VISUAIS

Com a proposta de mudança nos moldes da religião cristã, a Reforma também acarretou o declínio da forma da "arte cristã" como produzida até então. Um dos efeitos imediatos foi a aversão à decoração dos templos. Enquanto a experiência sensorial no catolicismo era rica em símbolos, no protestantismo as representações físicas capazes de promover adoração e devoção eram evitadas. Ainda hoje, para quem já esteve em um local ou momento de culto católico e protestante, é fácil perceber como a arte é geralmente muito incorporada no primeiro contexto e bem pouco no segundo.

A Reforma protestante não deixou um legado particularmente extenso nas artes visuais. A rejeição à veneração dos santos e a ênfase no estudo racional da palavra escrita fizeram que a tradição protestante se afastasse do uso das imagens. É interessante notar, no entanto, que a reação da Igreja Católica ao movimento iniciado por Lutero — a chamada Contrarreforma — teve nas artes visuais uma dimensão relevante.

A arte foi usada pela Igreja Católica durante séculos como poderoso recurso didático. Mosaicos, vitrais, ícones e pinturas desempenharam ao longo da história o papel fundamental de facilitar a compreensão da revelação de Deus para grande parte da população. Com a Reforma, a Igreja Católica, que patrocinava as artes havia muito tempo, redobrou sua aposta nelas como forma de alcançar os que ameaçavam deixar o catolicismo.

O fervor religioso e místico promovido pela Contrarreforma a partir do final do século XVI foi acompanhado por um grande desenvolvimento da arte sacra. A igreja buscava maravilhar e reconquistar seus fiéis. O uso exagerado de elementos decorativos nos templos deu origem ao estilo artístico denominado Barroco.

O maior expoente desse período foi o pintor Michelangelo Merisi da Caravaggio, nascido em 1571 na Lombardia, no norte da Itália, mais de cinquenta anos depois da publicação das teses de Lutero.

Num momento em que a Igreja Católica procurava formas de se aproximar dos fiéis, a pintura realista de Caravaggio ganhava espaço, pois ficava clara a identificação dos fiéis com os santos pintados pelo artista. O pintor passou a receber encomendas para representar cenas bíblicas em telas e painéis destinados às paredes de capelas cristãs e produziu suas obras mais expressivas por volta de 1600. Caravaggio se aprofundou na técnica da pintura barroca e desenvolveu um jogo de claro e escuro que dá à tela uma dramaticidade teatral. O espectador é surpreendido por uma obra que o envolve. Com habilidade incomum, o artista representa vívidos estados emocionais em personagens com grande expressividade facial e corporal.

Retornando à Reforma, grande parte da recusa protestante em fazer arte de cunho religioso pode ser explicada pela proibição da confecção de ídolos. Mas alguns viam a produção de imagens de outra forma. A ênfase desse mandamento está na repreensão à adoração dos ídolos, o que atribuía a ícones materiais a glória que era devida somente a Deus.

"Onde, porém, imagens ou estátuas são produzidas sem idolatria, então a fabricação delas não é proibida", disse Lutero em seu escrito *Contra os profetas celestiais, em 1525*. "Meus confinadores devem também deixar-me ter, usar e olhar para um crucifixo ou uma Madona [...] Contanto que eu não os adore, mas apenas os tenha como memoriais" (LUTERO, 1525, p. 86, 88).

Mesmo com Lutero, um dos expoentes da Reforma protestante, tendo uma visão clara sobre o papel e a presença da arte na igreja, outro dos efeitos imediatos do movimento foi o de que muitas das manifestações de cunho religioso — como estátuas, vestes, murais, vitrais e manuscritos ilustrados — foram destruídas e queimadas por protestantes por toda Europa.

O estudioso das obras de Shakespeare, G. B. Harrison (1939), afirma que "A Reforma, sob o comando de Eduardo VI, foi o pior desastre artístico que já aconteceu na Inglaterra. [...] Além disso, a demanda dessas obras de arte subitamente cessou e as tradições de gerações de artesãos se perderam".

Durante o período em que estava no centro do poder europeu, a igreja de Roma foi a maior patrocinadora da pintura e da escultura. Artistas como Rafael e Michelangelo, ambos entre o fim do século XV e início do XVI, produziam diversas obras por encomenda com temas explicitamente religiosos para adornar os templos, lugares de adoração, funerais ou atividades eclesiásticas.

No contexto da época, as telas e os vitrais presentes nesses locais não eram apenas belos, mas funcionavam como uma espécie de liturgia visual, apresentando a criação do homem, o nascimento de Cristo, a *via-crúcis* e outras narrativas sagradas para aqueles que não tinham acesso ao texto bíblico nem conheciam o latim, língua na qual as cerimônias eram realizadas. É válido questionar várias das engrenagens que moviam esse sistema, mas desvalorizar as tradições artísticas nele presentes chega a ser desonesto.

Com a autoridade do catolicismo enfraquecida, seu potencial de atuação como benfeitor de artistas foi reduzido. Sem um forte discurso religioso contrário ao acúmulo de riquezas, as encomendas aos artistas passaram a ser de obras com temas de interesses pessoais, como retratos e paisagens. As experiências diárias dos cristãos comuns da Europa, antes dificilmente retratadas nas obras artísticas, passaram a também ter seu lugar.

A afirmação dos reformadores de que Cristo era senhor não apenas nos períodos de oração, adoração e estudo bíblico, mas sobre todas as coisas, legitimava a reivindicação dos aspectos não religiosos da vida para Deus, o que trouxe uma nova perspectiva ao que poderia constituir uma "arte cristã".

Assim, realizar obras para Deus não significava produzir telas, artefatos e qualquer tipo de manifestação artística que apresentasse ligação direta com temas religiosos ou com o momento de culto, mas sim produzir tais expressões de arte para glorificar o nome de Cristo.

Talvez os artistas mais associados com a Reforma sejam Lucas Cranach, o Velho (1472-1553), e seu filho, Lucas Cranach, o Jovem (1515-1586), que tinham um ateliê em Wittenberg. O Velho foi amigo chegado de Lutero e criou expressões clássicas da teologia reformada, tais como o *"Passional Christi und Antichristi"* e a "Alegoria da Lei e do Evangelho". Estudos de Bonnie Noble (2003; 2006) acerca dos retábulos elaborados por Cranach apontam sua diferença acentuada em relação aos retábulos medievais católicos. Enquanto ornamentações católicas enfocavam os santos e a celebração de uma missa distante do povo, o "Retábulo de Wittenberg" (1547) retrata a ceia do Senhor como um ato comunal com a congregação em vez de um sacrifício sacerdotal. Cidadãos reais da cidade foram usados na estrutura ornamental, incluindo Lutero, Melâncton e Bugenhagen.

O próprio Lutero, vestido como leigo, aceita o cálice do vinho, enfatizando que a ceia devia ser servida com ambos os elementos à congregação. Em um painel lateral, Melâncton, um leigo, batiza uma criança, e, do outro lado do painel, Bugenhagen, pastor da igreja de Wittenberg, exerce poder, segurando nas mãos a chave do perdão. A parte inferior do painel, uma pintura da ceia do Senhor, retrata a pregação de Lutero com uma Bíblia aberta, apontando para Cristo na cruz. O Cristo crucificado está no centro da pintura, e a congregação local, do lado oposto a Lutero: "As personalidades retratadas no quadro e o observador confrontam um ao outro de igual para igual, isto é, representam literalmente a mesma coisa: a Igreja — em termos de povo congregado e estrutura física — da cidade de Wittenberg" (NOBLE, 2006, p. 108).

O retábulo luterano "designava um espaço santo, porém o fazia num ritual em que tanto o clero quanto o povo celebravam o sacramento. O ornamento guiava a experiência religiosa dos espectadores não por alojar uma relíquia, operar um milagre ou inspirar uma visão, mas pelo ensino da salvação evangélica. Ainda mais importante era o fato de a imagem em si não ser santa, servindo apenas de ferramenta pedagógica, não como objeto de veneração" (NOBLE, 2003, p. 1027).

No campo pictórico, posteriormente surgiram expressões artísticas de grande beleza influenciadas pela cosmovisão protestante. Alguns nomes conhecidos são os holandeses Jan Vermeer (1632-1675) e Rembrandt van Rijn (1606-1669). Rembrandt foi, acima de tudo, um pintor da Bíblia, tendo deixado cerca de 850 pinturas, gravuras e desenhos sobre temas bíblicos. Outros dois pintores holandeses merecem destaque: Frans Post e Albert Eckhout, pintores talentosos que foram trazidos ao Brasil pelo príncipe protestante Maurício de Nassau. Para registrar as realizações do seu governo, preservar em tela a paisagem e a topografia da conquista, bem como os feitos militares e a arquitetura militar e civil do Brasil holandês, João Maurício de Nassau-Siegen contou com os serviços de um jovem pintor de Haarlem, Frans Post (1612-1680), que, juntamente com outro pintor, Albert Eckhout (c.1610-c.1665), da Groninga, tomou para si a tarefa de registrar todos os pormenores do universo do Novo Mundo de então. Ambos — Post e Eckhout — estiveram no Brasil entre 1637 e 1644 e produziram telas de grande beleza e sensibilidade. Frans Post é considerado o primeiro artista europeu a trabalhar em terras da América, o primeiro pintor acadêmico a documentar em cores a paisagem brasileira.

A compreensão da arte como glorificação a Deus foi essencial para o contexto da arte produzida por cristãos. Mesmo que não tratasse de temas explicitamente bíblicos, era possível que a arte fosse impregnada de valores do reino. O jornalista britânico Steve Turner destaca as obras de Rembrandt — pintor holandês educado em uma igreja reformada e que não idealizava os temas em suas obras —, que retratam uma mistura de glória e queda, sendo criticado por usar lavadeiras como modelos, por exemplo. Ele retratava cidadãos comuns como Jesus os retrataria, "valorizando-os por sua natureza humana e não por sua posição social ou riqueza. Trata-os com ternura, mas com honestidade. Vê a alma por trás da pele que perde a firmeza" (TURNER, 2006).

Mas mesmo sem o compromisso com temas divinos, o relacionamento entre o cristianismo e as artes ainda permaneceu em tensão por conta da divisão entre o secular e o sagrado. Segundo Turner (2006), apreciar uma arte que lida com a vida diária, quando ela não apresenta relações ou conclusões explicitamente espirituais, ainda se mostrava uma tarefa de difícil assimilação.

Um ponto essencial para essa discussão, abordado pelo teólogo Francis Schaeffer, influenciado pelas ideias do crítico de arte

Hans Rookmaaker, que foram contemporâneos no século XX, é a noção de que uma obra de arte tem valor em si mesma. E isso primeiramente porque ela é uma obra de criatividade, que tem valor porque Deus é criador. Tal princípio pode parecer óbvio, mas ainda hoje, para muitos cristãos, é algo impensável, por isso sua menção, indispensável para que não se perca a essência da arte. Segundo Schaeffer:

> Uma obra de arte tem valor em si mesma. Para alguns, este princípio pode parecer óbvio demais para ser mencionado, mas, para muitos cristãos, é algo impensável. Assim, se ignorarmos este ponto, perderemos a essência da arte. A arte não é algo que simplesmente analisamos ou avaliamos por seu conteúdo intelectual. A Bíblia diz que as obras de arte no tabernáculo e no templo estavam lá pela beleza (2010, p. 44).

Em um extremo, Ulrico Zuínglio, reformador de Zurique, proibiu a arte na igreja, mesmo a produzida por e voltada para cristãos, porque ele focava na centralidade única das Escrituras e dos sacramentos — o que é curioso, visto que ele mesmo era instrumentista e fundou a orquestra da cidade.

João Calvino, por sua vez, tinha o entendimento de que tudo o que é verdadeiro, bom e belo no homem procede da graça de Deus. Mesmo sendo pecador, o homem não estaria inteiramente privado da graça divina, que é comum a toda humanidade. Sobre haver momentos de verdade em todos os homens, mesmo na condição de pecadores, nas *Institutas da religião cristã*, Calvino escreve:

> Quantas vezes, pois, [quando] entramos em contato com escritores profanos, somos advertidos por essa luz da verdade que neles esplende admirável, de que a mente do homem, quanto possível decaída e pervertida de sua integridade, no entanto é ainda agora vestida e adornada de excelentes dons divinos. Se reputarmos ser o Espírito de Deus a fonte única da verdade, a própria verdade, onde quer que ela apareça, não a rejeitaremos, nem a desprezaremos, a menos que queiramos ser insultuosos para com o Espírito de Deus.

Ora, nem se menosprezam os dons do Espírito sem desprezar-se e afrontar-se ao próprio Espírito (1985-1989, II.2.15).

Calvino relata acerca das coisas boas que são produzidas pela cultura secular — aqui ele fala sobre a literatura, mas logicamente é aplicável a outras manifestações culturais seculares proveitosas aos cristãos, como música, artes plásticas, fotografia etc.

Se o ser humano foi feito à imagem de Deus, além de amar, pensar e sentir, o homem também é capaz de criar. Nesse quesito, vale ressaltar que mesmo tendo valor em si, a arte produzida por homens nem sempre vai ser moral e intelectualmente boa, uma vez que todos estão corrompidos, o que conduz ao fato de que nem toda criação seja uma nobre expressão de arte.

CALVINISMO HOJE: MANIFESTAÇÕES ARTÍSTICAS NAS CIDADES DE GENEBRA (SUÍÇA) E EDIMBURGO (ESCÓCIA)

O povo israelita no Antigo Testamento derivava sua adoração do símbolo; já o calvinismo, alicerçado na plenitude da revelação que nos foi dada no Novo Testamento, "abandonou a forma simbólica de adoração e rejeitou encarnar seu espírito religioso em monumentos de esplendor, conforme a exigência da arte" (KUYPER, 2003, p. 154), pois, desde que o propósito das sombras e símbolos tiveram seu comprimento, não é mais possível encontrar na literatura apostólica nenhum vestígio ou sombra de arte com propósito de adoração.

Ao apresentar sua doutrina da eleição, o calvinismo apresentou ao meio artístico um novo pano de fundo sobre o qual produzir. Ao mostrar que Deus escolhe para si tanto grandes como pequenos e que o povo comum, por eleição divina, também partilha da atenção e do cuidado de Deus, o artista pôde mover seus olhos do alto, sublime e celeste, descrito pela ordem eclesiástica, e voltá-los para o simples, humilde e discreto. O pintor pôde encontrar nova inspiração nos dramas do homem comum e seus detalhes.

No calvinismo — diferente dos esforços empregados pela Igreja Católica como na Contrarreforma —, não há busca por um estilo artístico próprio; entretanto, não se deve inferir daí que não haja qualquer espaço para a arte no pensamento calvinista, ou mesmo um desprezo por esta. Apesar do distanciamento dos símbolos constituintes das artes objetivas, o calvinismo teve grande influência na promoção das artes subjetivas, como a pintura e a música. O calvinismo, com seu dogma da graça comum, trouxe verdadeira liberdade à expressão artística, pois, já que seu ponto de partida se encontra na firme convicção da soberania de Deus, atestou categoricamente que "a arte não pode originar-se do Diabo; pois Satanás é destituído de poder criativo. Tudo o que ele pode fazer é abusar das boas dádivas de Deus" (KUYPER, 2003, p. 163).

Uma vez que não considerava a arte profana e mundana, Calvino levantou-se contra o uso indevido da arte; contudo, em seu uso legítimo, ele considerou a arte como um dom do Espírito Santo e declarou que "todas as artes vêm de Deus e devem ser consideradas como invenções divinas" (KUYPER, 2003, p. 160).

Agora, apresentaremos e analisaremos um pouco das manifestações artísticas (e arquitetônicas) tidas como influência da Reforma nas cidades de Genebra (Suíça) e Edimburgo (Escócia).

A primeira cidade visitada é Genebra, na Suíça, que remete ao berço do calvinismo. A Reforma protestante influenciou Genebra, tida como a "Roma" do calvinismo, dada a grande marca deixada por João Calvino. A Igreja Católica de Friburgo, em 1511, renunciou à sua lealdade com Genebra. Em 1532, o bispo católico da cidade foi obrigado a abandonar sua residência para nunca mais voltar. Em 1536, os genebrinos se declararam protestantes e proclamaram a cidade uma república. O líder protestante João Calvino residiu em Genebra de 1536 até sua morte, em 1564 (exceto no período de seu exílio, de 1538 a 1541), e se tornou o líder espiritual da cidade. Genebra tornou-se um centro de atividade protestante, produzindo obras como o *Saltério de Genebra* — a proposta de Calvino de produzir salmos metrificados para o cântico litúrgico da igreja reformada, que serviu de instrumento de expressão e propagação da teologia reformada, se tornou uma marca do protestantismo reformado e influenciou de maneiras diversas a hinologia das igrejas reformadas.

Em Genebra encontra-se a Catedral de São Pedro (Cathédrale Saint-Pierre, em francês). O atual edifício da catedral foi levantado em sua maior parte entre 1150 e 1250 num estilo de transição entre o românico e o gótico. No interior, os capitéis das colunas da igreja perfazem o maior conjunto em estilo românico e gótico da Suíça. O exterior, porém, sofreu muitas modificações posteriores, como a construção da torre sul, a reforma da torre norte e o pórtico neoclássico.

Catedral de São Pedro e sua fachada com pórtico neoclássico.
Foto: Fernando Berlezzi (2018)

Com a chegada da Reforma protestante, o destino da catedral muda radicalmente. Assim, a 8 de agosto de 1535, Guilherme Farel, indo de encontro às ordens dos magistrados, prega ali a Reforma a uma multidão imensa. Na tarde daquele mesmo dia, iconoclastas devastam a catedral e removem tudo que não entra nos preceitos do novo culto reformado.

82 O legado de Calvino

Interior da Catedral de São Pedro
Foto: Fernando Berlezzi (2018)

    Construída para o ritual católico, a Reforma, com sua filosofia de austeridade, modifica profundamente o interior do edifício, esvazia-o dos ornamentos e tapa as decorações policromas da Idade Média, salvando-se, porém, os vitrais. A atual fachada neoclássica dos meados do século XVIII substitui a precedente em estilo gótico. Os vitrais, peças feitas com pedaços de vidros coloridos, geralmente representando personagens, cenas ou acontecimentos são um dos elementos arquitetônicos característicos do estilo gótico, se fazem presentes ainda na catedral genebrina.

Vitrais na Catedral de São Pedro.
Foto: Fernando Berlezzi (2018)

Os vitrais foram amplamente utilizados na ornamentação de igrejas e catedrais, uma vez que o efeito da luz do sol, que por eles penetrava, conferia uma maior imponência e espiritualidade ao ambiente, efeito este reforçado pelas imagens retratadas, em sua maioria, de passagens da Bíblia. Adicionalmente, serviam como recurso didático para a instrução do catolicismo a uma população majoritariamente iletrada. Ali, encontramos representações bíblicas, como a Santa Ceia.

Vitral temático da Santa Ceia na Catedral de São Pedro.
Foto: Fernando Berlezzi (2018)

Outro ponto que ganha destaque na catedral protestante suíça é o púlpito para pregação, onde João Calvino muitas vezes pregou aos fiéis. O púlpito fica no alto. John Leith (1997, p. 330-1) descreve as principais características de um templo evangélico-reformado:

> No início, os cristãos reformados tiveram de reconstruir o arranjo das catedrais e igrejas que receberam do passado [...] Isso significava fechar santuários e arranjar os bancos de tal forma que a congregação ficasse reunida em torno do púlpito e da mesa de comunhão. O arranjo era importante para ajudar os adoradores a se reunir como comunidade, ouvir a palavra de Deus pregada, ver os atos sacramentais e participar do culto da Igreja. Em Genebra, isso significava ter uma congregação assentada em lugares com ângulos diferentes, ao redor do púlpito e da mesa (Santa Ceia).

Púlpito para pregação na Catedral de São Pedro.
Foto: Fernando Berlezzi (2018)

Três elementos considerados absolutamente pragmáticos e utilitários foram guinados à condição de símbolo nessa família confessional. Referimo-nos à Bíblia, ao púlpito e a mesa de comunhão. Leith (1997, p. 331) comenta esse importante ponto:

> A remoção ou destruição dos símbolos do culto medieval não quer dizer que os reformados desprezavam os símbolos. Eles os consideravam de importância decisiva e, por isso, mudaram os símbolos e arranjos do culto. Estavam preocupados em organizar a congregação no culto da forma adequada à sua teologia e à centralidade do púlpito, da Bíblia e da mesa, reduzindo ao mínimo qualquer distração com relação a esse ponto fundamental.

O destaque do púlpito, quase sempre em posição elevada na típica congregação reformada, simbolizava a importância do anúncio da palavra pregada. A Bíblia, sempre visível no púlpito e de tamanho considerável, era o símbolo da própria Palavra escrita de Deus. A mesa, também colocada no centro do templo, apontava para a importância do sacramento da ceia.

Saindo da catedral, bem no prédio ao lado, encontra-se o Museu Internacional da Reforma Protestante. Inaugurado em 15 de abril de 2005, é um espaço de divulgação cultural que procura divulgar a história da Reforma protestante, em particular os capítulos dessa história que se desenrolaram em Genebra, contendo importantes documentos e representações em pinturas sobre os acontecimentos da Reforma.

Ainda em Genebra, outra construção importante para o protestantismo é o "Muro ou Monumento dos Reformadores", situado dentro do Parque dos Bastiões, ao qual se acede pela Praça Nova, em frente à Universidade de Genebra. Constituído por um baixo relevo, de cerca de cem metros de comprimento e cinco de altura, o muro foi construído contra as muralhas do século XVI que cercavam a cidade. A construção começou em 1909, ano da celebração do nascimento de João Calvino e do trecentésimo quinquagésimo aniversário da fundação da Academia de Genebra — estabelecida em 1559, por João Calvino, inicialmente como um seminário teológico, o qual também ensinava Direito —, hoje a Universidade de Genebra.

O monumento, na parte central, representa os quatro pioneiros da Reforma protestante vestidos com a *capa de Genebra*. Guilherme Farel (1489-1565) é um dos instigadores da Reforma em Genebra; João Calvino (1509-1564) é o personagem-chave desse movimento; Teodoro de Beza (1513-1605) foi reitor da Academia de Genebra e sucessor de Calvino; e João Knox (1513- 1572) foi o fundador do culto presbiteriano na Escócia. No pedestal onde se encontram essas estátuas está gravado o cristograma: IHΣ (Jesus Homem e Salvador). No monumento também se vê a divisa de Genebra: *Post Tenebras Lux* (Depois das trevas, a luz).

Muro dos reformadores em Genebra, Suíça. A partir da esquerda: Guilherme Farel, João Calvino, Teodoro de Beza e João Knox
Foto: Fernando Berlezzi (2018)

As artes 87

Muro dos reformadores em Genebra, Suíça.
Foto: Fernando Berlezzi (2018)

Do lado dos quatro reformadores estão representadas as grandes figuras protestantes dos diferentes países calvinistas e de outros fundadores do movimento. Outros pontos a destacar dessa manifestação "artística-arquitetônica" é a oração do pai-nosso e uma representação abaixo do texto de John Knox pregando a Reforma na Catedral de Santo Egídio (St Giles, em francês), em Edimburgo.

Muro dos reformadores em Genebra, Suíça. John Knox pregando a Reforma na Catedral de Santo Egídio em Edimburgo.
Foto: Fernando Berlezzi (2018)

Outra cidade grandemente influenciada pela Reforma calvinista foi Edimburgo, na Escócia, onde visitamos a Catedral de Santo Egídio, a primeira igreja presbiteriana da história. Também chamada de Alto Kirk de Edimburgo, é uma catedral da Igreja da Escócia dedicada a santo Egídio, o padroeiro da cidade. Localizada na Milha Real de Edimburgo, a catedral tem sido local de culto cristão por mais de novecentos anos, sendo considerada a igreja matriz do presbiterianismo.

John Knox era um padre escocês que se converteu ao protestantismo na década de 1540 e fugiu para o esconderijo e exílio. Em Genebra, ele fez amizade com o reformador francês João Calvino. Em seu retorno à Escócia, no ano de 1559, ele marchou com um exército de seguidores até a Santo Egídio e ali pregou pela primeira vez. Na semana seguinte, ele foi eleito seu ministro, e o prédio foi destituído de sua decoração católica.

No ano seguinte, em 1560, o parlamento escocês aboliu a autoridade papal e decretou que a Escócia era agora um país protestante. Isso apesar de a Escócia ainda ter uma rainha católica, Maria Stuart ou Maria I. Os quatrocentos anos da Santo Egídio como Igreja Católica chegaram oficialmente ao fim.

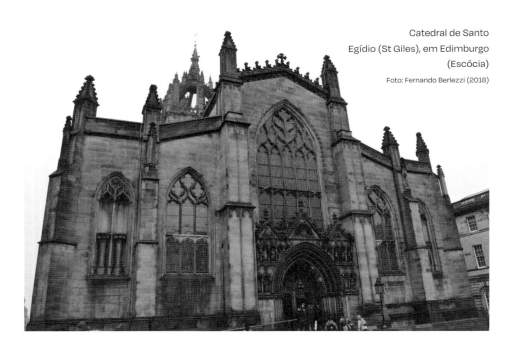

Catedral de Santo Egídio (St Giles), em Edimburgo (Escócia)
Foto: Fernando Berlezzi (2018)

Interior da Catedral de Santo Egídio — ao fundo, vitral com a temática da crucificação de Cristo.
Foto: Fernando Berlezzi (2018)

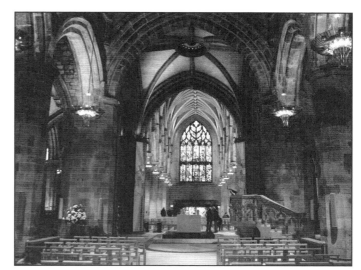

Interior da Catedral de Santo Egídio — no lado direito, púlpito de pregação.
Foto: Fernando Berlezzi (2018)

No interior da atual catedral, percebemos as seguintes manifestações de artes: a presença de vitrais, como na Catedral de São Pedro, é marcante por todos os lados. Ao entrar na igreja, chamam a atenção as diferentes cores e texturas dos tetos, que deixam claro que a igreja é feita de "retalhos" que lhe dão um aspecto encantador.

Detalhe de teto da Catedral de Santo Egídio.
Foto: Fernando Berlezzi (2018)

Embora no início a catedral tivesse uma forma de cruz, a posterior construção das capelas laterais acabou ocultando esta forma. Um dos detalhes que costuma se destacar no interior da catedral são os belos vitrais que, desde que foram colocados no século XIX, projetam uma luz acolhedora sobre o templo.

Vitral no interior da Catedral de Santo Egídio
Foto: Fernando Berlezzi (2018)

Na nave central se pode ver uma estátua de John Knox, líder da Reforma escocesa e importante predicador que se tornou o primeiro pastor protestante da catedral.

À esquerda: estátua do reformador John Knox; à direita: o púlpito de pregação na Catedral de Santo Egídio, onde John Knox era pregador.
Foto: Fernando Berlezzi (2018)

CONSIDERAÇÕES FINAIS

Dentro dos desdobramentos da contribuição da Reforma protestante para a sociedade e cultura ocidental, o recorte da contribuição no campo das artes plásticas procurou investigar as manifestações artísticas, em especial a das artes visuais.

Visitar os lugares ícones do movimento protestante — como Genebra, onde viveu João Calvino, e Edimburgo, onde viveu João Knox, — foi parte essencial da pesquisa onde foram vistas as manifestações artísticas e a influência desses dois grandes reformadores.

Em meio a restaurações, libertações, validações e amplificações nas relações entre fé e arte no período da Reforma protestante, houve também o oposto, com restrições, destruições, proibições e divisões. E quinhentos anos depois ainda é possível observar vários desses conflitos na igreja protestante contemporânea.

Quando o valor da obra de arte em si não é levado em consideração, os protestantes — de ontem e de hoje — caem no erro de pensar a arte apenas como uma mensagem, um meio para um fim, o que, com frequência, faz com que ela acabe reduzida, nas igrejas, à propaganda, um suporte para o evangelismo. Esse obstáculo ainda se une à equivocada percepção de que a arte só pode ter algo de cristão se for sempre explicitamente religiosa, abordando apenas temas bíblicos, histórias de mártires e alegorias de relacionamentos pessoais com Deus.

Após a criação, Deus viu que tudo era bom. Um artista pode observar isso em si mesmo. Se ele compreende que sua própria capacidade artística depende de ter um olho para a arte (senso estético), isso deve necessariamente levá-lo à conclusão de que "o olho" original para a arte está no próprio Deus, cuja capacidade para a produção artística é plena, e o artista foi feito segundo a imagem de Deus.

Sabemos isso a partir da criação ao nosso redor, do firmamento que forma um arco sobre nós, do luxo abundante da natureza, da riqueza de formas no homem e no animal, do som das corredeiras e do cântico do rouxinol; como, pois, toda essa beleza poderia existir exceto se criada pelo Único que preconcebeu a beleza em seu próprio ser e a produziu de sua própria perfeição divina? Assim, vê-se que a soberania de Deus e nossa criação segundo sua semelhança necessariamente levaram a esta interpretação elevada da origem, da natureza e da vocação da arte, como adotada por Calvino e ainda aprovada por nosso próprio instinto artístico. O mundo dos sons, das formas, das cores e das ideias poéticas não pode ter outra fonte senão Deus; e é nosso privilégio, como portadores de sua imagem, ter uma percepção deste mundo belo, para reproduzir artisticamente, para desfrutá-lo humanamente.

REFERÊNCIAS BIBLIOGRÁFICAS

CALVINO, J. *As Institutas*. Campinas, SP; São Paulo: Luz para o Caminho; Casa Editora Presbiteriana, 1985-1989, 4 vols.

CATEDRAL ST GILLES. St Giles' Cathedral history. Disponível em: <https://stgilescathedral.org.uk/history/>.

CATEDRAL ST PIERE. *"Site Archeologique de la Cathédrale Saint Pière à Genève"*. Disponível em: <*site-archeologique.ch*>.

CATEDRAL ST PIERE. *História da Catedral no sítio oficial*. Disponível em <*Saintpierre-geneve.ch*>.

DILLENBERGER, J. *Images and Relics. Theological Perceptions and Visual Images in Sixteenth century Europe*. Oxford: Oxford University Press, 1999.

HARRISON, G. *Introducing Shakespeare*. Londres: Penguin, 1939.

KUYPER, Abraham. *Calvinismo*. São Paulo: Cultura Cristã, 2003.

LEITH, John H. *A tradição reformada*: uma maneira de ser a comunidade cristã. São Paulo: Pendão Real, 1997.

LINDBERG, C. *História da Reforma*: um dos acontecimentos mais importantes da História em uma narrativa clara e envolvente. Rio de Janeiro: Thomas Nelson Brasil, 2017.

LUTERO, M. Contra os profetas celestiais. LW, vol. 40. 1525.

NOBLE, B. 'A work in which the angels are wont to rejoice': Lucas Cranach's Schneeberg Altarpiece, *SCJ* 34/4 (2003), 1011-37.

NOBLE, B. *The Wittenberg Altarpiece and the Image* of Identity, *Reformation 11* (2006), 79-129.

SCHAEFFER, F. *A arte e a Bíblia*. Viçosa: Ultimato, 2010.

TURNER, S. *Cristianismo criativo? Uma visão para o cristianismo e as artes*. São Paulo: W4Editora, 2006.

4

A literatura

Cristiano Camilo Lopes[1]

INTRODUÇÃO: A LITERATURA COMO FORMA DE CONHECIMENTO DE MUNDO E CONTEXTO LITERÁRIO

No segundo semestre do ano de 2017 celebrou-se os 500 anos da Reforma protestante. Nesse período, no ocidente protestante, uma série de eventos e publicações permearam os contextos acadêmicos e, principalmente, eclesiásticos. Nessas celebrações encontraram-se pesquisadores e líderes aplicando e discutindo o impacto do movimento religioso do século XVI em várias áreas do conhecimento, tais como teologia, filosofia, economia, história, entre outras. Assim, nesta investigação propomos uma continuidade dos trabalhos que celebraram os 500 anos da Reforma protestante, discutindo esse movimento pelo viés da análise do contexto literário.

Para refletir a respeito do conceito de literatura, contexto e sistema literários nos apoiamos nas teorias de Candido (1999; 2007), Coelho (2000), Pound (2006) e Lewis (2005). Para a aplicação desses

---

[1]Possui pós-doutorado pelo Programa de Estudos Pós-Graduados em Literatura e Crítica Literária, da PUC-SP, e pelo Programa de Estudos Comparados de Literaturas de Língua Portuguesa da FFLCH/USP, doutor e mestre em Letras pela Universidade de São Paulo (USP). É doutorando e mestre em Teologia pelo Centro Presbiteriano de Pós-Graduação Andrew Jumper, bacharel em Teologia pela Universidade Presbiteriana Mackenzie e pelo Seminário Teológico Betel Brasileiro.

conceitos ao contexto da Reforma protestante do século XVI, este ensaio se baseia nas ideias de Carpeaux (2012) e nos dados da pesquisa feita por Santos (2012) em que os dados do impacto da mudança de suporte do texto bíblico (do manuscrito para o impresso) é delineado de forma precisa. Assim, esta reflexão utiliza os dados veiculados na pesquisa de Santos (2012) para, então, aplicá-los aos elementos do sistema literário.

Tendo em vista que nosso foco é refletir a respeito do contexto literário da Reforma no século XVI sob o viés da atuação do reformador João Calvino, julgamos necessário apresentar alguns conceitos-chave que abrirão caminhos para a compreensão do leitor em questões que são trabalhadas no universo da literatura. Assim, à guisa de introdução, vamos seguir nossa abordagem discutindo o que é literatura e como ela se configura em um dado contexto.

Em seguida, focaremos na atuação de João Calvino no que concerne ao universo da produção de literatura e formação de um público leitor para o texto. Entretanto, julgamos pertinente abrir a reflexão sobre Calvino em diálogo com a atuação de Martinho Lutero, tendo em vista que as ações do reformador alemão (no que diz respeito à difusão da literatura para o público que se formava) encontram pontos de convergência com a atuação do reformador genebrino.

Iniciamos nossa abordagem chamando a atenção para a discussão do que vem a ser literatura. Entendendo que essa questão tem ocupado a mente de teóricos ao longo dos séculos, nosso foco aqui será apontar alguns aspectos fixos que nos permitem delinear o conceito de literatura.

O primeiro desses aspectos relacionados à literatura é o fato de ela ser arte da palavra. Enquanto arte da palavra, a literatura sempre envolve um elemento de razão (conhecimento) e outro de técnica (arte). Nas palavras de C. S. Lewis (2005), a literatura é sempre a junção de um *logos* com um *poiema*, isto é, o texto literário comunica uma ideia, uma razão ou conhecimento por meio de um feito artístico que demonstra que seu autor é um poeta, isto é, um "fazedor"; alguém que domina a técnica do fazer e sabe transformar uma boa ideia em um poema — um feito belo.

O segundo aspecto relacionado ao mundo da literatura é o fato de que ela trabalha com a palavra. Enquanto arte da palavra, a literatura é uma "linguagem carregada de significação. Grande literatura é simplesmente linguagem carregada de significado até o máximo grau possível" (POUND, 2006, p. 36). O poeta, ao criar sua obra, evidencia seu trabalho articulando a linguagem de maneira que seu texto revela o uso de vários recursos presentes no universo da linguagem, seja ela verbal, vocal ou visual.

Um terceiro aspecto do universo da literatura que nos cumpre destacar aqui é a função que a literatura exerce em cada indivíduo. Candido (1999, p. 81) afirma que a função da literatura é humanizadora e tem "a capacidade de confirmar a humanidade do homem". Para isso, a literatura se vale da ficção como recurso na formação do indivíduo, uma vez que ela sintetiza a realidade do leitor e o ajuda a conhecer-se melhor. Trata-se da compreensão real no "mundo interior" por meio da literatura, pois ela "imprime e exprime o homem" (CANDIDO, 1999, p. 81). Assim, a ficção serve-se de uma linguagem simbólica a fim de ocupar lacunas na experiência existencial. Pelo fato de veicular um conhecimento em sua essência, a literatura sempre sinaliza aspectos do mundo a sua volta, e o autor pode, então, discutir questões da vida no texto ficcional, e esse tipo de discussão sempre fez parte da história das civilizações. Nesse sentido, Candido acentua que a literatura é uma questão essencial em cada povo:

> [...] necessidade universal de ficção e de fantasia, que decerto é coextensiva ao homem, pois aparece invariavelmente em sua vida, como indivíduo e como grupo, ao lado da satisfação das necessidades mais elementares [...] a literatura propriamente dita é uma das modalidades que funcionam como resposta a essa necessidade universal (1999, p. 81).

É fato que a literatura integra os aspectos orgânicos de uma civilização. Por meio dela, podem-se perceber as manifestações históricas de um determinado povo, em uma determinada época e em um determinado lugar: "Dentre as diferentes manifestações da arte, é a literatura a que atua de maneira mais profunda e essencial para dar forma e divulgar os valores culturais que dinamizam uma sociedade ou uma civilização" (COELHO, 2000, p. 13).

O SISTEMA LITERÁRIO

Além desses aspectos, destacamos que o termo literatura também diz respeito a um sistema que apresenta uma linha no processo de elaboração da obra artística. Denominado *sistema literário*, ele é composto destes elementos: autor, obra e público. O termo foi cunhado por Candido e pressupõe "a existência de um conjunto de produtores literários, mais ou menos conscientes do seu papel; um conjunto de receptores, formando os diferentes tipos de público, sem os quais a obra não vive; um mecanismo transmissor" (2007, p. 25).

Então, para Candido, a análise da literatura de um povo, de um movimento, de uma época etc., envolve necessariamente estes três elementos: autor-obra-público. Os elementos que integram o sistema literário formam uma comunicação inter-humana à medida que o autor se liga ao público por meio da obra. Isso forma um sistema simbólico, termo também utilizado por Candido (2007, p. 25) para se referir ao imaginário próprio do contato com o texto literário. Esse imaginário une os homens e, assim, serve de item revelador de uma determinada sociedade ou de um determinado período.

Quando ocorre a continuidade do sistema literário, ocorre a formação de uma tradição literária composta por padrões de pensamento de uma civilização, o que nos permite captar, pelo sistema literário, o conhecimento de um determinado povo.

Por meio da investigação do sistema literário de um determinado objeto de investigação, podemos traçar o fio condutor desse objeto investigado, e é nesse sentido que, neste ensaio, nos valemos da expressão contexto literário: investigar quais elementos do século XVI serviram de componentes essenciais para a estruturação de um sistema literário próprio no contexto da Reforma Protestante.

Por isso, em nossa investigação, importa-nos pensar como a relação autor-obra-público gerou uma tradição literária no contexto da Reforma protestante do século XVI. Para isso, procuraremos delinear os elementos presentes no século XVI que compuseram o sistema literário próprio da Reforma. Nesse sentido, nosso foco é pensar a tradição reformada pelo viés da literatura.

Para cumprir esse itinerário investigativo, abordaremos:

- **Autor** — Lutero e Calvino com protagonismo no letramento literário, a fim de que um público leitor fosse formado.
- **Obra** — A Bíblia como o livro da Reforma, fato ocasionado pela mudança do suporte (do livro manuscrito para o livro impresso), e a consequente tradução para outras línguas ao longo do século XVI.
- **Público** — a formação de um público leitor a partir da Bíblia.

Esse itinerário investigativo poder ser apresentado por meio do diagrama a seguir:

Quadro 1 – Sistema literário do contexto da Reforma protestante

Nosso ponto de partida é que os reformadores foram homens das letras e, por meio da formação humanista, provaram o retorno às fontes primárias e, assim, se mostraram homens das letras clássicas com capacidade para o estudo dos originais da Bíblia.

ANTECEDENTES: AS AÇÕES DE LUTERO

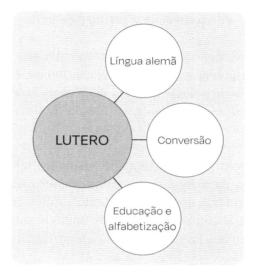

Quadro 2 — Lutero e o contexto literário

Comecemos, então, discutindo a atuação de Martinho Lutero, abordando a questão de sua contribuição linguística para a tradução da Bíblia alemã. Carpeaux (2012, p. 242) destaca a competência linguística do reformador alemão e sua atuação como um fixador da língua alemã no contexto do século XVI. À medida que produziu literatura (tradução da Bíblia e divulgação de suas ideias em folhetos), Lutero se mostrou um erudito na língua alemã:

> O papel de Lutero na história da língua continua a ser extraordinário: se não criou aquela língua, pelo menos a fixou. E como estilista é incomparável. Nos seus folhetos polêmicos, revela-se o maior jornalista dos tempos modernos, e na tradução da Bíblia, por mais defeituosa que seja do ponto de vista da filologia, o domínio da língua para a qual traduz é assombroso. Lutero é o maior escritor da língua, o Dante da literatura alemã.

Por meio das observações de Carpeaux, entendemos que o autor foi um marco na história da língua alemã, e o teórico atribui esse destaque na produção literária de Lutero a um evento de ordem religiosa: sua experiência com Deus por meio da leitura do texto bíblico. Carpeaux entende que o vigor literário de Lutero é atribuído a sua experiência de conversão ocorrido pela leitura do texto bíblico:

> Com efeito, a energia de Lutero provém de uma conversão súbita que transformou e renovou o homem inteiro. Lutero é, segundo o termo da psicologia religiosa de William James, um dos grandes *twice-born*, daqueles que "nascem outra vez", como Santo Agostinho, Pascal (CARPEAUX, 2012, p. 242).

Destaca-se também a consequente ação de alfabetização e letramento literário para formar um público leitor da Bíblia. Com o objetivo de formar leitores para o texto bíblico tendo em vista a necessidade do estudo direto do livro sagrado por parte do povo, Lutero empreendeu forças para campanhas de alfabetização (confira o quadro 2).

Portanto, algumas ações de Lutero na área da educação são consequência dessa força que o texto bíblico forjou no autor. De acordo com Santos (2012, p. 41), podemos destacar: a elaboração e execução de um desenho do sistema educacional que abrangia escolas da educação básica e a consequente chamada para as autoridades competentes no que concerne à efetivação desse sistema. Além disso, Lutero conscientizou os pais do seu papel no tocante ao envio dos filhos para a formação escolar. Com isso, "Lutero constrói desta forma o projeto educacional da modernidade. E para sustentação deste projeto, a Bíblia na língua alemã é indispensável. Esta tradução vai se concretizar, na sua forma completa, em 1534" (SANTOS, 2012, p. 42). Com essa afirmação, destacamos que em Lutero o texto literário se fez presente em toda a sua ação como reformador, confirmando que a Reforma protestante foi um movimento que se estruturou sobre o texto, sobre a palavra.

CALVINO E O CONTEXTO LITERÁRIO DO SÉCULO XVI

Seguiremos com as discussões a respeito do legado que João Calvino deixou para o contexto literário da Reforma protestante no século XVI.

Nossa investigação se desenvolve à luz do sistema literário, levando-se em consideração: Calvino (autor), sua produção literária (obra) e a relação de sua obra com o leitor (público). Vale ressaltar que, na relação entre autor e obra, suas ações no campo da educação estão pressupostas, todavia, nossas considerações concentram-se na questão da produção textual e a decorrente formação de leitores.

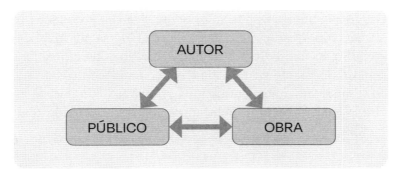

Quadro 3 — Sistema literário

Iniciamos chamando a atenção para a atuação de Calvino enquanto autor.

Carpeaux (2012, p. 444-5) qualifica o legado de Calvino como resultado de um trabalho certeiro, uma espécie de vigor para a produção textual também encontrada na obra de Lutero: "os resultados são manifestos: uma energia como a de Lutero, apenas mais bem disciplinada por uma espécie de Classicismo inato da raça. Calvino passara pela formação humanista, e a sua *Instituituon de la religion chrétienne* pertence, pela clareza um pouco seca do estilo, à região dos precursores do Classicismo francês". Essa energia a que Carpeaux se refere diz respeito à fé combinada à sua formação humanista como uma mola propulsora para as ações de Calvino no campo de sua produção textual. Como resultado, "os estudos humanísticos em Genebra deviam ser dirigidos de modo a que servissem à Palavra de Deus" (WALLACE, 2003, p. 89). Esses aspectos são detectados no retorno às fontes primárias (algo característico da obra de que trataremos em seguida) nos estudos do texto bíblico, e a tradução, edição e circulação de textos bíblicos com vistas à formação de um público leitor.

Como resultado da força produtora de Calvino, Nichols (1985, p. 166) afirma que ele "alcançou três benefícios para o protestantismo em geral": o primeiro diz respeito à configuração da cidade de Genebra como uma expressão da dinâmica da fé reformada; o segundo remete à conexão de Calvino com líderes protestantes de diversos lugares (expressa por meio de suas correspondências); o terceiro (e não menos importante) refere-se à sua produção bibliográfica e a consequente divulgação de suas ideias por meio da circulação de suas obras. Temos, então, a relação entre autor-obra em que a fé biblicamente sustentada e os recursos técnicos do humanismo se amalgamaram gerando uma produção textual vasta e com um dinamismo detectado pela abrangência de gêneros textuais produzidos por Calvino:

> A maior contribuição de Calvino à fé reformada foram as suas Institutas [...] epistológrafo copioso, muitas pessoas da Europa e das ilhas britânicas lhe pediam conselhos. Suas cartas, com outros escritos, integram 57 volumes do *Corpus Reformatorum*, e existem 2000 de seus sermões (CAIRNS, 1995, p. 254).

Seguimos, então, considerando a obra de Calvino.

Nosso enfoque nesse aspecto é justamente a configuração dos gêneros textuais encontrados em sua produção: tratado teológico, comentários bíblicos e cartas de correspondência com amigos e leitores, e o impacto da obra de Calvino:

> [...] de Genebra, ele influenciou o mais amplo mundo cristão de várias maneiras. Seus escritos foram importantes. Três vezes ele revisou e ampliou as *Institutas* até que elas começaram a ser reconhecidas, mesmo durante sua vida, como um dos maiores livros sobre teologia jamais escrito [...] comentários bíblicos [...] cartas [...] seu conselho e cuidado pessoalmente para pessoas em centenas de cartas que se espalhavam por todo o mundo [...] (WALLACE, 2003, p. 43)

A literatura 103

A obra produzida por Calvino no que concerne a análise do texto bíblico e as considerações teológicas decorrentes dessas análises foram possíveis pela herança do lema *ad fontes*. Ele "passou a representar o programa cultural e educacional do Renascimento, a volta direta aos escritos do período clássico — quer seculares ou sagrados — com o intuito de se beneficiar da sua eloquência" (MCGRATH, 2007, p. 128). Assim, é importante considerar que o lema *ad fontes* se fez presente nos interesses teológicos da Reforma, pois o interesse pela literatura clássica era um meio para a *eloquentia*.

Como resultado disso, caminhos secundários deveriam ser deixados de lado com o objetivo de se chegar às fontes primárias. Esse retorno às fontes se fez possível por meio de uma nova técnica de investigação textual, que consistia na ida direta do leitor ao texto sem a mediação da situação histórica.

Ainda nas considerações a respeito da obra de Calvino, cumpre-nos considerar a questão da adaptação como uma capacidade de produção de textos com vistas à comunicação eficaz. Por adaptação entendemos:

> [...] uma das características mais distintivas do método teológico de Calvino é sua doutrina da "adaptação" — ou seja, o conceito de que a revelação divina envolvia uma adaptação própria de Deus às realidades das capacidades epistêmicas dos seres humanos (MCGRATH, 2007, p. 62).

Em seu primeiro comentário (acerca do texto *Sobre a clemência*, de Sêneca), Calvino se mostrou versado nas técnicas de análise textual evidenciadas posteriormente em seus comentários de textos bíblicos. Seu objetivo foi:

> [...] remover todos os obstáculos (como alusões ou modos de discurso contemporâneos) para um envolvimento direto do leitor com as ideias desse político e retórico. Calvino também procuraria, mais adiante, permitir que o leitor se envolvesse diretamente com o universo do Novo Testamento (MCGRATH, 2007, p. 62).

Assim, o uso do recurso linguístico da adaptação revela a envergadura para a comunicação escrita do autor, uma vez que a linguagem envolve as várias formas de comunicação de que os seres humanos dispõem em seus papéis sociais. Soma-se a isso as ações de Calvino para garantir o acesso do leitor ao texto, a fim de que a comunicação seja estabelecida.

Resta-nos ainda tecermos algumas considerações a respeito do vértice obra-público.

Wallace (2003, p. 89) observa que não bastava apenas a produção dos textos, pois eram necessárias adequações sociais para a formação de um público receptor. Assim, em Genebra, as pessoas "também deviam ser educadas para que lessem a Palavra de maneira independente e julgassem a pregação de acordo com a autoridade das Escrituras" (WALLACE, 2003, p. 89).

Com a mudança de suporte do livro manuscrito para o livro impresso, houve um aumento na circulação das obras publicadas, o que gerou mais leitores do texto sagrado e demandou novas traduções da Bíblia. Por isso, com relação à mudança do suporte, destacamos a proeminência do texto sagrado no novo suporte (imprensa). Uma vez que um dos pilares da fé cristã reformada foi a volta às Escrituras Sagradas, isso gerou impacto na demanda por uma maior circulação do texto bíblico.

Além disso, o aumento de exemplares da Bíblia em circulação confirma que o texto literário "exprime o homem" (CANDIDO, 1999). Isso aponta para o fato de que "a Bíblia foi o principal instrumento dos reformadores para a divulgação da sua fé. Não é de admirar que o primeiro livro impresso por Gutenberg tenha sido a Bíblia. E a grande quantidade de impressão de Bíblias se deve ao valor que ela representa para as igrejas descendentes da Reforma Protestante" (SANTOS, 2012, p. 41).

Outro destaque que fazemos é o aumento do número de leitores e os desdobramentos para a elevação da produção de textos. A produção de Bíblias em larga escala aponta para aquilo que os leitores estavam desejando ler, bem como que tipo de conhecimento era priorizado. Por isso, a relação obra-público fica em destaque à medida que o aumento significativo de cópias das obras produzidas evidencia o aumento de leitores.

Também se insere nessa discussão o fato de que a elevação dos leitores demandou novas traduções da Bíblia. De acordo com os dados disponibilizados por Santos (2012, p. 42), verificou-se que em um período inferior a dez anos houve um crescimento de publicações da Bíblia em outras línguas:

- 1526 — Bíblia na língua holandesa.
- 1532 — Bíblia italiana.
- 1535 — Bíblia francesa.
- 1535 — Bíblia em língua inglesa.

O que se verifica é que o contexto literário da Reforma protestante do século XVI se configurou como um sistema literário completo. Candido (2007) entende que só se tem um sistema fechado quando se conta com autor-obra-público inerentes ao contexto ou localidade em questão. Assim, quando abordamos a ação dos reformadores como Lutero e Calvino no sistema literário, levamos em consideração suas ações relacionadas à produção das obras em conjunto com a recepção dessas obras por parte dos leitores.

Feitas essas considerações, entendemos que ainda há muito o que pesquisar no contexto literário da Reforma do século XVI pelo viés da teoria do sistema literário. Nossos colóquios, neste ensaio, serviram de aberturas para trilhas de investigação maiores, o que procuraremos seguir. Por hora, nosso foco foi demonstrar que o sistema literário também pode integrar a rede teórica de investigação desse fértil movimento que ainda manifesta desdobramentos na contemporaneidade.

REFERÊNCIAS BIBLIOGRÁFICAS

CANDIDO, Antonio. "A literatura e a formação do homem". *Revista do Departamento de Teoria Literária*, ISBN 103-183X. Campinas: Unicamp, 1999, p. 81.

_____. *Formação da literatura brasileira*. 11. ed. Rio de Janeiro: Ouro Sobre Azul, 2007.

CAIRNS, Earle E. *O cristianismo através dos séculos*: uma história da Igreja cristã. 2. ed. São Paulo: Vida Nova, 1995.

CARPEAUX, Otto Maria. *História da literatura ocidental*. São Paulo: Leya, 2012.

COELHO, Nelly Novaes. *Literatura: arte, conhecimento e vida*. São Paulo: Peirópolis, 2000.

LEWIS, C. S. *Um experimento na crítica literária*. São Paulo: Unesp, 2005.

MCGRATH, Alister. *Origens intelectuais da Reforma*. São Paulo: Cultura Cristã, 2007.

NICHOLS, Robert Hastings. *História da igreja cristã*. 6. ed. São Paulo: Casa Editora Presbiteriana, 1985.

POUND, Ezra. *Abc da literatura*. 11. ed. São Paulo: Cultrix, 2006.

SANTOS, Eliezer Lírio dos. *The impact of the Protestant Reformation in the dissemination of the printed book*. 2012. 95 f. Dissertação (Mestrado em Religião). Universidade Presbiteriana Mackenzie, São Paulo, 2012.

WALLACE, Ronald. *Calvino, Genebra e a Reforma*. São Paulo: Cultura Cristã, 2003.

5

A economia

Marcelo Martins Bueno[1]

INTRODUÇÃO

Afirmar que a Reforma religiosa trouxe uma série de modificações com alterações expressivas para a sociedade do século XVI é ponto pacífico, porém, queremos demonstrar que tais influências ainda repercutem no século XXI. Assim, buscou-se compreender e verificar seu legado a partir de certos temas que de maneira geral são fundamentais para a verificação da sua influência na sociedade contemporânea. Por esses caminhos, é possível percorrer e identificar a presença dos valores reformados na sociedade atual.

"Na base da Reforma se encontra o problema religioso comum a todos, o problema das relações do homem com Deus e da salvação pessoal" (BIÉLER, 2012, p.115). São essas relações do homem com Deus que basicamente podem identificar toda a preocupação de Calvino com os aspectos econômicos e sociais, pois é em virtude dessas relações que os homens na maioria das vezes se veem frente aos problemas da riqueza, do poder, da usura, do lucro, da

---

[1]Doutor e mestre em Filosofia Política pelo Programa de Pós-Graduação em Filosofia da Pontifícia Universidade Católica de São Paulo. Graduado em Filosofia e em Pedagogia. Atualmente, é Professor Titular e Pró-Reitor de Extensão e Cultura da Universidade Presbiteriana Mackenzie.

posse de bens materiais, incluindo a propriedade privada, que afetam suas consciências e suas religiosidades à medida que se associa tudo isso ao pecado e ao mal. Assim, uma leitura atenta de Calvino poderá servir de paradigma para que o homem supere esse sentimento de culpa e identifique a questão econômica como um aspecto relevante que Deus, de certa forma, deixou como legado para que o próprio homem supere seus limites.

Considerado o teólogo da Reforma religiosa, Calvino pode ensinar a sociedade contemporânea a libertar-se dos grandes problemas políticos, econômicos e sociais que está atravessando atualmente, não só no Brasil, mas no mundo de maneira geral. Grandes são os problemas, e são de toda ordem, mas a questão política e econômica parece ser o cerne de todo esse desconforto que a sociedade vem enfrentando. São problemas criados pelos próprios homens e estão inseparavelmente ligados à sua natureza. Nesse sentido, qualquer interpretação — quer pela ciência, quer pela filosofia ou mesmo pela teologia — é muito bem-vinda e, por isso, o pensamento de Calvino poderá contribuir sobremaneira.

Nessa perspectiva, pretende-se, neste artigo, centralizar as reflexões sobre a relação entre os homens, a sociedade e o poder instituído, e compreender por que ocorrem tantas injustiças verificadas nas relações sociais, econômicas e políticas que envolvem o poder e o capital. É no pensamento de Calvino que se buscará uma resposta para tal concepção, e para isso lançaremos mão da obra *O pensamento econômico e social de Calvino*, de André Biéler, especificamente o capítulo 4 (item 1), denominado "As riquezas e o domínio do poder econômico", em que são abordados o direito de propriedade e o uso que se deve fazer das riquezas. Eis o nosso desafio!

Assim, o pensamento econômico do reformador genebrino, embora originado no século XVI, é um grande alento à sociedade atual, pois, quando se trata da natureza humana, o tempo não conta. Se Thomas Hobbes no século XVII imputa à filosofia política sua incapacidade de criar normas e regras para uma vida em sociedade que seja harmoniosa e moralmente constituída, o genebrino no século anterior não fica a dever, pois entende que para, uma vida socialmente plena, é indispensável seguir os verdadeiros preceitos bíblicos, porque ali está a verdadeira dimensão humana, ali está o retrato fiel de sua natureza. A Bíblia apresenta a verdadeira causa pela qual os homens se desvirtuaram, e só na Palavra de Deus poderá ser encontrada uma resposta para esses graves problemas que os afetam.

Durante anos o pensamento de Calvino foi acusado, especialmente por Max Weber, de atender ao capitalismo, inclusive um capitalismo sem limites, e neste texto pretende-se corrigir essa inveracidade e colocar Calvino na sua verdadeira rota em que compreende, sim, uma relação entre a comunhão espiritual e os bens materiais, porém condena a liberalidade na aparência de certos indivíduos que, na prática, não percebem a pobreza e a miséria que os circundam.

Com referência aos acontecimentos da época de Calvino, pode-se afirmar que são inseparáveis do seu pensamento. Todos os acontecimentos oriundos dos séculos XIV, XV e XVI, respectivamente, as grandes descobertas marítimas, o Renascimento comercial e urbano e a própria Reforma religiosa são fatos extremamente relevantes e são a base para o desenvolvimento do seu pensamento econômico. E assim, pode-se, sem anacronismo, trazê-lo para a nossa atualidade, pois durante séculos se omitiram da religião os problemas de ordem material e, a partir de Calvino, se postulou que as questões sociais e materiais da sociedade possam ser pensadas a partir da revelação bíblica. É com João Calvino que temos uma excelente reflexão, portanto, não só das questões sociais de seu tempo, mas especificamente o aspecto econômico que há poucos anos passou a ser entendido com mais afinco.

Nessa perspectiva, pode-se falar em um pensamento econômico em Calvino e, para tanto, como já afirmado, o capítulo 4 da obra de Biéler vai à raiz da reflexão dessa questão, isto é, onde estão os conceitos de bens materiais, riqueza e pobreza.

RICOS E POBRES: UM MINISTÉRIO

O referido capítulo inicia-se apresentando uma oração para o bom uso dos bens materiais, evidenciando a relação importante — indissolúvel para Calvino — que existe entre estes e a espiritualidade.

O capítulo é intitulado "As riquezas e o domínio do poder econômico", e logo no primeiro parágrafo evidencia a distinção entre o pobre e o rico, apontando para a questão da predestinação.

É apresentada a economia primitiva como rica e farta e que supria as necessidades humanas de maneira ilimitada, porém o pecado do homem veio a causar transtornos nessa relação, e o mal trouxe sérios problemas aliados à incredulidade, à indolência e à avidez humana. Para que a economia voltasse ao seu equilíbrio original, Deus buscou restaurar o homem por meio do seu Filho, Jesus Cristo. Deus ofereceu ao gênero humano a possibilidade de uma nova sociedade na qual o homem seria nutrido não das necessidades materiais apenas, mas também das espirituais, e por isso deveria ser grato sempre:

> Quando, pois, temos refeições a tomar; o que beber e o que comer, aprendamos a levantar os olhos para o alto e de tal maneira aproveitarmos e servir-nos destes meios ordinários, que saibamos que é Deus quem alimenta (BIÉLER, 2012, p. 380).

O pensamento econômico de João Calvino e o próprio cristianismo, quando se trata de matéria, referem-se também à questão espiritual:

> [...] acentua Calvino o ensino bíblico, que associa intimamente o corpo, a vida material e física, à vida espiritual. A totalidade da existência humana é plasmada e conduzida por Deus; é em nossa vida material que ele nos reencontra e nos testa a fé (ibidem, p. 381).

Assim, o pão material é também pão espiritual, sustento para o corpo e para o espírito, dado por Deus para a manutenção da vida. É nesse mistério que Cristo se revela tendo em vista que viver do pão tem este enorme significado: atribuir a vida ao consumo do pão e, ao mesmo tempo, compreender que a graça divina presente neste é que o mantém vivo espiritualmente.

Para Calvino, a humanidade é chamada à restauração. Por meio da Igreja de Jesus Cristo, poderá, apesar do pecado primitivo, chegar um dia à glória celeste, e os bens materiais têm um papel preponderante nessa questão, pois são veículo e sinal da graça de Deus com um valor espiritual já apontado; além disso, eles também têm um valor pedagógico, pois servem para conduzir os homens até o próprio Deus, como suas criaturas e partícipes do reino celestial. Essa concepção é explicitada na passagem bíblica em que Deus promete a Abraão a terra de Canaã; seus filhos, no entanto, não devem se ater à terra, mas pensar em ser conduzidos a lugares mais altos e, da mesma forma, compreender que os benefícios da vida terrestre são preparativos para a vida futura, conforme alude o salmista no Salmo 34:11 — "os leões têm fome e se quedam famintos; aqueles, porém, que buscam a Deus não terão falta de bens" (BIÉLER, 2012, p. 382).

É aqui que Calvino pondera o porquê de muitas pessoas se afastarem de Deus mesmo depois de acumularem bens terrestres. Elas se esquecem de que esses bens foram feitos para conduzi-las à vida espiritual, ou seja, não compreenderam o verdadeiro significado da riqueza terrestre e a sustentação para a ascensão às realidades espirituais superiores. "Vemos, pois, que o Profeta Joel de tal modo trata as bênçãos terrenas de Deus que, todavia, nelas não deleita os espíritos dos fiéis, pelo contrário, quer por meio delas sempre mais alto elevá-los" (ibidem, p. 383).

Enfim, parece que as questões materiais são uma forma de Deus nos lembrar, constantemente, de que somos pecadores e que essa enfermidade do nosso espírito nos impede de enxergar que uma vida material equilibrada é o passaporte para a vida eterna na contemplação do Senhor.

Na análise dos bens materiais pode-se ainda compreender que não há nenhuma relação com a bênção espiritual e que não se encontra nas Sagradas Escrituras nenhum vínculo equivalente entre riqueza e bênção. No entanto, para Calvino, a riqueza material tem um valor espiritual educativo, como se viu anteriormente, mas não no sentido de equivalência à bênção espiritual, que é sempre superior e não pode jamais ser substituída por aquela.

A teologia reformada, baseada nas Escrituras, condena a forma como a maioria dos homens vê as relações entre riqueza e pobreza, porque muitas vezes entende que a riqueza é um mérito dado por Deus e que a pobreza, ao contrário, seria uma forma de punição. É por isso que, diferentemente do ascetismo medieval, pode-se, obedecendo a Deus, usufruir de bens materiais, desde que não sejamos escravizados por eles. Muitas vezes, a privação das riquezas materiais pode até ser uma forma de aprofundamento na vida espiritual. No próprio Sermão do Monte das Oliveiras, Jesus nos ensina o caminho para a contemplação do divino por meio das tribulações e perseguições terrestres; evidenciando, portanto, que não há qualquer correspondência entre riquezas e méritos humanos, pois a penúria, os infortúnios e a pobreza podem também ser recebidos na fé como uma graça divina. Para tanto, é necessário que se compreenda o verdadeiro significado de nossa vida terrestre, onde há dor, sofrimento, tribulações, sem sossego e descanso, porém, acreditar que há uma herança que nos está preparada na outra vida e que, ao alcançá-la, teremos a verdadeira felicidade:

> [...] é como se Deus nos estendesse a mão para dizer: Pobres criaturas, vós lá estais chafurdados no lamaçal; quando seguis vossos deleites, o que é matéria de rir pensais estar a fruir o extremo de toda felicidade, e isso não é senão uma sombra que se desvanece. Não mais vos enganeis, então; pelo contrário, aprendei onde reside o vosso bem (BIÉLER, 2012, p. 386).

Almejar a vida contemplativa e superior não pode ser motivo para descrédito na vida terrestre e muito menos servir para justificar a indolência e a preguiça, simplesmente colocando nas mãos de Deus que esta vida é passageira e que, portanto, nada deverá ser realizado. Pelo contrário, a ociosidade e a indolência não são uma crença na providência divina, mas sim uma forma errônea de crer no poder de Deus. Deve-se sempre realizar e, se por acaso não obtiver êxito, lá estará Deus e seu poder absoluto.

Enfim, pode-se compreender que tanto a riqueza como a pobreza têm como propósito provar o coração dos homens, pois os bens materiais nas mãos dos homens ou sua ausência serão instrumentos de medir o quanto eles têm fé na divina providência.

Tu lhes consagrarás as riquezas ao Senhor e sua substância ao Dominador da terra. Aqui mostra o Profeta que não devem os filhos de Deus esperar por um regime em que tenham todas as facilidades neste mundo, banhem-se em delícias, e para si tudo arrebatem e, além disso, abusem de seu poder como fazem os anjos profanos; ao contrário, que tudo isso deve ser referido ao serviço e à glória de Deus (ibidem, p. 389).

BENS MATERIAIS: GRAÇA DIVINA

A pobreza e a riqueza são dádivas de Deus e têm seus propósitos. Ao oferecer aos homens a prosperidade material, Deus provê tudo o que lhes é necessário, e eles devem ser gratos por isso, e desprovê-los não é avareza divina, mas sim a oportunidade também de, mesmo a despeito de suas pobrezas, não cederem à fraude, ao roubo, ao ilícito ou a qualquer outra falha de conduta. Mesmo que tudo isso seja motivo de sofrimento para os homens, eles não devem ceder ao pecado, mas demonstrar sua verdadeira fé.

Do mesmo modo, aquele que foi agraciado com as riquezas materiais se sensibiliza com a condição do outro, pois a pobreza é a outra face da riqueza, dando a oportunidade ao agraciado de fazer o bem ao próximo, não buscar acumular mais, até mesmo distribuir aos menos favorecidos — tudo isso será avaliado por Deus e, enfim, se verificará qual é a disposição dos homens, quer na riqueza, quer na pobreza.

Se Deus dispõe a riqueza, e a pobreza não é por mero acaso ou sorte, porém nunca saberemos seus desígnios, por isso resta-nos render-lhe honra e deixar que nos governe à sua vontade e ao seu arbítrio. Só nos resta compreender que, em relação aos bens materiais, Deus poderá avaliar nossa vida espiritual.

O comportamento do homem para com o dinheiro é a expressão tangível de sua verdadeira fé. Era um argumento suficiente para provar o amor dos Coríntios o fato de serem tão liberais para com os irmãos (BIÉLER, 2012, p. 390).

É nesse sentido que se pode avaliar que, na teologia reformada, a posse dos bens materiais é associada como elementos da vida religiosa e não está em primeiro plano, como objeto da moral. É dado a cada indivíduo o poder de deliberação, ou reconhece como sinal da graça divina ou a renega, como fazem os homens pecadores que ainda não foram resgatados por Cristo e fazem da riqueza um ídolo, ou seja, atribuem a esta poder real independente de Deus.

> Ele [Cristo] adverte que aqueles que se apegam às riquezas, o coração deles renuncia ao Senhor, pois que a maioria dos homens se lisonjeia de vão pretexto em se dando a crer que podem fazer partição ou seccionar ao meio entre Deus e seus anelos próprios; Cristo, porém, declara que é impossível ao homem obedecer à sua carne e a Deus conjuntamente" (ibidem, p. 392).

O amor às riquezas materiais torna os homens avarentos. Segundo as Sagradas Escrituras, avareza é idolatria, pois tira Deus do coração dos homens e coloca o Diabo à medida que os homens dão mais valor aos bens materiais, negando, portanto, o poder de Deus sobre o mundo. E isto ocorre porque a avareza, como idolatria, tem um poder alienante, monopolizante e opressor, que domina os indivíduos como um grande vício.

Para João Calvino, o único remédio que poderá resgatar esses indivíduos da alienação e libertá-los para uma vida em Jesus Cristo é a ação poderosa do Espírito Santo, pois tanto ricos como pobres podem ser escravizados pela ânsia do acúmulo do dinheiro, tornando-os vaidosos, orgulhosos, soberbos e arrogantes, e isso faz com que coloquem o poder econômico no lugar de Deus; enfim, destrói a humanidade.

É nesse sentido que se pode afirmar que a abundância de riquezas é muito perigosa, faz os homens entrarem em uma cobiça desenfreada para cada vez querer mais o seu acúmulo, e nem mesmo os membros da igreja estão livres dessa grande ameaça, ainda que sejam cristãos reformados; muitos são levados pelas suas cobiças e não se dão conta de que o acúmulo já ultrapassa muito mais do que necessita para viver, e bem. E o pior, esses cristãos afirmam ter como propósito de vida viver de acordo com o evangelho do Senhor.

A RIQUEZA PARA TODOS: PROPÓSITO DE DEUS

A riqueza, segundo a divina providência, deveria ser para todos; no entanto, por não seguir as normas divinas do Criador, os indivíduos cometem o pecado do acúmulo, gerando a pobreza de outrem. Esquecem-se de que o amor de Deus é para todos, sem exceções, e, quanto aos bens materiais, todos seriam igualmente beneficiados. Diz Calvino:

> Abrir mão das riquezas não é de si uma virtude, é, antes, uma vã ambição. Louvam as histórias profanas a Crates e Tebas pelo fato de haver ele atirado ao mar seu dinheiro e tudo quanto possuía de precioso, uma vez que pensava não poder salvar-se, a menos que perecessem as suas riquezas. Como se mais não tivesse valido que distribuísse aos pobres o que pensava ser-lhe supérfluo! Por certo que, sendo o amor o vínculo da perfeição, aquele que a si priva, e aos outros também, do uso de qualquer quantia, nenhum valor merece. E essa é a razão por que Cristo não louva simplesmente vender, mas exercer liberalidade em aos pobres socorrendo (BIÉLER, 2012, p. 397).

Aprendemos com João Calvino, verdadeiramente um conhecedor da natureza humana, que o pecado leva os homens à desarmonia econômica e social; ele é o responsável pela avareza, cobiça, egoísmo e a indolência, fazendo com que a justa distribuição dos bens materiais não ocorra. Sendo assim, não há uma fé autêntica tendo em vista que essa riqueza não está ao serviço do próximo.

Assim, pode-se afirmar que os ricos, a quem Deus concedeu riquezas para que sejam sinal de sua graça no meio do povo, têm enorme responsabilidade, pois são como despenseiros de Deus. Já os pobres, aqueles que não são agraciados em suficiência com os bens materiais, poderão recebê-los por meio dos ricos que são os seus provedores: "Eis, ademais, em que condição Deus põe os bens na mão dos ricos: é a fim de que tenham oportunidade, e recursos também, para vir em ajuda ao próximo que esteja em necessidade" (ibidem, p. 398).

Calvino denomina ministros dos pobres aqueles que possuem os bens materiais e enxergam o seu verdadeiro papel, ou seja, ser neste mundo um instrumento da equidade divina, repassando àqueles que não foram agraciados os bens que excedam a sua utilização e não os acumulem na sua avareza. Enfim, quanto maior sua riqueza, maior também será sua responsabilidade para com os outros, porque a função especial dos ricos é a de distribuidor de bens de Deus. E isso deverá ser feito de forma gratuita, decorrente de sua fé, sem esperar nada em troca, pois esta é a vontade de Deus. Por isso, pode-se afirmar que, na teologia reformada, a riqueza é legítima, desde que o agraciado entenda e coloque em prática o seu verdadeiro sentido, conforme já apresentado.

Até aqui se expressa de maneira mais objetiva o papel daqueles que são mais agraciados por Deus com os bens materiais. No entanto, os menos favorecidos economicamente também têm uma importante função na teologia reformada. Seu ministério é comunicar aos outros homens o que Deus lhes propicia. É por meio da relação com o seu próximo, rico ou pobre, que será expressa realmente a solidariedade espiritual que une os seres humanos. Dessa forma, o pobre, economicamente falando, seria apenas resultado de um desequilíbrio passageiro e funcional, pois riqueza e pobreza são condições momentâneas e que, pela graça divina, seriam superadas. Dialeticamente falando, pobre e rico são dependentes um do outro e, nessa perspectiva, adotando cada qual seu verdadeiro ministério, seriam superados.

Porém, o pecado é o grande instituidor das acentuações das diferenças econômicas, pois o rico acumula por medo do seu futuro e o pobre cobiça porque não tem fé suficiente na providência do Senhor. Enfim, agem exclusivamente de forma egoísta e avarenta, não reconhecendo o seu verdadeiro ministério.

Além do seu pecado individual, o pobre também é vítima do pecado da sociedade, pois todos pecam igualmente, à medida que não colocam suas verdadeiras funções em prática e, assim, resulta na miserabilidade social imposta a todos indistintamente.

> Como diz Salomão, Deus criou o pobre e o rico. Com isto quer ele dizer que, se Deus o quisesse, teria cada um abundância de posses

e de dinheiro, e de tudo que é desejável segundo o mundo, de sorte que haveria igual medida entre nós; Deus, porém, sabe por que assim faz que haja pobreza e riqueza; e mesmo que até o fim do mundo assim haverá de ser (ibidem, p. 403).

É nesse sentido que se pode afirmar que o papel do pobre também é de extrema relevância social; é pela sua presença na sociedade que os agraciados poderão medir sua verdadeira fé e o seu amor ao próximo: "Eis por que toda vez que nos sentimos desmotivados a ajudar aos pobres devemos pôr diante dos olhos o Filho de Deus, a quem execrável sacrilégio seria recusar qualquer coisa" (ibidem, p. 403).

Enfim, os pobres são procuradores de Deus, são mensageiros para dar oportunidade aos ricos de mostrarem fé e caridade, pois, segundo o evangelho, até o Filho de Deus, em quem habita a divindade, quando veio ao mundo o fez na pessoa dos pobres, dando o verdadeiro testemunho da graça de Deus. E isso foi feito para revelar aos homens o real despojamento que se deve ter neste mundo. Jesus Cristo, rei do universo, se fez pobre e sofreu todas as mazelas deste mundo para realmente ilustrar o verdadeiro ministério de todos na sociedade: "Ora, assim como é Jesus Cristo provido destes dons excelentes do Espírito Santo, assim também ele os confere e distribui aos homens, não a todos, mas somente aos pobres e humildes de coração" (ibidem, p. 406).

Pode-se afirmar categoricamente que, na teologia reformada, a riqueza em si não é um mal, mas seu poder espiritual de sedução faz os homens a idolatrarem — o rico pelo seu acúmulo, e o pobre pela sua cobiça: "Verdade é que as riquezas, de sua natureza, não impedem seguir a Deus; a perversidade do espírito humano, entretanto, faz que bem dificilmente não se ensoberbeçam aqueles que têm grande abundância" (ibidem, p. 407).

Embora a riqueza não seja um mal em si, é o pobre que Deus escolheu para ser seu mensageiro, e Jesus se faz pobre para ser solidário nesta causa. O pobre é a prova de fé para os ricos e, por isso, atentar contra ele é atentar contra o próprio Deus. No entanto, isto não significa que ele esteja acima dos outros e muito menos livre do pecado — a pobreza não pode ser sinônimo de santidade. Não há mérito espiritual por ser pobre, pois ser pobre não livra o homem da cobiça, mas é necessário ter o espírito da pobreza para agradar a Deus. Pobres existem muitos, mas os que são humildes de coração são poucos, ou seja, são poucos os que conseguem tirar o orgulho e a presunção do coração e tornarem-se realmente uma referência na sociedade em que vivem para fazê-la, independentemente de sua condição, um lugar da presença de Deus — esses são de fato os bem-aventurados.

DEUS E A ORDEM ECONÔMICA

Se o pobre é o grande mensageiro de Deus, não poderá ficar nesta condição eternamente. Seu papel neste mundo também é o de ser agraciado com as riquezas que lhes são devidas, pois o plano de Deus para todos os homens é que vivam com riqueza e abundância, porém de forma fraterna e equitativa. Nessa perspectiva, o pecado, o egoísmo, a avareza e a indolência de alguns fazem os bens materiais ficarem estagnados em suas mãos. O desejo de Deus é que esses bens materiais circulem nas mãos de todos, quer pelo amor e caridade de alguns, quer pelo comércio, quer ainda pela troca de mercadorias, que são instrumentos legítimos de uma vida em sociedade. Há aqui um desequilíbrio dinâmico na vida social que impulsiona suas relações, de modo que se realize uma certa harmonia necessária para o desenvolvimento de todos, ricos ou pobres. Repartir os bens materiais deve ser uma prática contínua na vida dos homens, partindo dos ricos até os pobres; somente assim teremos uma igualdade possível na sociedade. Pode-se inferir que fazer o bem ao próximo, repartindo os bens, é a condição para que a ninguém falte o essencial para seu sustento, e, nesse sentido, as palavras de Jesus sobre o amor ao próximo são mandamentos essenciais. "Amar a Deus sobre todas as coisas e ao próximo como a si mesmo" (Mateus 22:37-39) é a expressão maior do amor cristão prescrito por Deus.

> Quer Deus que haja entre nós tal analogia e igualdade que ocorra cada um aos carentes conforme se lhe estende o poder; para que

não tenham uns até a superfluidade e outros sejam necessitados até a indigência (BIÉLER, 2012, p. 414).

Em suma, a solidariedade econômica deverá sempre prevalecer entre os homens, porque Deus criou todas as suas criaturas como membros de um mesmo corpo, e, assim como em um corpo todos os órgãos têm suas funções e são essenciais para o seu perfeito funcionamento, os homens igualmente, embora com funções diferenciadas, devem compreender seu importante papel na vida social; principalmente livrando-se do pecado e respeitando o ideal de fraternidade e a compaixão ao próximo instituídos a partir da vinda do Salvador à Terra.

Assim, para Calvino, é na Igreja que essas ordens deverão ser sempre postas em prática e por meio das relações entre irmãos em Cristo que esse processo de solidariedade deve se iniciar e, a partir daí, decorrer para a vida social como um todo. Na Igreja de Cristo deve haver a justa comunicação dos bens, e o poder público deve prover para o todo da sociedade.

Como se viu, a principal causa da desordem econômica na sociedade é o desejo do acúmulo de riquezas, resultado da cobiça e insensatez humana. Viu-se, também, que esse não é o plano de Deus, visto que a riqueza é uma oportunidade para que os agraciados compreendam seu papel social e assistam aos menos favorecidos, e estes estariam nessas condições de forma passageira, pois receberiam de Deus, pelo ministério dos ricos, os bens necessários para bem viver. Ora, é, portanto, em virtude do pecado que a natureza humana se degradou e a riqueza cresceu para alguns e consequentemente a miséria para outros.

Para João Calvino todo poder monopolizador de riquezas deve ser condenado, porque, de acordo com as Sagradas Escrituras, ninguém pode ter exclusividade sobre os bens materiais, e o papel da Igreja é o de denunciar tais mazelas; pois açambarcamento é pecado e todo bem material é resultado do trabalho de todos, e, assim, os seus frutos deveriam ser em prol da sociedade como um todo: "Deus de tal modo entre si uniu os homens que necessitam uns da ajuda e indústria dos outros, e ninguém há, salvo se fora do são juízo, que rejeite os demais homens, como se lhe fossem prejudiciais ou inúteis" (ibidem, p. 417).

O mesmo raciocínio pode ser considerado também para a questão da propriedade privada que deve ser adquirida para as acomodações dos homens e suas famílias. Propriedades grandes e espaçosas são justificadas para aquelas que têm famílias numerosas e não para servir de luxo e de ostentação, porém, infelizmente, a vã cobiça e ambição humanas levam também ao açambarcamento de propriedades, o que Calvino condena porque tudo pertence a Deus.

É nesta perspectiva que Calvino é muito veemente ao criticar aqueles que, movidos pelo pecado do açambarcamento, se tornam acumuladores por rapinagens, fraudes, crueldades, cobiças e extorsões dos mais necessitados. Não repartem aquilo que foi dado por Deus para que eles se tornem pessoas mais solidárias; ao agirem pelo pecado, atentam contra o próprio Deus. Diante desses fatos, a crítica de Calvino é contundente: eles são assassinos.

> Reconheçam, porém, que devem toda assistência, segundo os recursos de que dispõem, àqueles que se acham em necessidade e penúria. De outro modo, são como assassinos, quando veem o próximo a desfalecer e, no entanto, não têm a mão aberta para socorrê-lo. Certo é, afirmo-o, que nisto são como assassinos (ibidem, p. 418).

O egoísmo humano chega ao cúmulo de certas pessoas se acharem superiores a outras simplesmente porque possuem bens materiais em abundância a ponto de não quererem dividir o mesmo espaço social com os mais simples: "Alguns há tão vis e mesquinhos que se sentem agastados porque o sol e o ar são comuns a todo mundo" (ibidem, p. 419).

Calvino denuncia também a exploração do trabalhador afirmando que quem o fez está alienado pelo poder do dinheiro, e isso é uma forma de opressão social. É alienado esse explorador porque não compreende que o pobre trabalhador é o principal responsável em prover o pão que todos colocam à mesa. Dessa forma, numa sociedade de pecadores é o pobre quem mais sofre, porque é o mais desassistido de direitos e o mais lesado pelos ricos.

É por essas e outras afirmações contundentes que se pode identificar no pensamento de Calvino um crítico do acúmulo de bens sem se considerar as condições de seu próximo. Diferentemente da interpretação de Max Weber na obra *A ética protestante e o espírito do capitalismo*, de 1905, os calvinistas não igualam a prosperidade material simplesmente como um sinal de que foram escolhidos, eleitos. O processo é bem mais complexo; não se trata simplesmente de eleição, mas de uma série de variedades que Calvino tentou explicitar em suas principais obras, por exemplo, ao condenar o roubo e proteger a sua propriedade privada, ou seja, cada qual tem o direito de proteger e preservar os seus bens, sem, no entanto, que isso seja feito de forma avarenta e com prejuízo ao outro. A riqueza só é legítima se for colocada a serviço daqueles que não a têm.

Enfim, Calvino e os reformadores de maneira geral, vivendo em um século em que a ânsia pelo poder, pelo luxo, pela riqueza, pela honra, pela glória e principalmente pelos excessos de todos os gêneros aflorava, foram as vozes contrárias à toda essa podridão que incitava grandes problemas socioeconômicos e produzia uma falta de cuidado com relação à virtude. Eis aqui o papel importante que a Igreja reformada deveria ter e ser, isto é, em relação àquela economia desnaturada da época, a ação social da Igreja seria fundamental para tentar restabelecer a ordem de Deus na vida econômica de seus fiéis.

Calvino, ao pedir a Deus que abençoasse o trabalho, entendia que sem essa bênção nada poderia prosperar, evidenciando a importância da riqueza advinda do trabalho. Pedia até que sua prosperidade diminuísse caso fosse atingido pela insensatez do acúmulo desnecessário em um mundo marcado pela miséria do outro, evidenciando com lucidez profética o princípio bíblico da solidariedade econômica dos homens e dos países, e porque é necessária a distribuição das riquezas para que a sociedade civil viva melhor e mais harmoniosa.

CONSIDERAÇÕES FINAIS

Estudar a Reforma religiosa sem as obras de Calvino é inconcebível, pois, como teólogo e conselheiro da cidade de Genebra, ele fez importantes contribuições em várias áreas, e na teoria econômica não foi exceção. É evidente que João Calvino, sem apreço aos extremismos, não poderia ser enquadrado como um defensor da política econômica liberal, a chamada *laissez-faire*, e muito menos um apoiador do estatismo, como a moderna esquerda cristã tenta aventar.

Longe dos extremos, Calvino, como teólogo, idealizou importantes reflexões em matéria econômica tendo, na maioria das vezes, as Sagradas Escrituras como referência para suas fundamentações, e, por isso, suas questões são eminentemente práticas. Nesse sentido, absorveu e refletiu demais sobre o pensamento social cristão do seu tempo e, talvez por isso, algumas vezes tinha razões para pedir uma intervenção dos governos na economia e outras vezes via a legitimidade dos negócios livres entre seus concidadãos. Esse é o pensamento calvinista, ou seja, às vezes faz severas críticas aos empresários pela ganância e o acúmulo de bens, chamando-os de ladrões, e outras vezes se opunha à retirada forçada de bens dos ricos para ceder aos pobres.

Aliás, sobre a questão da justiça, João Calvino é exemplar em sua fundamentação, uma vez que compreende o papel que cabe aos ricos e pobres neste mundo. Ele praticamente transforma uma exigência moral, que é repartir os bens com os que não têm, como se fosse uma obrigação legal. Há em Calvino uma distinção clara entre a interpretação religiosa da justiça e a justiça civil/legal; no entanto, ele apela para a observação à lei civil sem desconsiderar o papel preponderante da lei espiritual. Enfim, para Calvino, a caridade não dispensa a justiça, ou seja, não se deve, em nome de Deus, evocando misericórdia, retirar obrigatoriamente de uns para passar para outros — isso não é justiça, e sim iniquidade.

Outro aspecto que merece destaque no pensamento econômico de Calvino diz respeito a usura. Diferentemente da interpretação medieval, Calvino compreende que o dinheiro em si não era estéril, isto é, que o dinheiro não poderia gerar retorno; na verdade, ele entendia que o lucro é possível e que não está no dinheiro, mas no retorno que advém do seu uso. Em outros termos, Calvino não condena o lucro, mas critica sua cobrança sobre as pessoas mais pobres e, como bom defensor do poder do Estado, os cidadãos deveriam respeitar todas as leis que estipulassem o pagamento dos juros.

Enfim, a importância do pensamento econômico calvinista para as gerações atuais e futuras é de extrema relevância, pois seus ideais de uma economia com uma forte preocupação com os mais pobres, sem, contudo, cometer injustiças com os mais agraciados economicamente, foram e são fundamentais para a compreensão de um mundo melhor e mais igualitário. Suas melhores contribuições dizem respeito a encarar este mundo como um lugar passageiro e que, enquanto os homens por aqui estiverem, devem compreender seus verdadeiros ministérios, prezando sempre pelo senso de solidariedade e justiça. Essas são fundamentais para a implementação do reino de Deus enquanto por aqui estiverem, na ânsia sempre de um dia se encontrarem no banquete celestial, onde todos, sem exceções, gozarão de felicidade eterna.

REFERÊNCIA BIBLIOGRÁFICA

BIÉLER, André. *O pensamento econômico e social de Calvino*. São Paulo: Cultura Cristã, 2012.

CALVINO, João. *A verdadeira vida cristã.* São Paulo: Novo Século, 2000.

_____. *As institutas da religião cristã:* edição especial com notas para estudo e pesquisa. São Paulo: Cultura Cristã, 2006. 4 vols.

FERREIRA, Wilson Castro. *Calvino*: vida, influência, teologia. Campinas: Luz para o Caminho, 1990.

HALL, David W. *Calvino e o comércio*. São Paulo: Cultura Cristã, 2017.

LINDBERG, C. *História da Reforma*: um dos acontecimentos mais importantes da História em uma narrativa clara e envolvente. Rio de Janeiro: Thomas Nelson Brasil, 2017.

WEBER, Max. *A ética protestante e o espírito do capitalismo*. 3. ed. São Paulo: Pioneira, 1983. (Biblioteca Pioneira de Ciências Sociais.)

6

O uso social das riquezas

Sérgio Ribeiro Santos[1]

INTRODUÇÃO

João Calvino é um daqueles típicos autores que são mais citados, criticados ou incompreendidos do que mesmo estudados e pesquisados, o que acaba por fazer dele vítima dos mitos acadêmicos. Em se tratando de Brasil, praticamente inexistem pesquisadores ou publicações sobre o pensamento desse reformador francês, e os poucos estudos disponíveis estão mais limitados a temas teológicos. Logo, ainda há um vasto campo de pesquisa para o pensamento do calvinismo em geral e de Calvino em particular em seus aspectos políticos, sociais e econômicos.

Cabe ainda ressaltar que, do ponto de vista historiográfico, essas pesquisas levadas à efeito não podem desconsiderar o contexto

---

[1]Bacharel em Teologia pela Universidade Presbiteriana Mackenzie (UPM), Licenciado em História pelo Centro Universitário de Maringá (UNICESUMAR), Mestre e Doutor em História pela Universidade Federal de Mato Grosso (UFMT) e Pós-doutorando pela Universidade Federal de Uberlândia (UFU). Coordenador do curso de História e Geografia e Coordenador Adjunto do curso de Pedagogia da UPM. Professor de Período Integral na mesma Universidade.

histórico — seja em termos espaciais ou temporais — em que os escritos de Calvino e dos calvinistas foram produzidos. Caso contrário, corre-se o risco de cair apenas numa exposição dogmática, abstrata e atemporal dos conceitos estudados, além de incorrer num dos maiores pecados dos historiadores, para usar uma terminologia teológica — que é o anacronismo.

Buscando contribuir para o preenchimento dessa lacuna, a proposta deste capítulo é discorrer brevemente sobre o uso social das riquezas em João Calvino. De início, é importante destacar que esta é uma área em que muitas acusações feitas, como a de tentar fazê-lo pai do capitalismo ou liberalismo econômico, carecem de total fundamento. As falas nesse sentido acabam apenas por reproduzir um senso comum sem a devida investigação científica.

Partindo de um roteiro simples, num primeiro momento trabalharemos com o princípio geral que fundamenta toda a exposição deste tema no pensamento do reformador, que é o conceito de *mordomia*. Como desdobramentos desse princípio, discutiremos também o ganho de riquezas pelo indivíduo, o relacionamento com elas e a responsabilidade para com os pobres.

Também é necessário destacar que mesmo havendo implicações futuras do pensamento de Calvino e dos calvinistas, seja para uma economia de mercado capitalista, seja para um sistema socialista, ele não pode ser responsabilizado nem por um nem por outro. Principalmente porque em seus escritos Calvino não estava necessariamente preocupado em criar um sistema político ou econômico. Suas reflexões e seus ensinamentos decorrem muito mais da preocupação pastoral para com os membros de sua igreja em Genebra, uma vez que estes deveriam evidenciar em suas ações para com o próximo a fé cristã que afirmavam professar. De modo muito enfático ele protestava:

> Nesta altura, devo dirigir a palavra àqueles que, não tendo nada de Cristo exceto o título, entretanto querem ser reconhecidos como cristãos. Que atrevimento daqueles quererem se gloriar em seu sacrossanto nome! [...] Porque o evangelho não é uma doutrina de língua, mas de vida. E, diferentemente das outras disciplinas,

não se aprende só pela mente e pela memória, mas deve envolver e dominar a alma e ter como sede e receptáculo as profundezas do coração. [...] Portanto, ou que tais cristãos nominais deixem de se gabar do que não são, com que o afrontam vergonhosamente a Deus, ou que tratem de mostrar que são de fato discípulos de Cristo (*Institutas*, livro IV, XVII, 7).[2]

Como se pode observar, a ênfase de Calvino, norteadora da sua ética e aplicada às mais diversas áreas, era relativa a uma conduta individual e deveria refletir as convicções religiosas de cada pessoa. Em outras palavras, ele procurava aplicar de modo prático o que trabalhara em outro lugar: a regra do amor. Tal regra nada mais era do que a execução do registro bíblico: "Amarás o Senhor, teu Deus, de todo o coração, de toda a tua alma, de todas as tuas forças e de todo o teu entendimento: e: amarás o teu próximo como a ti mesmo (Lucas 10:27).[3]

Feitas essas observações iniciais, passemos a considerar o princípio maior que dá base para toda a reflexão de Calvino sobre o relacionamento do indivíduo com as riquezas pessoais, o princípio da mordomia cristã.

MORDOMO OU ADMINISTRADORES, E NÃO PROPRIETÁRIOS

Ao desenvolver o tema do uso individual dos bens materiais ou riquezas pessoais, Calvino não trabalha com o conceito de propriedade privada, pelo menos não como ele é estabelecido após a consolidação do capitalismo. Logo, não há em seu repertório um desenvolvimento de categorias como a de propriedade privada contraposta a de propriedade coletiva ou pública. Calvino trabalha primariamente com a noção de soberania divina, ou seja, que todas as coisas, incluindo os próprios seres humanos, com suas

---

[2] As *Institutas* serão citadas apenas com a indicação numérica seguindo a ordem de livro, capítulo e item. A tradução utilizada é da edição original francesa de 1541.
[3] As citações bíblicas deste capítulo foram extraídas da versão Almeida Revista e Atualizada.

aptidões, pertencem a Deus, que usa desses recursos para suprir as necessidades pessoais: "o Senhor está sempre presente com seu povo; e, segundo a demanda de nossas necessidades, ele concede a cada um de nós uma porção de sua própria plenitude (CALVINO, 2009, posição Kindle 2855). Portanto, tudo o que estiver em posse de um determinado indivíduo, incluindo sua capacidade de lidar com essas posses, deve seguir determinados critérios ou regras divinamente estabelecidas.

Com este objetivo, no livro IV das *Institutas*, Calvino aponta quatro regras específicas que devem orientar o cristão no uso das riquezas que estão sob seu cuidado. A primeira delas é a gratidão a Deus.

Ele entendia que a primeira regra a ser posta em prática para refrear a carne, ou, dita de outra forma, para combater o egoísmo e a ganância, era a gratidão: "[...] todos os bens que temos foram criados para que reconheçamos o seu autor e magnifiquemos a sua bondade com ações de graças" (*Institutas*, IV, XVII, 41). Já a segunda regra seria a meditação na imortalidade feliz. Nas próprias palavras do reformador:

> [...] o caminho mais certo e mais curto para levar o homem a desprezar a vida presente é meditar na imortalidade celestial. Dessa regra decorrem outras duas. A primeira é que os que desfrutam deste mundo devem fazê-lo com o mínimo de apego, como se nada desfrutassem dele (*Institutas*, IV, XVII, 42).

Além de ser grato a Deus e ter em perspectiva a brevidade da vida em comparação a eternidade, o terceiro ponto destacado nesta lista é a paciência na pobreza e a moderação na riqueza. O raciocínio desenvolvido é que, "além do fato de que muitos vícios [que] acompanham a cobiça de coisas terrenas, quase sempre sucede que aquele que não suporta com paciência a pobreza mostra o vício contrário quando se vê na abundância" (CALVINO, *Institutas*, IV, XVII, 43). Os exemplos dados pelo autor são esclarecedores:

> Explico isso dizendo que aquele que se envergonha de usar roupa rústica ou modesta usará com vanglória vestes finas; quem não se

128 O legado de Calvino

contenta com uma alimentação frugal e atormenta-se com o desejo de melhor comida não conseguirá se conter quando tiver uma mesa mais farta e rica; quem não souber viver em condição humilde ou sem cargos públicos não conseguirá evitar o orgulho e a arrogância, se passar a uma situação socialmente honrosa (ibidem).

Segue-se a essa virtude decorrente da paciência na pobreza e moderação na riqueza a quarta regra que é princípio geral para o uso dos bens materiais: reconhecer que somos mordomos ou administradores dos bens de Deus. Assim, ao se usar a analogia de um mordomo ou administrador, deve ser observado em primeiro lugar que o objetivo de Calvino era comunicar o conceito de que tudo o que estivesse sob o domínio de um indivíduo não lhe pertencia de fato. Diz ele:

> [...] a presente regra nos mostra que todas as coisas nos foram dadas de tal maneira pela benignidade de Deus e destinadas ao nosso uso e proveito, que elas nos foram deixadas em custódia, em depósito, e chegará o dia em que deveremos prestar contas delas. Por isso devemos administrá-las tendo sempre em mente esta sentença: teremos de prestar contas de tudo o que o Senhor nos tem confiado. Também devemos pensar em quem nos vai chamar a prestar contas: Deus, que tanto nos exorta à abstinência, à sobriedade, à temperança e à modéstia, como igualmente tem condenado à execração toda sorte de intemperança, orgulho, ostentação e vaidade (ibidem).

Pode-se aqui perguntar qual é o critério estabelecido para essa prestação de contas. De início já se descarta o mero acúmulo ou multiplicação de um patrimônio deixado sob custódia, mesmo porque a moderação, a modéstia e a frugalidade são conceitos característicos de uma ética calvinista. Continuando seu raciocínio, o reformador volta a uma temática recorrente em seus escritos quando afirma que "nenhuma administração será aprovada senão a que é regida pelo amor" (ibidem). Ou seja, essa mordomia sempre deve ser exercida em relação a alguém.

O uso social das riquezas   129

No seu comentário a 2Coríntios, por ocasião de uma grande coleta que o apóstolo Paulo organizava em favor da comunidade cristã que vivia na Judeia e que enfrentava situações adversas, Calvino considera:

> [...] visto que nosso Pai celestial nos concede todas as coisas por sua soberana graça, devemos ser imitadores de sua graciosa bene-volência, praticando também atos de bondade em favor de outrem; e, em razão de nossos recursos virem dele, não somos mais que despenseiros dos dons de sua graça (2008, posição Kindle 3222).

Em outras palavras, Deus concede riquezas a determinados indivíduos, mas tendo em vista o próximo, uma vez que a regra máxima a ser seguida é a do amor. Logo, ninguém deve ser rico apenas para si mesmo, pois nada mais somos do que mordomos ou despenseiros. A razão para essa postura é a concepção do senhorio divino sobre todas as coisas. Comentando o livro de Jó, Calvino afirma:

> [...] quando Deus nos envia riquezas, ele não renuncia à sua propriedade nem deixa de ter autoridade sobre elas (como deve ter) porque é o Criador do mundo. A palavra "Criador" implica que ele fez tudo de tal maneira que todo o poder e domínio soberano permaneceu com ele. Embora cada homem possua sua parte segundo Deus e tenha seus bens multiplicados, ainda assim [Deus] permanece sempre como Senhor e Proprietário de tudo (1952, Sermon 2).

Logo, mesmo que as riquezas pessoais se multipliquem, Deus continua sendo o seu verdadeiro dono e os princípios para o uso delas são estabelecidos pelo legítimo proprietário. É dessa compreensão, portanto, que Calvino faz uma aplicação social para o uso das riquezas pessoais. A lógica seguida é: se Deus é dono de todas as coisas, até mesmo de meus bens pessoais, e se sou seu mordomo ou administrador, devo, como um depositário fiel, gerir esses recursos de acordo com o maior princípio do evangelho — o amor ao próximo, que é a materialização do amor que devotamos a Deus. É nesse sentido que podemos falar de um uso social das riquezas em Calvino, o que difere em essência da abolição da propriedade privada.

NATUREZA NÃO MERITÓRIA DAS BOAS OBRAS

Deve-se frisar que tanto a tradição judaica quanto a cristã sempre tiveram especial consideração para com os que se encontram em situação de vulnerabilidade. Os profetas do Israel antigo constantemente se pronunciavam sobre o descaso com relação aos órfãos, às viúvas, aos estrangeiros, aos endividados e às demais categorias menos favorecidas. Diversas leis tinham exatamente o objetivo de proteger esses grupos de possíveis abusos quanto a prover meios para a transformação de suas realidades.

Vemos também tanto em Jesus Cristo quanto nos apóstolos uma atenção especial para com as classes desfavorecidas, seja por meio de sermões, cartas, coletas, mobilizações ou a conscientização dos cristãos de um modo geral. Exemplo dessa preocupação fica explícito no relato que o apóstolo Paulo faz de seu encontro em Jerusalém com Tiago, Pedro e João. Segundo ele, após estes reconhecerem o especial comissionamento de Paulo para com os não judeus, o recomendaram que se lembrasse dos pobres, e ele faz questão de registrar que sempre se esforçou por fazer (Gálatas 2:10).

Enfim, sempre encontraremos na tradição cristã e na história da igreja diversos exemplos dessa aplicação social das riquezas em favor dos pobres. Como recorte representativo dessa doutrina, podemos indicar os sermões de Leão Magno ou Leão I, papa entre 440 e 461, sobre as coletas. Sua primeira inferência sobre assistir aos pobres com bens materiais era também um serviço a Cristo e um modo de penitência:

> Com efeito, aquele que alimenta o Cristo presente no pobre constrói seu tesouro no céu. Reconhece, pois, neste fato, a bondade e o favorecimento da ternura divina que desejou te cumular de bens para que, graças a ti, o outro não passe necessidade e pelo serviço de tuas obras o indigente não se preocupe demasiado com sua pobreza, e tu próprio sejas libertado dos teus múltiplos pecados (1996, p. 17-8).

O uso social das riquezas 131

Em outro sermão, ele pontua, o que também vemos em Calvino, que ninguém deve ser rico para si mesmo. Os bens materiais deveriam ser vistos como expressão da magnanimidade divina, e aqueles que se encontrassem em poder delas deveriam perguntar a razão disso. Muito provavelmente a resposta seria que os bens terrestres nos foram concedidos por Deus "mais para distribuí-los do que para possuí-los" (ibidem, p. 29). Continua ainda Magno, no mesmo sermão, afirmando que em si mesmas as riquezas são boas e úteis ao ser humano, principalmente se estiverem em mãos generosas ao invés de estarem em poder de esbanjadores ou avarentos (ibidem).

Contudo, ainda que essa concepção sobre a posse de riquezas como expressão do favor divino e que esse privilégio se faz acompanhar da responsabilidade da assistência aos pobres, uma diferença essencial separa o pensamento do reformador francês da tradição católica romana medieval, ou seja, o caráter meritório das boas obras ou da assistência aos pobres. Enquanto em Leão Magno há um claro apelo penitencial, Calvino entende que o uso das riquezas pessoais é um resultado decorrente da fé cristã, e não um requisito para ela. Ou seja, ajudamos os necessitados não para sermos perdoados por Deus, e sim porque já fomos perdoados e salvos. Em outro de seus comentários (1Timóteo 6:19), interpretando as palavras de Paulo quando ele diz que os ricos deveriam ser generosos em dar e repartir, pois com isto se apropriariam da verdadeira vida, Calvino é enfático em combater essa generosidade como uma prática meritória, interpretação corrente em sua época. Ele desenvolve:

> A inferência que os papistas extraem desta passagem, dizendo que podemos, através das boas obras, merecer a vida eterna, é extremamente fútil. É verdade que tudo quanto se gasta com os pobres é aceitável a Deus (Mt 25.40); visto, porém, que ainda o mais perfeito dentre nós dificilmente cumpra perfeitamente a centésima parte de seu dever, nossa liberalidade não merece ser lançada em nosso crédito diante de Deus; de fato, se Deus nos chamasse a um estrito acerto de contas, não haveria um sequer que não escapasse de ser

precipitado em completa bancarrota, porquanto estamos longe de dar tudo o que devemos. Mas, depois de nos haver reconciliado consigo mesmo mediante sua graça soberana, ele aceita nossos serviços tais como são, e concede por eles um galardão que longe estão de merecer. Por conseguinte, nosso galardão não depende das considerações meritórias, mas da graciosa aceitação de Deus; e, assim, longe de se opor à justiça procedente da fé, ele pode ser visto como um apêndice a ela (2009, posição Kindle 3134).

O debate apresentado anteriormente sempre existirá e pode ser tomado como um divisor de intenções nas iniciativas daqueles que, de alguma forma, buscam auxiliar os menos favorecidos. Calvino diz: "aos que creem em Deus [...] se recomenda que sejam cuidadosos pelas boas obras, e com isso ele quer dizer que a fé deve vir primeiro, de tal modo que as boas obras inevitavelmente venham em seguida" (ibidem, posição Kindle 6083), ou seja, a fé deve ser expressa em atitudes, e estas não compram o favor divino. Logo, para Calvino, essas atitudes deveriam ser uma expressão de gratidão a Deus e profunda consciência de um serviço ao qual alguns foram comissionados pelo fato de terem sob seus cuidados além do necessário para sua subsistência pessoal. Esse trabalho é denominado de ministério dos ricos.

PORQUE DEUS CONCEDE RIQUEZAS A ALGUNS

Ao lermos a interpretação que Calvino faz dos textos bíblicos que orientam sobre o uso das riquezas pessoais e a ajuda aos mais necessitados, notamos uma pergunta implícita a todas as suas conclusões: por que Deus concede riquezas a algumas pessoas? A resposta é derivada da teologia sobre as riquezas desenvolvida pelo reformador e que não a discutiremos aqui exaustivamente. Contudo, podemos mencionar que, de acordo com o entendimento de Calvino, as riquezas pessoais deveriam ser vistas como uma manifestação da graça divina e como uma porção antecipadamente distribuída das riquezas futuras de um novo céu e uma nova terra prometidos aos filhos de Deus.

Porquanto é unicamente Deus quem provê todas as coisas para os propósitos necessários de nossa vida, e quando depositamos nossa confiança nas riquezas, na verdade estamos transferindo para elas as prerrogativas que pertencem exclusivamente a Deus. Note-se o contraste implícito ao dizer que Deus distribui liberalmente com todos. O significado é o seguinte: mesmo que possuamos plena e rica abundância de todas as coisas, na verdade tudo quanto possuímos procede da mercê divina. É tão somente sua generosidade que nos supre tudo quanto carecemos (2009, posição Kindle 3117).

Essa perspectiva deveria mudar a relação do ser humano com os seus bens pessoais, principalmente se eles excederem a sua necessidade de subsistência pessoal. Ainda comentando as palavras do apóstolo Paulo sobre a coleta que ele organizava aos cristãos necessitados da região da Judeia, Calvino diz que deveria haver um empenho pessoal em ser rico, mas no "propósito de fazer o bem a outrem. Porque a razão de Deus nos fazer o bem não é tanto para que alguém guarde para si mesmo o que recebeu, mas para que haja mútua participação entre nós, de acordo com os reclamos das necessidades" (2008, posição Kindle 3635). Em outras palavras, as riquezas pessoais devem ser vistas como uma expressão da providência divina para o sustento de um número maior de pessoas.

Decorrente da ideia principal de que somos mordomos ou administradores dos bens que, em última instância, pertencem de fato a Deus, riquezas expressam dois aspectos do favor divino sobre o ser humano. O primeiro é que por meio delas Deus nos concede os meios para o nosso sustento pessoal. Já o segundo são as condições para ajudar o semelhante que se encontra em dificuldades materiais, pois "assim como não nascemos exclusivamente para nós mesmos, o cristão também não deve viver exclusivamente para si, nem usar o que possui somente para seus propósitos particulares ou pessoais (ibidem, posição Kindle 3691).

Essa argumentação de Calvino sobre a responsabilidade de assistência aos necessitados por parte daqueles que possuem para além das suas necessidades está tão arraigada em sua teologia que ele descreve essa prática como um ministério, termo altamente carregado de conotação eclesiástica. Segundo ele, "os membros de Cristo têm o dever de ministrar uns aos outros, de modo que, quando nos dispomos a socorrer nossos irmãos, não fazemos mais do que desempenhar o ministério que é também dever deles". E isso é tão evidente para Calvino que ao "negligenciar os santos, quando necessitam de nosso socorro, é algo mais do que apenas ausência de bondade; é usurpá-los daquilo que lhes é devido (ibidem, posição Kindle 3553).

Por vezes, pode ser argumentado que as riquezas que possuímos foram legitimamente adquiridas, seja por herança, ou resultado da própria capacidade produtiva, ou esforço pessoal, o que permitiria a cada um dar o destino que quisesse a elas. Porém, ao contrário desse raciocínio, entendia Calvino que o excedente ao que é de fato necessário para a vida diária não deveria ser usado "para intemperança ou luxúria, mas para abrandar as necessidades dos irmãos" (ibidem, posição Kindle 3385).

Ao comentar 1Timóteo, na seção em que o apóstolo Paulo dá instruções sobre o uso das riquezas e o perigo da avareza e o apego a elas, Calvino entende que ali também se estabelece princípios para o que ele chama de "uso correto de nossos bens materiais". De acordo com sua concepção, "as oportunidades que uma pessoa tem para praticar o bem aos outros aumentam com a abundância de suas riquezas (2009, posição Kindle 3117). Em outras palavras, quanto maior a capacidade financeira de um indivíduo, maior também a sua responsabilidade diante de Deus como um despenseiro dos bens materiais que lhe foram confiados e perante a sociedade, principalmente os que se encontram em condições de vulnerabilidade.

Retomando a questão do mérito pessoal, Calvino tem uma preocupação muito grande com as motivações e os sentimentos daqueles que de alguma forma têm condições de ajudar o carente e efetivamente o fazem. Como já observamos, há uma clara rejeição por parte do reformador em fazer das boas obras uma ação meritória que referendasse o ser humano diante de Deus. Retomando esse ponto na já mencionada coleta aos pobres da Judeia, Calvino volta a trabalhar essa questão do mérito. Para ele, qualquer ajuda que alguém fosse capaz de prestar ao próximo, por mais louvável ou magnânima, não deveria ser vista apenas como um grande ato de altruísmo. A razão é que, como já foi mencionado, nada de fato nos pertence, pois, "quando prestamos auxílio a nossos irmãos, devemos atribui-lo à graça de Deus e considerá-lo um extraordinário privilégio a ser ardorosamente buscado" (2008, posição Kindle 3177). Em outras palavras, socorrer os necessitados não é apenas obrigação ou mera liberalidade individual, pois ninguém pode ser liberal com o que não lhe pertence. Na verdade, é apenas o exercício do privilégio de ser um administrador dos bens divinos, no caso, ao auxílio mútuo. De outro modo, um canal da graça divina ao semelhante.

Em outro de seus comentários bíblicos, ele vai mais além e afirma que a recusa a exercer essa mordomia cristã é na verdade uma subtração de nossos semelhantes, neste caso, o auxílio que lhes é devido. Tal atitude seria a negação de qualquer amor existente nestas pessoas (CALVINO, 2013, posição Kindle 431). Uma das maiores evidências do cristianismo é que "ninguém pode viver exclusivamente para si e negligenciar o semelhante. Todos nós temos de devotar-nos à atividade de suprir as necessidades do semelhante" (idem, 2010, posição Kindle 5733). Para encerrar esta seção, segue a transcrição do comentário muito eloquente de Calvino sobre um trecho de uma das cartas do apóstolo João, também conhecido como o apóstolo do amor:

[...] que ninguém realmente ama a seus irmãos, exceto se realmente demonstra isso sempre que ocorre uma ocasião; a segunda, que, enquanto alguém possui meios, o mesmo é obrigado a dar assistência a seus irmãos, pois o Senhor assim nos provê a oportunidade de exercer amor; a terceira, que a necessidade de cada um deve ser vista, pois, como qualquer um necessita de bebida e comida, ou outras das quais temos em abundância, assim ele necessita de nosso auxílio; a quarta, que nenhum ato de bondade, exceto acompanhado de compaixão é agradável a Deus. Há muitos aparentemente liberais que, não obstante, não sentem as misérias de seus irmãos. O apóstolo, porém, requer que nossas entranhas estejam abertas; o que é feito quando somos dotados com um sentimento tal que nos compadecemos dos demais em seus males, não de outra forma senão como se nós mesmos fôssemos eles (2013, posição Kindle 432).

O que essencialmente se discutiu até aqui é o motivo pelo qual Deus concede riquezas a determinadas pessoas. A razão apresentada é que as riquezas são um sinal da bênção divina e que não são concedidas apenas para o uso pessoal. Uma vez que as necessidades básicas estão supridas, a pessoa deve se perguntar o motivo e o propósito do excedente. De acordo com a interpretação bíblica de Calvino, esse excedente é para assistência às necessidades dos pobres, o que seria o exercício da mordomia cristã dos bens dados em custódia por Deus. Ou seja, há uma razão teológica e providencial para que alguém se enriqueça.

Apenas para que se registre, Calvino também discutirá em outros lugares dos seus escritos o ministério do pobre, traçando, assim, um paralelo com o ministério do rico, uma vez que ele interpretava essa realidade social a partir de uma mesma perspectiva teológica, pois tanto a riqueza quanto a pobreza teriam suas finalidades didáticas. Contudo, como o nosso objetivo neste momento está no ministério do rico e no uso social das riquezas, demos um passo a mais em nossa análise sobre o pensamento de Calvino a respeito dessa temática, que é o uso pessoal das riquezas e a busca pela justiça social.

O USO PESSOAL DAS RIQUEZAS E A BUSCA PELA JUSTIÇA SOCIAL

Infelizmente, a expressão "justiça social" ficou desgastada por costumeiramente ser associada a uma corrente política mais à esquerda. Contudo, cabe pontuar que aqui o uso dessa expressão não tem nenhuma vinculação com determinada orientação política. Para melhor compreensão do seu significado é importante uma breve contextualização teológica.

A construção do pensamento cristão em geral, e de Calvino em particular, está ancorada numa estrutura que confere sentido e direção à história. De acordo com o relato bíblico, o mundo como o conhecemos está debaixo de uma maldição divina e em desacordo com os propósitos iniciais quando da sua criação, os quais eram justos e perfeitos. Ou seja, as relações humanas em todos os sentidos estão corrompidas. Contudo, dentro de um plano maior, os cristãos devem tomar parte como agentes de transformação e redenção dessa realidade. Cabe a eles lutarem pelo estabelecimento da justiça e equidade entre as pessoas, inclusive em termos sociais e econômicos. Nesse sentido e com esse propósito é que eles devem administrarem suas posses ou bens materiais, dando um sentido social às suas riquezas. Porém, o primeiro passo, antes de qualquer iniciativa e para que haja realmente efetividade no propósito de se construir uma sociedade mais justa e equânime, é se construir um relacionamento correto com as riquezas. De acordo com Calvino, o contentamento com a provisão divina também é resultado do esforço em aprendermos "a controlar nossos desejos de modo a não querermos mais do que é necessário para a manutenção de nossa vida (2009, posição Kindle 2855).

Calvino entendia que o ensinamento bíblico direcionava para um estilo de vida que excluísse a ostentação e que tudo o que extrapolasse o necessário para a sobrevivência seria supérfluo. Não que houvesse em si algum problema em se usufruir dos seus bens, mas sim o apego em demasia (ibidem, posição Kindle 2870).

Retomando a premissa já trabalhada, para Calvino, os cristãos têm o dever de servirem uns aos outros, o que foi denominado ministério dos ricos. O diferencial no pensamento de Calvino é que essa atitude vai além da mera liberalidade, e, por se tratar de um dever, a sua negligência constitui uma falta. Por sua vez, a negligência aos que necessitam de ajuda "é algo mais do que apenas ausência de bondade; é usurpá-los daquilo que lhes é devido" (2008, posição Kindle 3553).

Em outras palavras, é o conceito de mordomia ou despenseiro sendo levado às últimas consequências. A lógica do pensamento consiste em que tudo o que possuímos provém de Deus e nada mais somos do que seus administradores. Quando temos além do que necessitamos para nossas necessidades naturais é porque há um propósito para esse excedente sob nossa custódia, a saber: auxiliar os necessitados. Logo, se assim não procedemos, além de privarmos aqueles que necessitam de ajuda, nos apropriamos daquilo que não nos pertence de fato. Subjacente a essa lógica de distribuição voluntária, há o conceito de equidade e justiça, pois "dar assistência às necessidades de nosso semelhante é uma parte da justiça — e não é, de modo algum, a menor parte —, os que negligenciam esta parte de seu dever devem ser tidos na conta de injustos" (ibidem, posição Kindle 3697). Pois, "onde nosso amor não se manifesta, não só despojamos as pessoas de seus direitos, mas também a Deus dos seus, o qual solenemente dedicou o que ordenou fosse feito em favor dos homens" (CALVINO, 2012, posição Kindle 6978).

Além dessa justiça social presente no entendimento de Calvino, podemos mencionar também que, para ele, havia uma questão litúrgica envolvida. Quando estudamos o pensamento de Calvino sobre o uso das riquezas, é interessante observar o quanto, segundo seu entender, todas as esferas da atividade humanas estão unidas em uma só. Para ele, não há distinção entre atividades de natureza religiosa ou secular. Se tivéssemos de escolher uma nomenclatura, diríamos que todos os atos da vida humana são religiosos.

Sobre o tema que estamos discorrendo, isso fica evidente quando Calvino compara as ofertas coletadas para assistências aos pobres a atos de culto ou, traçando um paralelismo com as práticas do judaísmo na Antiguidade, a sacrifícios oferecidos a Deus. Aliás, a liberalidade em repartir é que seria uma autêntica manifestação religiosa:

> [...] caso queiramos oferecer sacrifício a Deus, então devemos invocar seu nome, fazer conhecida sua generosidade através de ações de graças e fazer o bem aos nossos irmãos. Esses são os verdadeiros sacrifícios com os quais verdadeiros cristãos devem comprometer-se; e não sobra nem tempo nem lugar para qualquer outro (CALVINO, 2012, posição Kindle 6978).

Fica evidente, portanto, que esse assunto é tão relevante para Calvino que o seu significado extrapola a simples razão de amenizar o sofrimento alheio. Há diversas razões presentes nesses gestos assistenciais, entre as quais está o de fazer do devido uso dos bens pessoais um ato litúrgico, conferindo, assim, mais uma vez materialidade à fé professada.

SOCIALISMO E FIM DA PROPRIEDADE PRIVADA?

Ao lermos estes comentários de João Calvino sobre o uso das riquezas, de pronto podemos concluir que uma política econômica e um estilo de vida baseado apenas no consumo e na ostentação estão imediatamente descartados. A frugalidade deveria ser um modo de viver a ser buscado, e a sobriedade aliada à generosidade, uma característica constante daqueles que professam ser cristãos.

Seria então o calvinismo em suas raízes uma variação do socialismo? Estaria ele alinhado com o fim da propriedade privada? Como já mencionamos, essas são categorias de análise muito mais próximas de nós que do século XVI, em que a Europa ainda vivia a transição de uma estrutura econômica medieval para o mercantilismo. Logo, seria anacrônico tentar estabelecer essa relação de natureza econômica entre o pensamento de Calvino sobre a distribuição das riquezas e o socialismo como um modo de produção. Mesmo porque a atenção do reformador está mais voltada, nesse ponto, para uma ética cristã pessoal do que para a construção de uma teoria econômica, ainda que haja reflexos daquela nesta. Também podemos inferir que a questão para Calvino não era a busca para a construção de uma sociedade sem nenhum tipo de distinção social ou hierárquica. Como ele mesmo afirma:

> Deveras reconheço que não estamos limitados a uma igualdade tal que seria injusto que o rico viva de forma mais elegante do que o pobre; mas deve haver uma igualdade tal que ninguém morra de fome e ninguém acumule sua abundância a expensas de outrem (2008, posição Kindle 3388).

Sua atenção estava mais voltada para a responsabilização pessoal e para a construção de um modo de vida que aliasse a modéstia e a generosidade. Em seu entender, "a natureza vive contente com pouco, e tudo quanto extrapola o uso natural é supérfluo. Não que algum uso mais liberal de possessões seja condenado como um mal em si mesmo, mas a ansiedade em torno delas é sempre pecaminosa" (CALVINO, 2009, posição Kindle 2870). Em outras palavras, o que Calvino busca são princípios bíblicos que possam ser aplicados à vida como um todo, princípios estes que transcendam a temporalidade e espacialidade: "Em parte alguma ele [Deus] nos prende a tempos, nem a pessoas, nem a lugares específicos, mas simplesmente nos ordena que nos deixemos guiar pelas regras do amor (2008, posição Kindle 3265).

CONSIDERAÇÕES FINAIS

Até aqui, nos propomos a discorrer sobre o uso social das riquezas em Calvino. A escolha dessa terminologia teve o propósito explícito de contrapor ao senso comum de que o calvinismo estimula o individualismo e a um modelo econômico focado preponderantemente no consumo. Também teve por objetivo demonstrar que a teologia desenvolvida por João Calvino e pelo calvinismo como sistema teológico tem implicações para diversas esferas da existência humana. No caso específico, uma ética pessoal quanto ao uso das riquezas produzidas.

Deve ser apontado também que todas as considerações aqui apontadas sobre o pensamento de Calvino a respeito de uma ética quanto ao uso das riquezas foram materializadas na Genebra do início do século XVI. O trabalho diaconal era regulamentado pelas Ordenanças Eclesiásticas e havia toda uma estrutura institucionalizada para viabilizar os pressupostos aqui discutidos. No entanto, neste capítulo, a nossa preocupação não era sobre o trabalho diaconal em si ou modelos de assistência social, mas sim, como que dando um passo atrás, sobre uma ética pessoal acerca do uso individual das riquezas.

Do que foi analisado, observa-se que Calvino buscava desenvolver o que podemos chamar de uma teologia aplicada. Partindo do conceito de soberania divina, sua conclusão é que não somos proprietários de nenhum tipo de bem material. Aliás, não pertencemos nem a nós mesmos, pois tudo nos foi dado em custódia, e, como administradores, devemos nos orientar pela vontade do real proprietário — Deus.

Logo, dentro da providência divina, cabe a cada pessoa que tenha sob seus cuidados valores que estejam além das suas necessidades pessoais se questionar qual a sua responsabilidade sobre esse excedente. A resposta poderá ser encontrada ao seu lado, olhando para aqueles que nem o necessário para a subsistência pessoal possuem. Esse é o ministério que Deus conferiu aos ricos. Importante também destacar aqui que Calvino não era contra a previdência pessoal e que não incentivava o ascetismo medieval como forma de vida. A questão posta era a necessidade de uma vida sem ostentação e o estímulo à generosidade para com os que realmente necessitavam serem assistidos em suas carências materiais. Porém, como esses temas — trabalho, poupança, juros, comércio etc. — não fazem parte do escopo deste trabalho, eles não foram desenvolvidos aqui.

Por fim, como já apontado de início deste texto, há um vasto campo de pesquisa a ser estudado, resultado do pensamento de João Calvino e do calvinismo, exposto em forma de comentários bíblicos, sermões, cartas e tratados teológicos com implicações nas mais diferentes esferas da existência humana, como a social, política, econômica, ética pessoal, além da teológica, ainda que todas derivando desta.

REFERÊNCIAS BIBLIOGRÁFICAS

CALVINO, João. *As institutas da religião cristã*: edição especial com notas para estudo e pesquisa. Vol. IV. São Paulo: Cultura Cristã, 2006.

_____. *2 Coríntios: Série Comentários Bíblicos* [eBook]. São José dos Campos: Fiel, 2008.

_____. *Epístolas Gerais: Série Comentários Bíblicos* [eBook]. São José dos Campos: Fiel, 2013.

_____. *Gálatas, Efésios, Filipenses e Colossenses: Série Comentários Bíblicos* [eBook]. São José dos Campos: Fiel, 2010.

_____. *Hebreus: Série Comentários Bíblicos* [eBook]. São José dos Campos: Fiel, 2012.

_____. *Pastorais: Série Comentários Bíblicos* [eBook]. São José dos Campos: Fiel, 2009.

_____. *Sermons from Job*. Grand Rapids: W. R. Eerdmans, 1952.

LEÃO MAGNO. *Sermões*. São Paulo: Paulus, 1996.

7

A educação

Ricardo Bitun[1]

AO APRESENTAR O SEU CATECISMO formulado para a igreja de Genebra, afirmava Calvino que o ensino do catecismo era um meio de voltar ao costume primitivo, que, pela ação de Satanás, tinha sido abolido. Era preciso cuidar para que as crianças fossem devidamente instruídas na religião cristã. Para que isso fosse feito mais convenientemente, era preciso ter não somente escolas abertas, como no passado, e indivíduos emprenhados no ensino de sua família, mas era também preciso adotar como costume público e prática a interrogação das crianças na igreja sobre temas mais comuns e bem conhecidos dos cristãos. Por isso, explicava ele, escrevera o seu catecismo e as Institutas [...] Calvino acreditava na religião inteligente, fruto do intelecto, tão bem quanto das emoções. Dizia ele que um dos mais tenazes inimigos da verdadeira religião é a ignorância. Calvino insiste que a ignorância é a mãe da heresia. Dillistone afirma que, para Calvino, a Igreja é a escola da doutrina,

---

[1]Possui graduação em Teologia pelo Seminário Bíblico de São Paulo, graduação em Ciências Sociais pela Universidade São Marcos, mestrado em Ciências da Religião pela Universidade Metodista de São Paulo e doutorado em Ciências Sociais pela Pontifícia Universidade Católica de São Paulo. Atualmente, é professor do Programa de Pós-graduação em Educação, Arte e História da Cultura da Universidade Presbiteriana Mackenzie e coordenador do curso de pós-graduação do Programa de Ciências da Religião da mesma instituição.

144 **O legado de Calvino**

o lugar onde os homens aprendem o verdadeiro conhecimento e são instruídos no caminho do Senhor (FERREIRA, 1990, p. 182-3).

João Calvino também era um humanista e um "scholar" antes de se tornar um reformador. A tradição humanista do século XVI imprimiu uma marca indelével sobre todo o futuro da tradição reformada. Em todos os lugares em que a comunidade reformada se estabeleceu, surgiram escolas ao lado dos templos não somente para o ensino da Bíblia ou para ensinar a ler a Bíblia e outras habilidades relacionadas com o seu estudo, mas também todo o elenco das artes liberais, para libertar o espírito humano [...] A Academia de Genebra era, em muitos aspectos, a coroação do trabalho de Calvino na cidade [...] Nas Institutas, ele escreveu que as pessoas que "conhecem as artes liberais penetram, com sua ajuda, mais profundamente nos segredos da sabedoria divina". Nas Ordenanças, ele declarou "A função própria dos doutores é a instrução do fiel na verdadeira doutrina, para que a pureza do evangelho não seja corrompida nem pela ignorância nem pelas más opiniões [...] Mas tendo em vista que somente é possível tirar proveito das aulas se houver, em primeiro lugar, o ensino de línguas e humanidades, e também porque é necessário educar as próximas gerações para que não se deixe a igreja deserta para nossos filhos, um colégio deve ser instituído para instruir as crianças. Preparando-as para o ministério e para o governo civil" (LEITH, 1996, p. 123-4).

Trataremos, neste breve capítulo, sobre a Reforma protestante e a contribuição dos reformadores Lutero[2] e Calvino[3] no campo

---

[2]Martinho Lutero (Eisleben, 10 de novembro de 1483 — Eisleben, 18 de fevereiro de 1546) foi um monge germânico agostiniano e professor de teologia que se tornou uma das figuras centrais da Reforma protestante.

[3]João Calvino (Noyon, 10 de julho de 1509 — Genebra, 27 de maio de 1564), teólogo cristão francês que muito influenciou a Reforma protestante. Calvino nunca foi ordenado sacerdote católico. Ao afastar-se da doutrina e comunhão católica romana, ele passa a ser visto, gradualmente, como a voz do movimento protestante; ensinando em igrejas, acaba por ser reconhecido por muitos como "padre". Vítima das perseguições aos huguenotes na França, fugiu para Genebra em 1536, onde faleceu em 1564. Genebra tornou-se definitivamente um centro do protestantismo europeu, e João Calvino permanece até hoje uma figura central da história da cidade e da Suíça.

da educação, trazendo as influências que a Reforma deixou como legado para este saber em particular.

CONTEXTO DA REFORMA

O século XVI é pautado por uma série de crises e mudanças radicais na sociedade medieva. Destacamos entre as várias transformações: o crescimento vertiginoso de uma nova classe social (a burguesia), uma aceleração no crescimento e circulação de mercadorias, a erupção do ideal humanista e a franca expansão do modelo colonialista. Por fim, não menos importante, uma crise religiosa causa uma ruptura significativa no monopólio religioso católico romano, onde crescem a desconfiança e os questionamentos à administração da Igreja e da autoridade papal.

Segundo Walker:

> As cidades mercantis estavam desgostosas com a isenção de impostos sobre o clero, a proibição de juros, os muitos dias santos e a excessiva tolerância da Igreja com a mendicância. [...] Os camponeses viviam em inquietação econômica, não sendo a menor de suas queixas os dízimos e aluguéis cobrados pelo alto clero local. Juntavam-se a estes motivos de intranquilidade o fermento intelectual do nascente humanismo germânico e o agitante despertamento religioso popular, manifesto no profundo medo e consciência da necessidade de salvação (1981, p. 8).

Quanto a essas transformações, há um consenso entre os historiadores sobre o modo como a Reforma protestante foi decisiva na construção da mentalidade ocidental e no pensamento do homem moderno.[4] "É muito difícil entender o que chamamos de Era

---

[4]Para um aprofundamento do tema ler a obra de Valdinei Aparecido Ferreira: *Protestantismo e Modernidade no Brasil*: da utopia à nostalgia. O autor inicia sua reflexão apontando os principais pensadores do conceito de modernidade, como: Jean-François Lyotard, Marshall Berman, Jürgen Habermas, Anthony Giddens, Mike Featherstone, Fredric Jameson, Alain Touraine, Kishore Kumar, Zygmunt Bauman, Peter Berger e Thomas Luckmann. A seguir, passa às discussões sobre o protestantismo, pelas lentes de Peter Berger, A. G. Mendonça, Steve Bruce, Jean Paul-Willaime

146 O legado de Calvino

Moderna sem a Reforma. [...] A Reforma traz liberdade de consciência ao cidadão e limita as autoridades políticas e religiosas", como bem observa Ricardo Willy Rieth, doutor em história e vice-reitor da Universidade Luterana do Brasil.[5]

Dallabrida chega afirmar que "as reformas religiosas do século XVI foram as parteiras da primeira modernidade" (2018, p. 25). Podemos dizer ainda que a mudança na construção e no pensamento do homem moderno, influenciados pela Reforma protestante, contribuíram para as transformações ocorridas na orientação de uma nova filosofia educacional.

A Reforma protestante colabora em diversos pontos na formação dessa nova mentalidade. Ao romper com a hegemonia religiosa vigente europeia, a Reforma não só enfraqueceu o poder religioso e político da Igreja Romana, principal instituição medieval, como contribuiu com o fortalecimento do poder dos monarcas, favorecendo, assim, o crescimento de um Estado chamado moderno, secular e centralizado.

Como afirma Campos,

> a Reforma não pode ser vista somente como uma guerra entre católicos e protestantes. Os vários movimentos reformadores também tiveram o "irmão reformado" como inimigo. Além disso, é preciso aplicar a teoria da complexidade ao estudo das reformas, o que nos auxilia a compreender e localizar cada uma das tradições reformadas (luterana, zwingliana, calvinista, anglicana ou radical-anabatista) de tensões, conflitos e diferentes propostas de reforma.[6]

---

e Antony Giddens. Citamos outros autores que trabalham a ruptura do mundo medieval para a formação do chamado mundo moderno: *A ética protestante e o espírito do capitalismo*, de Max Weber (1983); *O processo civilizatório*, de Elias (1989); *Vigiar e punir*, de Michel Foucault (1993); e *História social da família e da criança*, de Philippe Ariès (1981).

[5] https://gauchazh.clicrbs.com.br/comportamento/noticia/2017/10/500-anos-da-reforma-protestante-movimento-mudou-religiao-educacao-etica-e-politica-c-j9914l8i002201pglmc0jp63.html. Consultado em 02.08.2018

[6] Entrevista concedida à Marcia Junges para o Instituto Humanitas de Ensino. Revista IHU On-Line. CAMPOS, Leonildo Silveira. A Reforma. 500 anos depois de Calvino. (21 de set. 2009). Disponível em: http://www.ihu.unisinos.br/entrevistas/27727-a-reforma-500-anos-depois-de-calvino-entrevista-especial-leonildo-silveira-campos#.

Partimos do pressuposto de que, ao estudarmos a Reforma protestante, estamos diante de um movimento de altíssimo grau de complexidade e de um número sem-fim de variações até mesmo dentro do próprio movimento. Mas não só dentro do movimento, como também de um espectro ilimitado de influências nas mais diversas áreas do conhecimento.

Mendonça, estudioso do protestantismo no Brasil, argumenta ainda que o protestantismo se apresentou como uma "contracultura" ao exigir dos seus adeptos um comportamento diferente do que era aceito socialmente. Essa contracultura advinda das transformações trazidas pela Reforma protestante, vivenciadas pelo chamado "princípio reformado", de uma *Ecclesia Reformata et Semper Reformanda Est*[7] (igreja reformada sempre reformando"), ou seja, uma igreja que constantemente busca "reformar" não somente a si mesma como também a sociedade e consequentemente a educação.

Outro ponto importante a ressaltar é a maneira como os historiadores da educação trabalham a(s) relação(ões) da Reforma protestante com a educação.

Ao iniciarmos nossa pesquisa, percebemos que alguns historiadores da educação não se permitem um aprofundamento nas relações entre a Reforma protestante e a educação. Na melhor das hipóteses, simplesmente relatam de maneira breve e superficial a influência dos modelos educacionais propostos pelos protagonistas da Reforma protestante.

Para Jardilino, os manuais mais utilizados nos cursos de pedagogia tratam do assunto de maneira precária e passageira.[8] Outros ainda nem mesmo citam o modelo genebrino de ensino. Segundo o pesquisador:

---

[7] O mote *Ecclesia Reformata et Semper Reformanda Est* é de autoria do reformado holandês Gisbertus Voetius (1589-1676).

[8] Jardilino acrescenta ainda que até mesmo Lutero e suas preciosas contribuições "para os rudimentos da educação pública, para os novos métodos da educação das crianças, para as políticas públicas de acesso à educação para todos, explicitadas em seus célebres escritos *Aos Conselhos de todas as cidades da Alemanha, para que criem e mantenham Escolas* (1524) e *Lugar de criança é na Escola: Prédica para que se mandem os filhos à escola* (1530) são muitas vezes deixadas de lado pelos pensadores da História da Educação (2011, p. 3).

148 **O legado de Calvino**

[...] alguns dos manuais mais utilizados nos cursos de pedagogia: Paul Monroe. *História da Educação*, no capítulo a Reforma e Contra-Reforma dedica menos de meia página a Calvino; Franco Cambi em *História da Pedagogia*, num volume de mais de 600 páginas, dedica apenas cinco páginas a Educação na Reforma e nestas Calvino é apenas citado de passagem; Manacorda, M. A., em sua *História da Educação da antiguidade aos nosso dias* não chega nem a mencionar o nome de Calvino (JARDILINO, 2011, p. 2.)

Poucos são os historiadores, segundo o autor, que acentuam as transformações realizadas pela Reforma protestante no âmbito da educação.

Nessa mesma linha de pensamento, Santos (2007, p. 135) afirma que os estudos acerca da educação protestante no Brasil estão em "caráter embrionário", reduzidos aos poucos trabalhos acadêmicos ainda não publicados.

Segundo Santos, "dos textos já publicados, os principais são o de Ramalho (1976), Hack (1985) e Garcez (1970), que se propõem a realizar uma leitura crítica e analítica" da história do protestantismo e da educação no Brasil. Para ele, pesquisadores como Machado (1993; 1994; 1997), Mesquita (1992) e Freitas (1993) formariam um segundo grupo que procuram "investigar e propor o delineamento de uma filosofia da educação dentro do projeto geral de implementação das diversas igrejas no Brasil: batista, metodista e presbiteriana, respectivamente (2007, p. 136-8).

Sobre essa lacuna no relato entre as mudanças ocorridas na educação durante o período da Reforma, ou até mesmo um possível "esquecimento" dos historiadores da educação, concordamos com Greggersen: "O que, a nosso ver, frequentemente passa despercebido aos teólogos e educadores é que a educação é um 'óbvio não dito' na teoria do conhecimento de Calvino, que se reflete na sua prática educacional (2002, p. 1).

Para os estudiosos de Calvino, em sua primeira estada em Genebra (1536-1538), o reformador busca alterar a maneira como a educação vinha sendo administrada. Ele, juntamente com Conselhos genebrinos, procura aperfeiçoar as ambiências educacionais, bem como promover o levantamento de subsídios para a educação.

O reformador genebrino leva ao conselho municipal um "projeto educacional (1536) gratuito que se destinava a todas as crianças — meninos e meninas —, tendo com isso um grande apoio da sociedade genebrina. Dessa proposta surgiu o Collè-ge de Rive. Temos aqui, segundo Hermisten Maia Pereira da Costa, o surgimento da primeira escola primária, gratuita e obrigatória de toda a Europa (2008, p. 36).

Assim, dada essa complexidade da Reforma protestante, aliada às poucas pesquisas ligando o movimento e suas transformações na educação, nos limitamos a investigar apenas algumas das várias contribuições da Reforma protestante no campo da educação.

REFORMA NA EDUCAÇÃO

Conforme mencionamos anteriormente, essa complexidade do movimento reformado foi logo percebida pelo sociólogo francês Émile Durkheim. Ao analisar o inquieto cenário do século XVI, com suas diversas alterações e incertezas no campo da política, da economia e principalmente no campo religioso, Durkheim evidenciou as transformações no âmbito pedagógico e moral desse período (1995, p. 56). Transformações estas que ocorriam por conta das profundas mudanças no modo de produção, organização política e econômica, além das rupturas que vinham atingindo a Europa em sua ambiência medieval.

Ao estudar esse contexto, Durkheim ressalva a necessidade requerida pelo velho continente de uma nova visão acerca da educação e de um novo jeito de pensar e fazer educação. Para o sociólogo francês, Calvino e Lutero são, na verdade, os que orientarão uma educação para a vida (experiência de fé, trabalho, conhecimento prático etc.) a partir de uma nova abordagem teológica. Segundo Durkheim, ambos influenciarão de uma maneira decisiva o pensamento pedagógico da modernidade (GREGGERSEN, 2002, p. 4).

Quando Calvino chegou a Genebra, sua população girava em torno de 12 mil habitantes. Isso significa dizer que a cidade já era próspera e com um forte e estruturado comércio. André Bieler

(1970) a definiu como uma cidade que não havia proletariado urbano, ou uma classe camponesa numerosa.

Acentuamos ainda nas transformações do pensamento pedagógico ocorridas em Genebra o processo de escolarização pós-Reforma protestante. Segundo Petitat (1994, p. 76), o processo de escolarização, ou, como ele mesmo descreve, o primeiro "momento decisivo" da escolarização, tem seu início marcado pós século XVI. Os colégios formados a partir desse século possuíam dispositivos escolares, tais como: concentração dos cursos dentro dos estabelecimentos, gradação sistemática de matérias, programa centrado no latim e no grego, controle contínuo dos conteúdos adquiridos, supervisão e disciplina.

Para Lorenzo Luzuriaga, "A educação pública, isto é, a educação criada, organizada e mantida pelas autoridades oficiais — municípios, províncias, estados — começa com o movimento da Reforma religiosa".

Constatamos que o próprio colégio de Genebra foi reorganizado, dividindo-se em classes que iam do alfabeto à retórica, incluindo-se aí as gramáticas das línguas grega e latina, o estudo da história e da filosofia (a poesia e a dialética). Tudo isso acompanhado de um rígido controle de horários e de disciplina acadêmica e religiosa. Além das sessenta horas de estudos dirigidos pelos professores, os alunos eram levados aos exercícios devocionais nas quartas-feiras de manhã, onde assistiam ao culto e ouviam o sermão e, aos domingos, participavam de dois ofícios com lições do catecismo (JARDILINO, 2011, p. 6).

Uma reforma, ou uma nova forma de se ver e perceber a educação, acontece de modo prático quando se estabelece sistemas de escolas mantidas e controladas pelo Estado. Essas escolas "são alicerçadas no princípio de que tanto a família como a Igreja e o Estado deveriam ajudar não só na manutenção da educação, como também assegurar que todas as crianças frequentariam as escolas, obtendo no mínimo uma educação elementar" (MONROE, 1983).

De acordo com Botto (2001, p. 56), a Academia de Genebra se destacava pelas articulações que promovia entre a educação clássica e o pensamento sistemático e meticuloso dos reformadores:

Como reformador da Igreja Cristã, Calvino, em Genebra dos anos 30 do século XVI, também se destacaria para as autoridades municipais que, sendo a formação religiosa consequência da protestação da fé, deveria ser firmada uma escola, capaz de articular leitura, escrita e ortodoxia cristã [...] O calvinismo, nesse nível, apresentou-se como uma modificação nas estruturas mentais que regulavam não apenas a vida religiosa mas o modo de estar no mundo; e, muito particularmente, a ética no trabalho. Em 1559, Calvino agregaria o ensino de algumas escolas latinas com a reunião ginásio/ academia [...]. Seu propósito institucional supunha uma estratégia pedagógica calcada na preparação do espírito mediante uma estrita disciplina, meticulosamente planejada, com divisão de horários e de tarefas de instrução e de catecismo.

João Calvino enfatizava a importância da instrução não simplesmente para estudar a Bíblia, mas também para conhecer a ordem criada por Deus. Para ele, o estudo das artes liberais era um ato de obediência cristã, onde quer que tenham surgido comunidades reformadas, escolas foram solidamente estabelecidas pelas igrejas. A magnífica declaração feita pelos puritanos da Nova Inglaterra ao fundar Harvard é um monumento à tradição:

> Após haver Deus nos trazido salvos à Nova Inglaterra e termos construído as nossas casas, providenciado o necessário para nosso sustento, erguido lugares apropriados para cultura a Deus e instalado o governo civil, uma das coisas que, em primeiro lugar, almejávamos e buscávamos era melhorar a instrução e perpetuá-la para a posteridade, receando deixar para as igrejas, quando o ministério atual estivesse sob as cinzas, um ministério iletrado (LEITH, 1996, p. 347-8).

Tanto o currículo como a pedagogia em Genebra antes da Reforma protestante seguiam os currículos medievais, como em toda a Europa. Em 1559, Calvino e Teodoro de Beza o restauraram, tornando público o ensino desse colégio para o serviço do cidadão.

Foi desse o modelo que se espalhou a constituição de colégios protestantes na Europa dos séculos seguintes.[9]

Alister Mcgrath escreve que o programa de João Calvino envolvia "a promoção ativa de uma vida excelente por meio da exaltação da virtude". Nas palavras da pesquisadora Jamilly da Cunha Nicácio — reproduzindo Mcgrath —, Calvino encorajava os líderes da cidade de Genebra a não se tornarem absortos demais com a lei e a ordem.

Eles estavam lá para estabelecer e manter um bom sistema público de educação, para encorajar uma cultura sadia e para criar, até mesmo por meio de leis, uma atmosfera que propiciasse atitudes sociais saudáveis. Ele acreditava que uma boa moral poderia ser produzida por uma boa legislação e por uma boa organização social. Segundo Nicácio (1990, p. 12):

> A "secularização do trabalho" encontrada em Calvino envolvia trazer toda a esfera da existência humana para dentro do âmbito da santificação divina e da dedicação individual. Foi essa santificação da vida, da qual a santificação do trabalho representava o pilar principal, que impressionou os seguidores de Calvino. Em outras palavras, uma teologia completamente comprometida com a vida. Para Alister McGrath, a concepção do calvinismo passou a ser mais tarde convergente com a do cidadão, entendendo ser possível o "santo e o cidadão juntos", onde a educação teria papel de destaque nesta construção.

Educar é para Calvino a oportunidade de o homem resgatar sua verdadeira natureza, ou, como afirma na *Instituição da Religião Cristã* (II, II, 14), auxiliá-lo, iluminando-lhe a alma, adormecida no pecado em sua relação com Deus.

---

[9]De acordo com os seus intérpretes, Calvino trouxe na bagagem a experiência de docência no sistema educacional de Estrasburgo, quando ali esteve exilado, ao se fixar em Genebra e dedicou grande parte de suas energias à lida educacional, criando escolas e reformando o ensino. Mesmo sem dedicar um texto específico à educação, foi nesse campo em que sua Reforma teve sucesso mais duradouro, haja vista as repercussões do calvinismo nos países da Europa ocidental e na América do Norte (JARDILINO, 2011, p. 4).

O modelo proposto por Calvino para a educação de crianças e jovens em Genebra seria o de "formar o cidadão útil para a sociedade com base nos ensinos das Escrituras Sagradas, no domínio das línguas clássicas e nas humanidades (artes e ciências)" com o intuito de construtor de um novo mundo.

A princípio, sua estratégia era oferecer aos jovens teólogos três preleções semanais abertas ao público. Com o tempo, porém, essas palestras começaram a ser tão fortemente visitadas por teólogos e interessados de todo o mundo que Calvino decidiu fundar inicialmente uma escola ginasial, à que acabou atrelando uma academia. Embora inicialmente restrita a teólogos desejosos de aprofundarem-se no evangelho, para se equiparem para o ministério, ela acabou sendo aberta para todos os campos do saber. E Calvino procurava atender principalmente ao estudante pobre com um ensino gratuito, não medindo esforços para angariar fundos e acompanhar as obras, apesar de seu estado de saúde precário na época (GREGGERSEN, 2002, p. 7).

Mas o que mais atraía os alunos era o programa oferecido pela Academia. Já desde o início, ela apresentava um currículo estruturado da seguinte forma:

> O ensino era dividido em dois níveis: O nível inferior chamava-se *schola privata*, na qual inicialmente se ensinava a ler e escrever, em seguida francês, grego, latim e fundamentos da filosofia, finalmente ainda hebraico e principalmente filosofia e literatura. Quem fosse aprovado com sucesso nestes estudos preparatórios de sete anos, podia matricular-se no segundo nível, da *schola publica*, na qual eram oferecidas palestras e ensaios acadêmicos. No ano de morte de Calvino, a *schola privata* contava com quase 1.200 alunos e a *schola publica* com aproximadamente 300 estudantes [...] Os alunos vinham de todos os países, principalmente da França, de igrejas evangélicas para Genebra e sua academia, que espalharam o espírito de Calvino, após o seu período de preparo para o ministério, por todos os lugares do mundo daquela época (COSTA, 2008).

Quanto aos professores, a providência também foi generosa, pois, com a excomunhão de muitos excelentes doutores da Igreja Católica, os simpatizantes do calvinismo já tinham destino certo, sendo recebidos de braços abertos na Academia. Entre eles, contava-se Teodoro de Beza, que se tornaria grande amigo e sucessor de Calvino. Este elevou Beza ao posto de reitor e preferiu permanecer na condição de mero professor.

Na escola ginasial havia um professor de línguas designado para cada classe (sete no total). Assim, a Academia acabou tornando-se muito mais do que uma mera instituição de ensino (GREGGERSEN, 2002, p. 7). Nas palavras do próprio reformador:

> [...] visto que toda verdade procede de Deus, se algum ímpio disser algo verdadeiro, não devemos rejeitá-lo, porquanto o mesmo procede de Deus. Além disso, visto que todas as coisas procedem de Deus, que mal haveria em empregar, para sua glória, tudo quanto pode ser corretamente usado dessa forma? (Citado em COSTA, 2008).

Assim, a educação é reformada, ou seja, vista e revista de uma nova forma, com uma nova perspectiva, isto é, a educação deve ser um instrumento nas mãos de Deus tendo como fim último sua glória. Com essa visão, os reformadores promoveram significativos avanços na área educacional.[10]

Podemos constatar essa reforma na área educacional de uma maneira ampla, em tudo aquilo que se refere à educação[11], como, por exemplo, na literatura e produção de livros:

---

[10]Para Calvino, a instrução é uma obrigação de todos os cidadãos, um dever da Igreja e do Estado. Assim, Calvino esmera-se na reforma do modelo educativo, levando-o a reformar o colégio de Genebra segundo os ideais humanistas, ancorados na reforma religiosa. Dando sequência ao seu pensamento, ele inaugura a Academia de Genebra em 1539 como uma instituição organizadora da cultura, onde mais tarde seria a Universidade de Genebra (GREGGERSEN, 2002, p. 7).

[11]A fronteira religiosa parece um fator decisivo no tocante à posse do livro. Nada o mostra melhor que a comparação das bibliotecas das duas comunidades numa mesma cidade. Em Metz, entre 1645-1672, 70% dos inventários dos protestantes incluem livros em comparação com apenas 25% dos inventários católicos. E a distância é sempre muito acentuada, seja qual for a categoria profissional considerada: 75% dos nobres reformados têm livros, mas apenas 22% dos católicos os

A frente da Europa que possui livros estão incontestavelmente as cidades dos países protestantes. Por exemplo, em três cidades da Alemanha renana e luterana — Tübingen, Speyer e Frankfurt —, os inventários com livros constituem em meados do século 18 respectivamente 89%, 88% e 77% do total registrado. Assim, é grande a diferença em relação à França católica, seja na capital (na década de 1750 apenas 22% dos inventários parisienses incluem livros), seja na província (nas novas cidades do oeste francês a porcentagem é de 36% em 1757-1758; em Lyon, de 35% na segunda metade do século). Ao contrário, a diferença é pequena com relação a outros países protestantes — mesmo que majoritariamente rurais como, por exemplo, os da América. No final do século 18, 75% dos inventários no condado de Worcester, em Massachusetts, 63% em Maryland, 63% na Virgínia assinalam a presença de livros — o que traduz um belo progresso em comparação com o século anterior, no qual a porcentagem das melhores regiões não passava de 40% (COSTA, 2008).

Educação, formação do cidadão e vida em busca do bem maior estão conjugadas na visão reformada. Não existe um divórcio entre a educação e a vida, antes fazem parte da própria vida. A igreja deveria fazer parte do processo de construção de uma sociedade cônscia de seus direitos e deveres. Para tanto, investiria no processo educacional da formação de bons cidadãos.

De acordo com Höpfl (1982, p. 204), a Igreja era o referencial primeiro da educação:

> Ele (Calvino) fala em uma associação imediata da igreja como sendo a "mãe" e a "escola" e, em seguida, passa a descrever a sua

---

possuem, e as porcentagens são de 86% e 29% nos meios jurídicos, 88% e 50% na área médica, 100% e 18% entre pequenos funcionários, 85% e 33% entre comerciantes, 52% e 17% entre artesãos, 73% e 5% entre 'burgueses', 25% e 9% entre trabalhadores braçais e agrícolas. Mais numerosos como proprietários de livros, os protestantes também possuem mais livros: os reformados membros das profissões liberais têm em média o triplo dos seus homólogos católicos; a situação é idêntica para comerciantes, artesãos ou pequenos funcionários; e entre os burgueses a diferença é ainda maior, com bibliotecas calvinistas dez vezes mais ricas que as dos católicos (COSTA, 2008).

156 O legado de Calvino

disciplina como a "vara paterna" [...] Em todos os casos Calvino tendia a interpretar o ministério educacional da igreja como uma transcrição e transmissão precisa da doutrina, por um lado, complementada por uma audiência entusiástica, por outro.

Segundo Jose Rubens Jardilino Lima,[12] Calvino foi fortemente influenciado pelas ideias iluministas construindo uma filosofia de ensino:

> Essas influências se percebem nas intenções educacionais calvinista para as crianças e os jovens de Genebra: formar o cidadão útil para a sociedade com base nos ensinos das Escrituras Sagradas, no domínio das línguas clássicas e nas humanidades (artes e ciências), a fim de que o mesmo pudesse se tornar o **construtor de um novo mundo**. Para isso, era necessário começar pela **educação básica** [...] Os Ministros tinham a função de docência na educação elementar e secundária nos colégios de Genebra, comprometidos com o ensino das mais variadas artes e ciências, a fim de moldar em seus alunos o **cidadão**, o **bom cristão** leigo para assumir, futuramente, o governo civil e a lida secular.

Segundo Jamily, em consonância com Jardilino:

> Se não podemos falar de uma Pedagogia de Calvino, podemos, no entanto, falar de uma Filosofia educacional e de um empreendedorismo no projeto educativo da Reforma, anunciado como princípio desde quando escreveu as ordenanças, na qual via a necessidade de lançar a educação como a "semente para um tempo vindouro e preparar a juventude para o ministério e para o governo civil.

Percebemos que esse pensamento de Calvino sobre a educação tem perpassado gerações, influenciado países até os dias de

---

[12]Concepções da filosofia educativa em João Calvino. *Revista Nures*, n. 17, Janeiro / Abril 2011. Disponível em: http://www.pucsp.br/revistanures. 1 Núcleo de Estudos Religião e Sociedade – Pontifícia Universidade Católica – SP ISSN 1981-156X.

hoje. Tanto na Europa como na América, os ensinos de Calvino são relevantes na construção do cidadão, pois sua filosofia educacional baseava-se em sua teologia, ao mostrar que a razão de ser do homem é conhecer a Deus.

REFERÊNCIAS BIBLIOGRÁFICAS

ARIÈS, Philippe. *História social da família e da criança*. 2. ed. Rio de Janeiro: Guanabara,1981.

BOTO, Carlota. A modernidade do Estado-Nação. *Revista Mackenzie Educação, Arte e História da Cultura*. Ano 1, n. 1, 2001.

BIÉLER, A. *O humanismo social de Calvino*. São Paulo: Oikoumene, 1970.

———. *O pensamento econômico e social de Calvino*. São Paulo: Cultura Cristã, 2012.

CÉSAR, Elben M. Lenz. *História da evangelização do Brasil, dos jesuítas aos neopentecostais*. Viçosa: Ultimato, 2000.

CÉSAR, W. *Para uma sociologia do protestantismo brasileiro*. Rio de Janeiro. Vozes, 1973.

CALVINO, J. *Instituición de la religión cristiana*. 3. ed. FELiRé – Fundación Editorial de Literatura Reformada. Rijswijk, Paises Baixos, 1986.

CAMBI, F. *História da pedagogia*. São Paulo: Ed. Unesp, 1999.

———. (org.). *João Calvino, textos escolhidos*. São Paulo: Pendão Real, 2008.

CAMPOS, Heber Carlos de. A "filosofia educacional" de Calvino e a fundação da Academia de Genebra. In: *Fides Reformata* 5/1 (2000): 41-56.

COSTA, Hermisten Maia Pereira da. A Reforma calvinista e a educação. *Fides Reformata* XIII, n. 2 (2008): 25-48.

———. *Introdução à educação cristã*. Brasília, DF: Monergismo, 2013.

———. *Prefácio à tradução brasileira*. In: CALVINO, João. *Romanos*. Tradução de Valter Graciano Martins. São Paulo: Paracletos, 1997.

DALLABRIDA, Norberto. As Reformas religiosas e o nascimento da escolarização ocidental. *Comunicações Piracicaba*, v. 25 n. 2, p. 207-23, maio-ago 2018.

DURKHEIM. E. *A evolução pedagógica*. Porto Alegre, RS: Artes Médicas, 1995.

———. *Educação e sociedade*. Petrópolis, RJ: Vozes, 2011.

ELIAS, Norbert. *El proceso de la civilización: investigaciones sociogenéticas y psicogenéticas*. Madrid: Fondo de Cultura Economica, 1989.

FERREIRA, Valdinei Aparecido. *Protestantismo e modernidade no Brasil*: da utopia à nostalgia. São Paulo: Reflexão, 2010.

FERREIRA, Wilson Castro. *Calvino*: vida, influência, teologia. Campinas: Luz para o Caminho, 1990.

FERRARI, Márcio. Martinho Lutero o criador do conceito de educação útil. *Nova Escola*. São Paulo, n. 187, 2005.

FREITAS, Lourival Correia de. *Filosofia da educação presbiteriana: sua função ideológica e suas possibilidades utópicas.* Dissertação de Mestrado, PPGEd, Universidade Metodista de Piracicaba, 1993.

FOUCAULT, Michel. *Vigiar e punir*: nascimento da prisão. 10. ed. Petrópolis, RJ: Vozes,1993.

GARCEZ, B. N. *O Mackenzie*. São Paulo, Casa Editora Presbiteriana, 1970.

GARRIDO, Stella. A educação confessional protestante no Brasil. Rio de Janeiro. 2005. *Pedagogia em Foco*. Rio de Janeiro, ago. 2006. Disponível em: <https://pt.scribd.com/document/.../A-educacao-confessional--protestante-no-Brasil>; acesso em 5 de set. 2018.

GREGGERSEN, Gabriele. Perspectivas da educação cristã em João Calvino. *Fides Reformata*, v. 7, n. 2, 2002, p. 61-83.

HACK, O. H. *Protestantismo e educação brasileira:* Presbiterianismo e o seu relacionamento com o sistema pedagógico. São Paulo: Casa Editora Presbiteriana, 1985.

HÖPFL, Harro. *The Christian polity of John Calvin*. Cambridge: Cambridge University Press, 1982.

JARDILINO, José Rubens Lima. Concepções da filosofia educativa em João Calvino. *Revista Nures*, n. 17, Jan-Abr 2011. Disponível em: https://revistas.pucsp.br/index.php/nures/article/view/5515/3942. 1 Núcleo de Estudos Religião e Sociedade – Pontifícia Universidade Católica — SP ISSN 1981-156X.

KNUDSEN. Robert D. *O calvinismo como uma força cultural*. In: REID, Stanford (Org). *Calvino e sua influência no mundo ocidental*. São Paulo: Casa Editora Presbiteriana, 1990.

LEITH, John H. *A tradição reformada*: uma maneira de ser da comunidade cristã. São Paulo: Pendão Real, 1997.

_____. *A tradição reformada*. Trad. de Eduardo G. Faria e Gerson C. de Lacerda. São Paulo: Pendão Real, 1996.

LOPES, A. Nicodemus. (ed.) *Calvino e a Educação:* carta de princípios 2009. São Paulo: Universidade Presbiteriana Mackenzie, 2009.

LUTERO, M. Aos Conselhos de Todas as cidades da Alemanha para que criem e mantenham escolas. In: *Educação e Reforma.* São Leopoldo: Sinodal, 2000.

MANACORDA, M. A. *História da educação:* da antiguidade aos nossos dias. 9. ed. São Paulo: Cortez, 2001.

MENDONÇA, Antônio Gouvêa; VELASQUES FILHO, Próscoro. *Introdução ao protestantismo no Brasil.* São Paulo: Loyola, 1990.

MESQUITA, A N. de. *História dos Batistas no Brasil.* Rio de Janeiro,

Casa Publicadora Batista, 1962.

MESQUITA, Zuleica Coimbra. *Educação Metodista:* uma questão não resolvida. Dissertação de Mestrado, PPGEd, Universidade Metodista de Piracicaba, 1992.

MONROE, P. *História da educação.* 15. ed. São Paulo: Editora Nacional, 1983 (Coleção Atualidade pedagógica, v. 34).

NICÁCIO, Jamilly da Cunha. Atribuindo ao céu o que é humano: a solução do neopentecostalismo para os problemas no âmbito da situação humana empiricamente dada. In: MENDONÇA, Antonio G.; VELASQUES, Prócoro. *Introdução ao protestantismo no Brasil.* São Paulo: Loyola, 1990.

PETITAT. A. *Produção da escola, produção da sociedade:* análise sócio--histórica de alguns momentos decisivos da evolução escolar no ocidente. Porto Alegre, RS: Artes Médicas, 1994.

RAMALHO, J. P. *Prática Educativa e Sociedade:* um estudo de sociologia da educação. Rio de Janeiro, Zahar, 1976.

RIBEIRO, Boanerges. *Igreja evangélica e república brasileira* (1889-1930). São Paulo: O Semeador, 1991.

_____. *Protestantismo no Brasil Monárquico* (1822-1888). São Paulo: Pioneira, 1973.

SALVADOR, Rute. *Calvino e a educação.* 500 ANOS: RLCR, 2012, p. 141.

SANTOS, Lyndon de Araújo. *Protestantismo e modernidade:* os usos e os sentidos da experiência histórica no Brasil e na América Latina. Projeto História. São Paulo, n. 37, p. 179-94, dez. 2008.

SANTOS, João Marcos Leitão. Religião e educação contribuição protestante à educação brasileira 1860-1911. *Revista Tópicos Educacionais.* Recife, v. 17, n. 1-3, p. 113-51, 2007.

SELLARO, Lêda Rejane Accioly Seffaro. *Educação e religião:* Colégios protestantes em Pernambuco, 1889-1920. Dissertação de Mestrado. ME/UFPE, Recife, 1989.

SOUZA, Silas Luiz. *Pensamento social e político no protestantismo brasileiro.* São Paulo: Editora Mackenzie, 2005.

TEIXEIRA, Anísio Spinola. *Educação no Brasil.* 2. ed. São Paulo: Cia. Editora Nacional; MEC, 1976. (Atualidades Pedagógicas, v. 132.)

TROELTSCH, Ernest. *El protestantismo y el mundo moderno.* Trad. Eugenio Ímaz. México: FCE, 2005.

VALENTIN, Ismael Forte. A Reforma protestante e a educação. *Revista de Educação do CogEimE,* ano 19, n. 37, jul/dez 2010.

WALKER, W. *História da igreja cristã.* 3. ed. Rio de Janeiro; São Paulo: Juerp; Aste, 1981. v. II.

WEBER, Max. *A ética protestante e o espírito do capitalismo.* 3. ed. São Paulo: Livraria Pioneira Editora, 1983. (Biblioteca Pioneira de Ciências Sociais.)

8

A ética: noções gerais

Paulo Romeiro[1]

ENTRE TODOS QUE NASCERAM DE MULHER, não existiu nenhum tão grandioso como Calvino; nenhuma época antes dele produziu alguém igual, e em nenhuma época após ele se encontra alguém que se rivalize à sua altura. Na teologia ele permanece sozinho brilhando como uma estrela reluzente enquanto outros líderes e mestres ficam a sua volta, em grande distância — como cometas que vão fluindo pelo espaço, mas nada comparados com sua glória ou permanência. A fama de Calvino é eterna por causa da verdade que ele proclamou; e mesmo no céu, embora percamos o nome do sistema de doutrina que ele ensinou, será essa verdade que nos fará tocar nossas harpas de ouro e cantar:

— *Junto a Ele que nos amou, e em Seu sangue nos lavou de nossos pecados e que nos fez reis e sacerdotes para Deus e Seu Pai; a Ele sejam honra e domínio por toda a eternidade; pois a essência*

---

[1]Bacharel em Jornalismo pela Universidade Brás Cubas de Mogi das Cruzes, mestre em Teologia pelo Gordon-Conwell Theological Seminary, em Boston, e doutor (Ph.D.) em Ciências da Religião pela Universidade Metodista de São Paulo. É fundador e pastor da Igreja Cristã da Trindade, em São Paulo, e autor de vários livros.

do Calvinismo é que nós somos nascidos de novo, não do sangue, nem da vontade da carne, nem da vontade do homem, mas de Deus. (SPURGEON, 1983, p. 28-9).

INTRODUÇÃO

Este capítulo trata, de forma sucinta, sobre a ética calvinista e sua relevância para a igreja no contexto brasileiro.

Com o passar dos anos, o mundo foi tornando-se cada vez mais complexo, com relações coletivas e individuais desafiadoras. As descobertas científicas e o desenvolvimento de novas tecnologias que tornam a vida humana menos penosa exigem decisões e novas posturas éticas da sociedade e, principalmente, dos cristãos em geral. São questões ligadas à ecologia, às redes sociais, aos novos modelos de famílias, além das controvérsias suscitadas pela bioética. Isso tem colocado a ética no centro das discussões em todas as partes do mundo e em todos os segmentos da atualidade. Pode-se falar em ética empresarial, médica, ética da religião, da comunicação, da educação, da família etc. O que fazer? Como reagir? Que caminho seguir em tais situações? Que cosmovisão abraçar nos dias atuais?

Um mundo em transformação clama por mudanças de comportamento das pessoas na busca daquilo que é melhor para elas, como também para o grupo no qual elas estão inseridas. Este trabalho está alinhado com a cosmovisão da Reforma protestante deflagrada por Martinho Lutero na Alemanha, em 1517. O trabalho se fundamenta na vida, na obra e no pensamento de João Calvino, o reformador de Genebra.

DEFINIÇÕES

Álvaro L. M. Valls declara que ética é daquelas coisas que todos sabem o que é, mas que não são fáceis de explicar quando alguém pergunta. Valls comenta ainda:

> Tradicionalmente ela é entendida como um estudo ou uma reflexão, científica ou filosófica, e eventualmente até teológica, sobre

os costumes ou sobre as ações humanas. Mas também chamamos de ética a própria vida, quando conforme aos costumes considerados corretos. A ética pode ser o estudo das ações ou dos costumes, e pode ser a própria realização de um tipo de comportamento (1986, p. 7).

Adolfo Sánchez Vásquez afirma que ética é a ciência do comportamento moral dos homens em sociedade. Ou seja, é ciência de uma forma específica de comportamento humano. Ética vem do grego *ethos*, que significa analogamente "modo de ser" ou "caráter", enquanto forma de vida também adquirida ou conquistada pelo homem. Assim, portanto, originalmente, *ethos* e *mos*, "caráter" e "costume", assentam-se num modo de comportamento que não corresponde a uma disposição natural, mas que é adquirido ou conquistado por hábito (2017, p. 23-4).

Rodrigo Franklin de Sousa afirma que a ética se orienta para a busca de como viver bem:

> Ou seja, a ética não se preocupa apenas com o que as pessoas de fato adotam como valores morais, mas com quais valores (independentemente de já serem adotados por uma comunidade dada ou não) podem contribuir para que alcancemos o que mais adiante aprenderemos a chamar de o bem maior ou o bem comum. A ética reflete sobre condutas e práticas que promovam a otimização da vida em sociedade. Isso implica dizer que ela é uma reflexão necessária, elementar e fundamental no contexto do convívio coletivo. A reflexão ética nasce quando nos deparamos com questões implicadas com a manutenção de um bom convívio interpessoal (2016, p. 26-7).

Abbagnano apresenta dois conceitos primordiais sobre ética:

> 1ª "a que a considera como ciência do *fim* para o qual a conduta dos homens deve ser orientada e dos *meios* para atingir tal fim, deduzindo tanto o fim quanto os meios da natureza do homem".
> 2ª "a que a considera como a ciência do *móvel* da conduta humana e procura determinar tal móvel com vistas a dirigir ou disciplinar essa conduta" (2007, p. 442).

ÉTICA CRISTÃ

A ética cristã é oriunda da Bíblia Sagrada, desde a narrativa bíblica da criação, o chamado à obediência, o mandato para que o ser humano cuidasse da natureza, a instituição da família e o chamado à adoração. O Decálogo expressa as normas dos bons relacionamentos entre as pessoas e com Deus. Os reis de Israel sofriam as consequências de suas ações pecaminosas. Quando um rei desobedecia, toda a nação padecia. Os profetas denunciaram as mazelas da vida pública e privada, condenando a corrupção nos tribunais e a opressão dos pobres e vulneráveis, sempre conclamando o povo para uma vida de submissão à Palavra de Deus.

A ética cristã sempre tem relação com a conduta humana. O *Novo dicionário de teologia* afirma que o objetivo específico da ética cristã é relacionar um entendimento de Deus com a conduta dos homens e mulheres, e, mais particularmente, usar da resposta a Deus que Jesus Cristo requer e torna possível (FERGUSON, 2016, p. 393).

Segundo Alan Pallister,

> [...] qualquer análise séria do cristianismo leva à conclusão de que há uma profunda ligação entre aquilo que cremos e nossas ações. Separar a agenda (ações resultantes) da fé de sua *credenda* (princípios que a nutem) é o mesmo que inutilizar ambas. Jesus compara "quem ouve estas minhas palavras e as pratica é como um homem prudente que construiu a sua casa sobre a rocha" (Mt 7.24). Aquele que separa as palavras que ouve de seus atos é um insensato (2013, p. 38).

O Novo Testamento apresenta a ética de Jesus no sermão do monte, nas suas parábolas e no seu modo de agir. O amor ao próximo é destacado de forma enfática. O inimigo deve ser alvo do amor cristão. A perfeição é um objetivo a ser perseguido, pois o Pai celestial é perfeito (Mateus 5:48). Posições similares são encontradas nos demais livros do Novo Testamento. Paulo exorta a comunidade cristã a produzir o fruto do Espírito, tais como amor, alegria, paz, paciência, amabilidade, bondade, fidelidade, mansidão e domínio próprio, atitudes ou posturas que promovem uma convivência benéfica (Gálatas 5:22). João foi enfático ao afirmar que a pessoa que odeia o próximo é homicida (1João 3:15).

ÉTICA CALVINISTA

Carl Henry informa que a ética calvinista é baseada na revelação da Palavra de Deus e acrescenta:

> A distinção entre certo e errado não se resolve por meio de uma descoberta empírica da lei natural, como foi o caso de Aristóteles e de Tomás de Aquino, nem pelo formalismo lógico de Kant e, certamente, nem pelo cálculo impossível do utilitarismo do maior bem para maior número, mas pela revelação de Deus nos dez mandamentos. Essa revelação vem, primeiro, do ato de Deus criar o homem à sua própria imagem e dos princípios morais básicos implantados no seu coração, mais tarde violados pelo pecado; segundo, das instruções específicas dadas a Adão e a Noé, que sem dúvida ultrapassavam e expandiam a doação inata; terceiro, da revelação mais compreensiva dada a Moisés; e, quarto, dos diversos preceitos subsidiários dados no restante da Bíblia (2007, p. 231).

Stanley J. Grenz e Jay T. Smith comentam:

> [...] o ponto de vista ético que começou com os adeptos da Reforma, Martinho Lutero e Ulrich Zwingli, no século XVI, continuou através de João Calvino e da Reforma Inglesa. Na fundação da ética da Reforma se acha o ensinamento de que os homens são incapazes de agradar a Deus a não ser pela graça divina concedida em Cristo, e que a vida ética aflora do trabalho do de regeneração do Espírito Santo [...] A ética da Reforma enfatiza a graça e a santidade de Deus, o que é visto como exigindo uma resposta pessoal que leva à autodisciplina, à temperança e à sobriedade (2005, p. 54).

Nelson D. Kloosterman aponta pelo menos duas dificuldades quando se tenta escrever algo significativo sobre João Calvino e a ética cristã:

166   **O legado de Calvino**

A primeira é que, assim como outros reformadores, o tratamento de Calvino acerca de moralidade encontra-se espalhado por todos os seus escritos, de modo que seus posicionamentos éticos estavam entrelaçados com suas exposições doutrinárias. Entretanto, o desafio de sistematizar o pensamento moral de Calvino foi atingido de forma muito competente por diversas pesquisas recentes ou compêndios de seu pensamento sobre ética. O segundo desafio, que surge do primeiro, está em selecionar um tema para organizar o ensino de Calvino em um sistema que ele nunca nos forneceu. Vários pesquisadores têm focado nos conceitos próximos ao cerne do entendimento moral de Calvino que podem ajudar a iluminar o relacionamento entre os temas, tais como os conceitos de igualdade, o reino de Deus ou o pacto. Outros têm arrazoado que não há nenhuma doutrina básica da qual derivar o conjunto todo da teologia de Calvino. Semelhantemente pode-se dizer que o ensinamento moral de Calvino não tem um único conceito básico que determina o todo (*in:* BEEKE, 2017, p. 205-6).

A história de Calvino é marcada pela luta contra a tirania dos governantes, as heresias, a escravatura, contra o combate à ociosidade, ao lucro abusivo, à exploração dos trabalhadores e aos abusos do poder do dinheiro. Com isso em mente, Calvino coloca muita ênfase no respeito e amor ao próximo, algo presente nos lábios de Jesus durante o Sermão do Monte (Mateus 5—7) e em outros momentos de sua vida e ministério. Ao ser indagado por um escriba sobre qual seria o principal de todos os mandamentos, Jesus lhe respondeu:

> O principal é: Ouve, ó Israel, o Senhor, nosso Deus, é o único Senhor! Amarás, pois, o Senhor, teu Deus, de todo o teu coração, de toda a tua alma, de todo o teu entendimento e de toda a tua força. O segundo é: Amarás o teu próximo como a ti mesmo. Não há outro mandamento maior do que estes (Marcos 12:29-31).

Seguindo os passos de Jesus, Calvino realça que a essência da lei é ter fé em Deus e amor ao próximo. Para ele, o próximo é toda e qualquer criatura humana:

Afirmo, porém, que se deve abraçar com um só afeto de caridade a todo gênero humano, sem qualquer exceção, porquanto aqui não há nenhuma distinção de bárbaro ou grego, de digno ou indigno, de amigo ou inimigo, visto que devem ser considerados, não em si mesmos, consideração esta da qual, quando nos desviamos, não surpreende que nos emaranhemos em muitos erros (CALVINO, 2006, vol. 2, p. 176).

A exemplo dos profetas do Antigo Testamento, Calvino e outros reformadores se levantaram contra o juro perverso, a usura e a ganância dos poderosos na exploração dos mais fracos. André Biéler informa sobre os seus esforços para a legitimação do empréstimo a juros:

Calvino e Bucer são, com efeito, os primeiros teólogos cristãos da era moderna que, graças à grande perspicácia na análise dos mecanismos econômicos e inabalável vontade de submetê-los aos imperativos de ética que reflita a vontade Deus, legitimaram moralmente a prática do empréstimo a juros. Cercaram-no, porém, de muitas precauções e restrições, a fim de impedir que se transforme em fonte de destruição das relações sociais e liberdades humanas. Recomendaram ao legislador assegurar, mediante lei, essa autoridade, para evitar que a liberdade desenfreada de uns destrua a preciosa liberdade dos outros (1999, p. 132).

JOÃO CALVINO HOJE

Várias obras surgidas recentemente enfatizam a importância do pensamento de João Calvino para o bem do cenário político atual, sua contribuição para a economia de mercado, direitos e liberdades civis e sua contínua influência sobre a igreja e a sociedade em diferentes partes do globo.[2]

---

[2]HALL, David W. *Calvino em praça pública*. São Paulo: Cultura Cristã, 2017; HALL, David W.; BURTON, Mathew D. *Calvino e o comércio*. São Paulo: Cultura Cristã, 2017; HALL, David W.; PADGETT, Marvin. *Calvino e a Cultura*. São Paulo: Cultura Cristã, 2017.

168 O legado de Calvino

Um dos aspectos da cultura brasileira é o da transgressão, onde ainda impera a chamada "lei de Gérson",[3] tão comentada na mídia em suas diversas modalidades. Ela expressa a busca das pessoas para levar vantagem em tudo, geralmente em detrimento do bem-estar alheio. O Brasil é o país dos motoristas alcoólatras, dos sinais de trânsitos desrespeitados, da corrupção e da impunidade que se instalaram nas entranhas da sociedade e em todas as esferas da nação. Salvo algumas exceções, as leis são continuamente quebradas sem maiores consequências. A violência faz suas inúmeras vítimas em todo o território nacional e a maioria dos crimes não são investigados. Roberto DaMatta constata:

> Nos Estados Unidos, na França e na Inglaterra, somente para citar três bons exemplos, as regras ou são obedecidas ou não existem. Nessas sociedades, sabe-se que não há prazer algum em escrever normas que contrariam e, alguns casos, aviltam o bom senso e as regras da própria sociedade, abrindo caminho para a corrupção burocrática e ampliando a desconfiança no poder público. Assim, diante dessa enorme coerência entre a regra jurídica e as práticas da vida diária, o inglês, o francês e o norte-americano param diante de uma placa de trânsito que ordena parar, o que — para nós — parece um absurdo lógico e social, pelas razões já indicadas. Ficamos, pois, sempre confundidos e, ao mesmo tempo, fascinados com a chamada disciplina existente nesses países (1984, p. 97).

Muitas das mazelas que afligem a sociedade brasileira se transportam para dentro dos portais da religião, produzindo uma geração de líderes gananciosos e manipuladores. Tudo isso resulta

---

[3]A expressão nasceu em meados da década de 1980, quando o jornalista Maurício Dias entrevistava o professor e psicanalista pernambucano Jurandir Freire Costa para a revista *Isto É*. Ao cunhar a expressão "Lei de Gérson", Maurício Dias fez alusão à propaganda televisiva de 1976 feita por Gerson, jogador da Seleção Brasileira de Futebol e tricampeão da Copa do Mundo de 1970. Perguntado pelo entrevistador porque escolheu os cigarros Vila Rica, Gerson reponde: "Por que pagar mais caro se o Vila me dá tudo aquilo que eu quero de um bom cigarro? Gosto de levar vantagem em tudo, certo? Leve vantagem você também, leve Vila Rica!" (ribeiraopretoculturaljaf.blogspot.com). Acesso em: 4 nov. 2020.

numa igreja sem fidelidade bíblica e sem credibilidade doutrinária e ética. James Carter E. Carter e Joe E. Trull comentam:

> A atual crise da ética ministerial reflete a presente época e, ao mesmo tempo, exerce influência sobre a sociedade. No púlpito, o fiasco ético afeta quem ocupa os bancos da igreja. De modo simultâneo, a conduta dos líderes religiosos parece refletir o declínio geral da moralidade no âmbito leigo. Vivemos dias de impunidade na política, negociações na bolsa de valores baseadas em informação privilegiada, escândalos corporativos e manipulação da mídia. Dessensibilizadas por essa realidade, as pessoas raramente se espantam quando ouvem falar de um pastor imoral (2010, p. 14).

Além da crise ética que assola grande parte da igreja na atualidade, existe também a crise doutrinária, que passou a dominar muitos de seus púlpitos. A teologia da prosperidade, o triunfalismo e o materialismo que se alojaram na mente e na pregação de seus pastores incitam os fiéis a priorizar os bens terrenos em detrimento dos tesouros eternos. Tudo isso tem transformado uma boa parte da igreja brasileira numa instituição mundana, corrupta e alienada da Palavra de Deus, com seus líderes gananciosos e manipuladores. Pedro advertiu sobre isso: "Também, movidos por avareza, farão comércio de vós, com palavras fictícias" (2Pedro 2.3).

Calvino já havia alertado, há séculos, os cristãos sobre os perigos de abraçar este mundo com muito ardor:

> Com qualquer gênero de tribulação, porém, de que sejamos pressionados, é preciso levar sempre em conta este fim: que nos acostumemos ao menosprezo da presente vida e daí sejamos despertados à meditação da vida futura. Pois, uma vez que Deus sabe muito bem quão desmedidamente somos por natureza inclinados a um amor animalizado por este mundo, ele aplica razão apropriadíssima para nos retrair e sacudir nosso desânimo, a fim de que não nos apeguemos demasiado tenazmente a esse amor [...] Com efeito, se examinares os planos, os esforços, os feitos de cada um, outra coisa aí não verás senão terra (2006, vol. 3, p. 184).

Ao afirmar que a liberdade cristã não propicia os excessos da ostentação e do luxo, como pretendem os espíritos imoderados, Calvino adverte:

> Portanto, ponham fim à cobiça imoderada, ponham fim ao esbanjamento descomedido; ponham fim à vaidade e à arrogância, para que, com uma consciência pura, usem com pureza os dons de Deus. Quando o coração se afeiçoar a esta sobriedade, então eles terão a regra do uso legítimo. Por outro lado, se esta moderação estiver ausente, todos os deleites vulgares e comuns serão desmedidos [...] E assim, viva cada um em sua condição, ou pobremente, ou modestamente, ou abastadamente, de tal modo que todos se lembrem de que são alimentados por Deus para que vivam, não para que se esbaldem no luxo. E pensem que nisto consiste a lei da liberdade cristã (2006, vol. 3, p. 309).

Vários reformadores — entre eles Calvino — buscavam viver longe de ostentações e mais próximos da simplicidade. Sobre isso, André Biéler acrescenta:

> Sentindo-se eles próprios solidários com as criaturas mais miseráveis, vivem os reformadores em extrema simplicidade, vizinha da pobreza. Acha-se, constantemente, nos registros do Conselho a menção de tentativas feitas pelos magistrados, sensibilizados com a sua penúria, de vir-lhes em ajuda; estas autoridades esbarram geralmente em polida recusa da parte de seus guias espirituais, que se desculpam de não poder aceitar, pois há tantos que são ainda mais desafortunados que eles (BIÉLER, 2012, p. 216-7).

A teologia do "pare de sofrer", do "comer o melhor da terra" ou "eu não aceito isso ou aquilo", tão difundida no Brasil, não se harmoniza com a vida e o pensamento do reformador. Calvino enfrentou muitas lutas, perseguições e sofrimentos ao longo de sua vida. Sua saúde era frágil e entrou em declínio em 1555. Numa carta escrita aos médicos, relatou:

A ética: noções gerais 171

Nessa época eu não era atacado por dores de arritmia, e nada sabia de pedras ou litíase — não era atormentado pela tortura da cólica, nem afligido com hemorroidas ou ameaçado com expectoração de sangue. Atualmente, todas essas enfermidades são como tropas a me assaltar. Logo que me recuperei de uma febre quartã, fui tomado por dores severas e agudas na panturrilha das minhas pernas, as quais, depois de parcialmente aliviadas, voltaram pela segunda e terceira vez. Por fim, elas degeneraram em uma doença nas minhas articulações, que se espalhou dos pés aos joelhos. Uma úlcera nas veias das hemorroidas causou-me sofrimentos excruciantes por muito tempo, e ascarídeas intestinais me submeteram a dolorosas titilações, embora agora esteja aliviado dessa doença vermicular. Contudo, logo após o último verão, tive um ataque de nefrite. Como não podia suportar os solavancos da cavalgada, fui transportado pelo país em uma maca. Ao retornar, preferi realizar parte da jornada a pé. Mal avançara uma milha quando fui obrigado a repousar, pela lassidão nos rins. Então, para minha surpresa, descobri ter excretado sangue em lugar de urina. Assim que cheguei em casa, deitei-me em minha cama. A nefrite me trouxe uma dor extraordinária, da qual só obtive alívio parcial pela aplicação de remédios. Por fim, não sem os mais dolorosos esforços, expeli um cálculo que até certo ponto mitigou meus sofrimentos, mas tal era seu tamanho que lacerou o canal urinário e uma copiosa hemorragia se seguiu. Essa hemorragia só pôde ser detida por uma injeção de leite com uma seringa. Depois disso, expulsei muitos outros cálculos, e o opressivo entorpecimento dos rins é sintoma suficiente de que ainda há alguns restos de cálculo úrico. É afortunado, contudo, que partículas minúsculas ou de tamanho moderado estejam sendo expelidas. Meu estilo de vida sedentário, ao qual estou condenado pela gota em meus pés, inviabiliza qualquer esperança de cura. Também estou impedido de fazer exercícios a cavalo por causa das hemorroidas. Acrescente-se às minhas queixas que qualquer alimento que ingira torna-se fleuma se imperfeitamente digerido, o que, pela densidade, fixa-se como cola em meu estômago (REEVES, 2016, p. 139-40).

O culto à personalidade domina grande parte da religiosidade no Brasil e em outras partes do mundo. A transformação de seres humanos em ídolos acontece em todas as atividades humanas, seja nas artes, na política, nos esportes e na religião. As pessoas endeusam seus líderes. Não foi assim com Calvino. O reformador não buscava honras para si e nunca promoveu uma veneração em torno de sua pessoa. Até hoje não se sabe onde está seu túmulo. Reeves constata:

> Calvino jamais seria uma celebridade cristã: um intelectual avesso a câmeras, ele sempre evitava os holofotes. Seus retratos aprestam um rosto magro, a cabeça pulsante coberta com uma simples boina preta, e olhos notavelmente intensos. [...] Como não tinha o desejo de tornar-se uma relíquia ou ídolo, Calvino solicitou que fosse enterrado no cemitério comum, em um sepulcro anônimo. Sem glamour, sem lápide: típico de Calvino (2016, p. 110, 141).

O LEGADO DE JOÃO CALVINO

Joel Beeke comenta que Calvino não fez nada tão dramático quanto curar um homem com sua sombra ao passar por ele, nem pregou suas *Institutas da religião cristã* na porta de uma catedral. Então, por que ele é importante hoje? Por que comemoramos o seu legado? O que ele ensinou e fez para merecer uma lembrança perpétua na igreja de Jesus Cristo? Beeke fez essa pergunta a três dúzias de amigos e recebeu dezenas de páginas com respostas que revelaram os diferentes papéis desempenhados por Calvino:

- Calvino, o historiador, que desvelou a história redentora para nós;
- Calvino, o polemista, que combateu erro e a heresia de todos os lados;
- Calvino, o peregrino, que ansiava pelo lar com esperança escatológica;
- Calvino, o tradicionalista, que respeitava a tradição até onde ela fosse bíblica;

- Calvino, o catequista, que enfatizava a necessidade de se discipular crianças;
- Calvino, o diácono, que mostrou simpatia para com os pobres;
- Calvino, o vocacionalista, que desenvolveu um sentido de sacralidade do trabalho;
- Calvino, o promotor da lei, que ensinou a lei como uma regra de vida para os cristãos;
- Calvino, o autor, que promoveu o reino de Deus por meio de dezenas de escritos acerca de um número surpreendente de assuntos. (2017, p. 249-50).

A influência de Calvino foi vasta na Suíça e em todas as regiões atingidas pela Reforma protestante. Seu pensamento teológico e sua ética permeiam o campo da economia, literatura, filosofia, política, ciência e da vida em família e sociedade, sem perder a sua importância com o passar do tempo.

A produção literária de João Calvino foi vasta e dela pode-se extrair suas ideias e posições que contribuíram para a construção de uma ética protestante e para outras áreas do conhecimento. Dentre suas publicações, *As institutas* é a que mais se destaca. Nela, Calvino tratou de uma grande variedade de temas ligados as doutrinas do cristianismo, uma refutação intensa do catolicismo romano, da relação entre o poder civil e o poder espiritual, as guerras, a resistência ao Estado quando necessária e o amor ao próximo. É difícil encontrar algum tema sobre o qual Calvino não possa ser ouvido.

Calvino não foi perfeito. Ao longo do tempo, ele se tornou uma figura respeitada e questionada ao mesmo tempo. Nele, encontramos virtudes e falhas, como apontam muitos de seus críticos. Entretanto, Deus honrou esse homem. Ele é constantemente citado nas academias em trabalhos acadêmicos e doutrinários, nos púlpitos das igrejas e em reuniões menores. Com isso, Calvino deu origem a uma nova forma de pensar a teologia, o calvinismo, e a um novo ser, o calvinista.

A pesquisa de Beeke (2017, p. 250-80) destaca a importância do pensamento, da vida e da obra de Calvino para a igreja e para a sociedade em geral como educador, teólogo social, evangelista, pastor de almas, pietista, comentarista das Escrituras, trinitariano, pregador, teólogo, cristão e exegeta. A influência de Calvino tem sido enorme no mundo ocidental e se expandirá para todo o globo, impulsionada pela criação de novas tecnologias que reduzem distâncias e facilitam a comunicação.

CONSIDERAÇÕES FINAIS

Há muito material ainda para se estudar e conhecer sobre a ética calvinista, porém o espaço concedido aqui não permite um olhar mais amplo sobre o tema. João Calvino viveu pela Bíblia e para a Bíblia. Priorizou Deus e sua Palavra sem desprezar o mundo. Foi barro nas mãos do oleiro. Nele se cumpriu também a palavra de Deus dita ao apóstolo Paulo: "A minha graça te basta, porque o poder se aperfeiçoa na fraqueza" (2Co 12:9). Muitas pesquisas e publicações futuras revelarão mais e mais o fruto do seu trabalho e sua eficácia para a geração atual e as do porvir.

BIBLIOGRAFIA

ABBAGNANO, Nicola. *Dicionário de filosofia*. São Paulo. Martins Fontes, 2007.

BEEKE, Joel R. (Org.). *Calvino para hoje*. São Paulo: Cultura Cristã, 2017.

BIÈLER, André. *A força oculta dos protestantes*. São Paulo: Cultura Cristã, 1999.

_____. *O pensamento econômico e social de Calvino*. São Paulo: Editora Cultura Cristã. 2012.

CALVINO, João. *As Institutas*. São Paulo: Editora Mundo Cristão, 2006.

CARTER, James E. & TRULL, Joe E. Ética ministerial: Um guia para a formação moral de líderes cristãos. São Paulo: Vida Nova, 2010.

DaMATTA, Roberto. *O que faz o brasil, Brasil*. Rio de Janeiro: Editora Rocco, 1984.

FERGUSON, Sinclair B. *et al. Novo dicionário de teologia*. São Paulo: Hagnos, 2011.

GRENZ, Stanley J. *Dicionário de ética*. São Paulo: Editora Vida, 2005.

HALL, David W. *Calvino em praça pública*. São Paulo: Cultura Cristã, 2017.

HALL, David W. *Calvino e o comércio*. São Paulo: Cultura Cristã, 2017.

HALL, David W. & PADGETT, Marvin (org.). *Calvino e a cultura*. São Paulo: Cultura Cristã, 2017.

HENRY, Carl. *Dicionário de Ética Cristã*. São Paulo: Cultura Cristã. 2007.

PALLISTER, Alan. *Ética Cristã hoje:* vivendo um cristianismo coerente em uma sociedade em mudança rápida. São Paulo: Publicações Shedd, 2013.

REEVES, Michael. *A chama inextinguível*: descobrindo o cerne da Reforma. Brasília, DF: Monergismo, 2016.

SOUSA, Rodrigo Franklin de. Ética e cidadania: em busca do bem na sociedade plural. São Paulo: Editora Mackenzie, 2016.

SPURGEON, Charles. *C H Spurgeon Autobiography 2*: The Full Harvest. Edimburgo. The Banner of Truth Trust, 1983.

VALLS, Álvaro L. M. *O que é ética*. São Paulo: Brasiliense, 1986.

VÁSQUEZ, Adolfo Sánchez. Ética. Rio de Janeiro: Civilização Brasileira, 2017.

9

A ética social

Hermisten Maia Pereira da Costa[1]

SE AS REFORMAS DE CALVINO desempenharam um papel central na história do Ocidente, elas o fizeram não por serem princípios de organização que moldaram desenvolvimentos políticos e econômicos, e sim por causa de suas exigências de que os crentes e as congregações conformassem, individualmente, sua vida à Palavra de Deus (HART, 2010, p. 77).

Desde o princípio, a Reforma foi um movimento tanto religioso quanto ético (BAVINCK, 2012, v. 4, p. 180).

As matrizes de nosso pensamento conferem determinado sentido à realidade por ela ser percebida como tal. A realidade é o que é; no entanto, nós a percebemos mediante contornos conferidos e mediados por nossa experiência. No que acreditamos, de certa forma, determina a construção de nossa identidade. Todos temos a nossa filosofia, adequada ou não, de vida. Essa filosofia é a nossa cosmovisão. É essa cosmovisão que nos permite ser como somos,

---

[1]Hermisten Maia Pereira da Costa integra a equipe de pastores da Primeira Igreja Presbiteriana do Brasil em São Bernardo do Campo, SP.

A ética social 177

fornecendo elementos de padronização para a nossa cultura e, também, a nossa percepção do mundo.[2]

Schaeffer (1912-1984) está correto ao declarar que "as ideias nunca são neutras ou abstratas. Têm consequências na maneira como vivemos e agimos em nossa vida pessoal e na cultura como um todo" (2010, p. 258).[3] Toda cosmovisão traz consequências episte-mológicas determinantes em nossas pesquisas[4] e em nossa conduta.

Toda declaração teológica sincera, além de seus condicionantes teológicos e contextuais,[5] traz consigo implicações éticas. Isso é evidente no pensamento de Calvino (1509-1564). Ainda que o aspecto teológico seja o fundamental, a teologia não termina em si mesma, mas culmina em relações com Deus e com o nosso próximo.

Biéler (1914-2006) capta bem isso em lugares diferentes:

> A Reforma de Calvino é, de princípio e essencialmente, uma reforma teológica; tem em mira em primeiro lugar as relações do homem com Deus. Não é senão secundariamente, e em consequência destas relações, que a Reforma assume teor moral, social, político e econômico. [...] O homem é primariamente determinado em seu comportamento moral e social por suas relações com Deus; são elas que lhe comandam o destino e lhe condicionam a vida individual e social. [...] Calvino, de fato, não é nem um moralista, nem um jurista, nem um sociólogo, nem um economista; é ele um teólogo e homem da Igreja, cônscio de todas as implicações humanas do Evangelho, persuadido de que o Conselho de Deus, de Quem

---

[2]"Cosmovisões deveriam não apenas ser testadas em uma aula de filosofia, mas também no laboratório da vida. Uma coisa é uma cosmovisão passar no teste teórico (razão e experiência); outra é passar no teste prático. As pessoas que professam uma cosmovisão podem viver consistentemente em harmonia com o sistema que professam? Ou descobriremos que elas foram forçadas a viver segundo crenças emprestadas de sistemas concorrentes? Tal descoberta, eu acho, deveria produzir mais do que embaraço" (NASH, 2008, p. 29).
[3]Veja-se também: SCHAEFFER, 2003, p. 11.
[4]"Sem dúvida, há uma possibilidade acentuada de que, no estudo dos motivos professados pelos cientistas, estejamos lidando com racionalizações, com derivações, mais do que com formulações acuradas dos verdadeiros motivos" (MERTON, 2013, p. 16). Vejam-se também: BAVINCK, 2012, v. 1, p. 43; TIL, 2010, p. 23.
[5]Cf. BAVINCK, 2012, v. 1, p. 82; MACGRATH, 2014, p. 22.

ele é ministro, não pode deixar de lado nenhum problema humano (1990, p. 257).

Na Teologia Reformada, a ética não tem autonomia. Recebe toda sua substância e sua vida da teologia, da qual depende totalmente a este respeito. A ética não existe sem a teologia (2015, p. 27).

Fé e ação são absolutamente inseparáveis na ética calviniana. E esta ética não se contenta com ações "caritativas" individuais, pois abarca toda a vida política coletiva no sentido mais amplo do termo, englobando as atividades econômicas e todas as relações sociais (2015, p. 30).

As cartas de Calvino e seus sermões revelam uma preocupação eminentemente pastoral, além de uma coerência de pensamento amparada nas Escrituras. A sua fé e prática eram decorrentes de sua compreensão bíblica. Não é de se estranhar que, próximo do final da vida, depois de um ministério profícuo em Genebra (1536-1538; 1540-1564), no leito, tendo os ministros da cidade à sua volta, despede-se (28/4/1564) e lhes diz o que, de maneira empírica, já sabiam pelo convívio com ele: "A respeito de minha doutrina, ensinei fielmente e Deus me deu a graça de escrever. Fiz isso do modo mais fiel possível e nunca corrompi uma só passagem das Escrituras, nem conscientemente as distorci" (CALVIN, 1948, p. 42-3).[6]

PROVIDÊNCIA E ÉTICA

A ética de Calvino tem como um de seus fundamentos a doutrina da providência. Crê que é impossível uma vida cristã autêntica sem o descanso proveniente da confiança subjetiva no cuidado de Deus:

Quem quer que não confie na providência divina, bem como não encomende sua vida à fiel diretriz dela, ainda não aprendeu corretamente o que significa viver. Em contrapartida, aquele que confiar

---

[6]Cf. COSTA, 2009, p. 26-7; 122.

a guarda de sua vida ao cuidado divino, não duvidará de sua segurança mesmo em face da morte (CALVINO, 1999, v. 2, p. 16).

Ele está convencido de que:

> [...] a regra que devemos observar, quando estamos em angústia e sofrimento, é esta: que busquemos conforto e alívio só na providência de Deus, porque, em meio às nossas agitações, apertos e preocupações, devemos encher-nos da certeza de que sua função peculiar consiste em prover alívio ao miserável e aflito (CALVINO, 1999, v. 1, p. 205).

O fato amplamente experimentado por todos os cristãos é que a doutrina da providência propicia ao crente "o melhor e mais doce fruto" (CALVINO, 1985-1989, I.17.6) resultante da compreensão de que tudo está sob o controle cuidadoso e amoroso de Deus. Nada acontece por casualidade: para o cristão, não há lugar para "azar", "sorte" ou "acaso".

"Aqueles que desejam suscitar ódio para com esta doutrina, caluniam-na de ser o dogma do destino dos Estoicos [...]", rebate Calvino (ibidem, I.16.8).[7] Em outro trecho: "Longe estará do coração dos cristãos aceitar o todo e distorcido consolo dos filósofos pagãos que tentam se endurecer contra as adversidades, culpando a si mesmos da sorte e do destino" (2000, p. 44). E ainda: "A providência de Deus, qual é ensinada na Escritura, é o oposto da sorte e dos acontecimentos atribuídos ao acaso. [...] Todos e quaisquer eventos são governados pelo conselho secreto de Deus" (CALVINO, 1985-1989, I.16.2).[8]

Para os cristãos, permanece o princípio de que aquilo que nos parece contingente ou circunstancial não escapa à direção e ao

---

[7]"Os que querem tornar esta doutrina odiosa a caluniam dizendo que ela se identifica com o paradoxo dos estoicos, segundo o qual todas as coisas sucedem necessária ou inevitavelmente" (CALVINO, 2006, v. 3, p. 74).

[8]"Faz parte de seu [de Davi] propósito também exortar os fiéis a uma consideração da providência de Deus, para que não hesitem em lançar sobre ela toda a sua preocupação" (CALVINO, 1999, v. 2, p. 222).

controle de Deus, visto que ele nada faz sem razão e nada ocorre sem o seu sábio controle. Portanto, em vez de sermos supersticiosos, devemos ser confiantes em Deus e em suas promessas.

O Senhor dirige todas as coisas de forma pessoal, sábia e amorosa! A certeza do cuidado de Deus é suficiente para acalmar a nossa ansiedade e a nos alegrar nele:

> Não há outro método de aliviar nossas almas da ansiedade, senão repousando sobre a providência do Senhor [...]. Nossos desejos e petições devem ser oferecidos com a devida confiança em sua providência, pois quem há que ore com clamor de espírito e que, com inusitada ansiedade e vencido pela inquietação, parece resolvido a ditar termos ao Onipotente? Em oposição a isso, Davi a recomenda como sendo a devida parte da modéstia em nossas súplicas para que transfiramos para Deus o cuidado daquelas coisas que pedimos, e não pode haver dúvida de que o único meio de refrear nossa excessiva impaciência é mediante a absoluta submissão à divina vontade quanto às bênçãos que queremos nos sejam concedidas (CALVINO, 1999, v. 2, p. 488-9).[9]

Daí a importância de mantermos nossa fé amparada em Deus, que cuida de nós não nos sendo indiferente: "Quando nada senão destruição se manifestar ante nossos olhos, para qualquer lado que nos viremos, lembremo-nos de erguê-los em direção do trono celestial, donde Deus vê tudo o que se faz aqui embaixo" (CALVINO, 1999, v. 1, p. 184).

Qual a implicação ética disso tudo? Indiferença? Não. Analisemos esse ponto.

A compreensão de Calvino a respeito da direção de Deus sobre todas as coisas, ao contrário do que poderia parecer, não o leva à ociosidade, ou a um tipo de perspectiva fatalista afirmando que nada podemos fazer a não ser nos contentar com o que está

---

[9]"O Deus que governa o mundo por sua providência o julgará com justiça. A expectativa disto, devidamente apreciada, terá um feliz efeito na disposição de nossa mente, acalmando a impaciência e restringindo qualquer disposição ao ressentimento e retaliação em face de nossas injúrias" (CALVINO, 1999, v. 2, p. 584).

previamente fixado por uma causa sobrenatural. Pelo contrário, sua compreensão de providência de Deus inspira-o ao trabalho, consciente de que somos instrumentos de Deus para a execução do seu sábio e eterno propósito. Esta doutrina tem, dessa maneira, uma "urgência pragmática" para todo o povo de Deus. O tempo é um recurso precioso que Deus nos concede para o progresso em todas as esferas de nossa vida.[10]

A ética de Calvino leva em questão duas necessidades básicas: 1) a consideração sobre o drama da existência humana, sujeita ao pecado e à morte — o pecado afetou a integralidade do homem;[11] 2) explorar as implicações de nossa fé: responsabilidade humana.[12] (Cf. FUCHS, 2008, p. 223ss.).

O pecado tende a anestesiar a nossa consciência nos acomodando à paisagem de miséria cotidiana nas diversas molduras de nossa existência. A Palavra, no entanto, desperta nossa consciência.

Assim, a certeza do cuidado de Deus não nos deve conduzir à letargia, antes, deve nos tornar agentes desse cuidado. Devemos ter em vista que o cuidado de Deus envolve pessoas das quais ele cuida e, ao mesmo tempo, pessoas por meio das quais ele assiste. Desse modo, somos agentes ordinários de Deus — ainda que não tenhamos o discernimento constante desse fato em nossas ações — no seu socorro. Muitas vezes, em nossas ações ordinárias estamos sendo agentes de Deus em resposta a orações dos fiéis.

Existe ética porque há um Deus providente. A ética cristã é uma resposta à certeza do cuidado de Deus. Somos responsáveis diante de Deus por levar adiante o que nos compete, dentro de nossa esfera: "Se o Senhor nos confiou a proteger a nossa vida, que a cerquemos de cuidados; se oferece recursos, que os usemos; se nos previne de perigos, a eles não nos arrojemos temerariamente; se fornece remédios, não os negligenciemos" (CALVINO, 1985-1989, I.17.4. Cf. também I.17.9).

---

[10]Cf. COSTA, 2008, v. 4, p. 6-9.
[11]Cf. CALVINO, 1985-1989, II.1.9,12; II.3.5; 1999, v. 2, p. 431; p. 579; 1998b, p. 51-2; 134-5. "Por causa do coração, totalmente embebido com o veneno do pecado, o homem nada pode gerar além dos frutos do pecado" (CALVINO, 2003, p. 16).
[12]Cf. FUCHS, 2008, p. 223ss.

A lei de Deus revela o nosso pecado, evidenciando sua gravidade (cf. CALVINO, 1985-1989, II.7.6) e aponta-nos o caminho proposto por Deus. A lei moral permanece:

> A lei moral de Deus é a verdadeira e perpétua regra de justiça, ordenada a todos os homens, de todo e qualquer país e de toda e qualquer época em que vivam, se é que pretendem reger a sua vida segundo a vontade dele. Porque esta é a vontade eterna e imutável de Deus: que ele seja honrado por todos nós, e que todos nós nos amemos uns aos outros (CALVINO, 2006, v. 4, p. 160).

A lei, portanto, nos conduz à graça, que brilha de forma magnífica na face de Cristo.

A ética cristã é fortemente marcada pela certeza de que a nossa salvação é por graça. Pertence totalmente a Deus e, ao mesmo tempo, pela consciência da necessidade de sermos obedientes à lei de Deus: "Um cristão medirá todas as suas ações por meio da lei de Deus, seus pensamentos secretos estarão sujeitos à sua divina vontade" (CALVINO, 2000, p. 31). A graça não se torna uma carta de alforria que nos liberta para a prática do pecado sem culpa.

A salvação é totalmente pela graça, contudo, essa salvação, libertação do domínio do pecado, não nos conduz a uma ética anomista (sem lei), mas sim a um compromisso de fé, de busca de coerência entre o crer, fazer e ensinar, na certeza de que somos agentes da providência de Deus, convictos de que temos a responsabilidade de viver à altura de nossa fé no Senhor Jesus Cristo, moldando a nossa ética pela Palavra de Deus. Em outras palavras: a santificação se reflete em nossa ética.

PRINCÍPIOS PARA UMA ÉTICA SOCIAL CRISTÃ NA RIQUEZA E NA POBREZA: UMA LITURGIA DE VIDA

Calvino, interpretando Hebreus 13:16, entende que os benefícios que prestamos aos homens se constituem parcialmente em culto a Deus, sendo isso uma grande honra que Deus nos concede. Não amar ao nosso próximo constitui-se uma ofensa a Deus e às pessoas. Por outro lado, o nosso auxílio recíproco revela a unidade do Espírito em nós.

> Embora Deus não possa receber de nós nenhum benefício, no entanto considera nosso ato de invocar seu Nome como Sacrifício; aliás, como o principal dos sacrifícios, que supre a falta de todos os demais. Além disso, sejam quais forem os benefícios que façamos pelos homens, Deus os considera como feitos a Ele próprio, e lhes imprime o título de sacrifício, para que fique evidente que os elementos da lei são agora não apenas supérfluos, mas até mesmo nocivos, uma vez que nos desviam da genuína forma de sacrificar.
>
> Em suma, o significado consiste em que, se porventura queremos oferecer sacrifício a Deus, então devemos invocar seu Nome, fazer conhecida sua munificência por meio de ações de graça e fazer o bem aos nossos irmãos. Esses são os verdadeiros sacrifícios com os quais os verdadeiros cristãos devem comprometer-se; e não sobra nem tempo nem lugar para qualquer outro. [...]
>
> Não é uma honra trivial o fato de Deus considerar o bem que fazemos aos homens como sacrifício oferecido a Ele próprio, e o fato de valorizar tanto nossas obras, que as denomina de *santas*. Portanto, onde nosso amor não se manifesta, não só despojamos as pessoas de seus direitos, mas também a Deus mesmo, o qual solenemente dedicou a Si o que ordenou fosse feito em favor dos homens. [...]
>
> "Repartir com os outros" tem uma referência mais ampla do que *fazer o bem*. Inclui todos os deveres pelos quais os homens se auxiliam reciprocamente; e é um genuíno distintivo do amor que os que se encontram unidos pelo Espírito de Deus comunicam entre si (CALVINO, 1997a, p. 394-5).

Seguem alguns princípios apresentados e vivenciados por Calvino, concernentes ao uso dos bens concedidos por Deus. Pode-se perceber em suas orientações a fundamentação teológica de sua prática.

Vejamos, agora, alguns dos princípios estabelecidos nas *Institutas*.

Em tudo devemos contemplar o Criador e dar-lhe graças

Assim também não deixemos passar nenhum tipo de prosperidade que nos beneficie, ou que beneficie a outros, sem declarar a Deus, com louvor e ação de graças, que reconhecemos que tal bênção provém do Seu poder e da Sua bondade (CALVINO, 2006, v. 3, p. 136).

Ao executarem o que Deus lhes determinou, os homens devem começar sempre com oração, invocando o nome de Deus e oferecendo-Lhe seus labores, para que Ele os abençoe (idem, 2009, v. 4, p. 377).

A ingratidão para com Deus é resultado, em parte, de nossa não consideração de seus feitos:[13]

A desconsideração quase universal leva os homens a negligenciarem os louvores a Deus. Por que é que tão cegamente olvidam as operações de sua mão, senão justamente porque nunca dirigem seriamente sua atenção para elas? Precisamos ser despertados para este tema" (idem, 1999, v. 2, p. 624).

Portanto, devemos cultivar o tipo de sensibilidade espiritual que nos faça enxergar com gratidão e louvor os atos de Deus em nossa existência, a fim de não sermos injustos para com ele: "Quando Deus, em qualquer tempo, nos socorre em nossa adversidade, cometemos injustiça contra seu nome se porventura esquecermos de celebrar nossos livramentos com solenes reconhecimentos" (ibidem, p. 630).

Resume:

Deus é o autor de todo bem, segue-se que devemos receber tudo como vindo de Sua mão, e com incessante ação de graças.

---

[13]"Pois jamais somos devidamente sensibilizados do quanto somos devedores a Cristo nem avaliamos suficientemente sua munificência para conosco, até que a extrema infelicidade de nosso estado seja por ele posta diante de nossos olhos" (CALVINO, 1998b, p. 16).

A ética social 185

Reconheçamos igualmente que não haverá nenhuma boa maneira de fazer uso dos benefícios que generosa e abundantemente Ele derrama sobre nós, se não Lhe estivermos dando constante louvor, com ações de graças (idem, 2006, v. 3, p. 110).

A gratidão, portanto, é resultado da compreensão de que tudo que temos foi criado por Deus a fim de que reconhecêssemos o seu autor, rendendo-lhe, assim, graças.[14]

Os recursos de que dispomos devem ser um estímulo a sermos agradecidos a Deus por sua generosa bondade:

À luz desse fato aprendemos, também, que os que são responsáveis pelo presunçoso uso da bondade divina, se aproveitam dela para orgulhar-se da excelência que possuem, como se a possuíssem por sua própria habilidade, ou como se a possuíssem por seu próprio mérito; enquanto que sua origem deveria, antes, lembrá-los de que ela tem sido gratuitamente conferida aos que são, ao contrário, criaturas vis e desprezíveis e totalmente indignas de receber algum bem da parte de Deus. Qualquer qualidade estimável, pois, que porventura virmos em nós mesmos, que ela nos estimule a celebrarmos a soberana e imerecida bondade que a Deus aprouve conceder-nos (idem, 1999, v. 1, p. 165-6).

Usemos deste mundo como se não usássemos dele

Devemos viver neste mundo com moderação, sem colocar o coração nos bens materiais, pois, tais preocupações nos fazem esquecer a vida celestial e de "adornar nossa alma com seus verdadeiros atavios" (CALVINO, 1967, III.10.4).

Comentando o Salmos 30:6 — quando Davi reflete a sua momentânea confiança no sucesso adquirido —, Calvino diz: "Davi

---

[14]"Às vezes pensamos que podemos alcançar facilmente as riquezas e as honras com nossos próprios esforços, ou por meio do favor dos demais; porém, tenhamos sempre presente que estas coisas não são nada em si mesmas, e que não poderemos abrir caminho por nossos próprios meios, a menos que o Senhor queira nos prosperar" (CALVINO, 2000, p. 40-1).

reconhece que havia sido justa e merecidamente punido por sua estulta e precipitada confiança, ao esquecer-se de sua mortal e mutável condição de ser humano, e ao pôr demasiadamente seu coração na prosperidade" (1999, v. 1, p. 631). Em outro trecho, fazendo menção da mesma passagem, escreve: "Davi afirma que a prosperidade havia obnubilado de tal forma seus sentidos, que deixou de pôr seus olhos na graça de Deus, da qual deveria depender continuamente. Em vez disso, creu que poderia andar por suas próprias forças e imaginou que não cairia jamais" (2000, p. 47).

Portanto, devemos usar nossos bens com moderação:

> Ainda que a liberdade dos fiéis com respeito às coisas externas não deva ser limitada por regras ou preceitos, sem dúvida deve regular-se pelo princípio de que deve regalar-se o mínimo possível; e, ao contrário, que temos que estar mui atentos para cortar toda superfluidade, toda vã ostentação de abundância — devem estar longe da intemperança! —, e guardar-se diligentemente de converter em impedimentos as coisas que se lhes há dado para que lhes sirvam de ajuda" (CALVINO, 1967, III.10.4).[15]

> Quando Deus nos provê diariamente com abundância de vinho, cometemos um sério erro se permitimos que sua benevolência se nos converta em incitamento para a luxúria. Mas será uma indubitável prova de nossa temperança se formos simples e moderados em meio à abundância (idem, 2015, v. 1, p. 94).

Devido aos nossos desejos incontrolados, devemos rogar a Deus que nos dê moderação, "pois a única forma de agir com moderação própria é quando Deus governa e preside nossos afetos" (idem, 2002, v. 3, p. 678).

Para que não nos ensoberbeçamos, Deus, que nos conhece perfeitamente, e a fim de que não sejamos tentados, equilibra, de forma preventiva, a abundância com a amargura:

---

[15]Cf. João 15:19; 17:14; Filipenses 3:20; Colossenses 3:1-4; Hebreus 11:16; 1João 2:15.

Deus modera a doçura da riqueza com amargura; e não permite que a mente de seu servo fique encantada em demasia com isto. E sempre que uma estimativa enganadora de riquezas nos impulsiona a desejá-la de forma imoderado, porque não percebemos os grandes prejuízos que trazem junto com elas; deixa a lembrança dessa história [Abraão e Ló] ajudar a conter tal imoderada fixação. Além disso, tão amiúde o rico ache qualquer dificuldade que surja da sua riqueza; faz com que aprenda a purificar sua mente por esse medicamento, que eles não podem se tornar sobremaneira devotados às coisas boas da presente vida. E verdadeiramente, a menos que o Senhor ocasionalmente ponha rédea nos homens, a que profundidades não cairiam quando abundassem em sua prosperidade? Por outro lado, se somos oprimidos com pobreza, faz-nos saber que, por esse método também, Deus corrige os males ocultos de nossa carne. E por fim, permite que aqueles que têm abundância se lembrem de que estão rodeados de espinhos e tomem muito cuidado para não ser picados (CALVIN, 1996, v. 1, p. 369).

Em 5 de agosto de 1563, Calvino escreve uma carta à Madame de Coligny, esposa do Almirante Coligny. Em meio a palavras de conforto e estímulo, se reporta às suas próprias enfermidades e aflições, dizendo que elas, além de nos humilhar e evidenciar a nossa fraqueza, podem também servir para nos conduzir a colocar nossos olhos na misericórdia de Deus. As aflições também "nos servem de remédios para nos purificar das infecções mundanas e remover o que é supérfluo em nós, e, como são mensageiras da morte, devemos aprender a ter um pé levantado para partir quando aprouver a Deus" (CALVIN, 1998, nº 655).

Somos peregrinos, estrangeiros e hóspedes neste mundo.[16] Não há destinação mais nobre e sublime. Somos chamados à glória de Cristo. Isso nos basta. Não como prêmio de consolação, mas porque não temos vocação maior. O Senhor de todas as coisas, de toda a realidade visível e invisível, nos destina à glória de seu Filho amado.

---

[16]Cf. CALVIN, 1996, v. 22, p. 78; CALVINO, 1997a, p. 391-2.

Suportemos a pobreza, usemos moderadamente da abundância

Seguindo o que Paulo disse aos Filipenses: "Tanto sei estar humilhado, como também ser honrado..." (Fp 4:12), Calvino comenta:

> Quem sofre a pobreza com impaciência, mostra o vício contrário na abundância. Quero dizer com isso que quem se envergonha de andar pobremente vestido, se vangloriará de ver-se ricamente ataviado; que quem não se contenta com a mesa frugal, se atormentará com o desejo de outra mais rica e abundante (1967, III.10.5).

> Devemos aprender a superar a pobreza quieta e pacientemente, e desfrutar da abundância com moderação. [...] O pobre deveria aprender a ser paciente sob as privações, para não se encontrar atormentado com uma excessiva paixão pelas riquezas (2000, p. 73-4).

> Para assegurarmos que a suficiência [divina] nos satisfaça, aprendamos a controlar nossos desejos de modo a não querermos mais do que é necessário para a manutenção de nossa vida (1998a, p. 169).

O nosso desejo incontrolado nos coloca em oposição direta à vontade de Deus: "Todo aquele que se permite desejar mais do que lhe é necessário, francamente se põe em direta oposição a Deus, visto que todas as luxúrias carnais se lhe opõem diretamente" (CALVINO, 2002, v. 2, p. 678).

A tendência é de nos envaidecermos com a abundância e nos deprimirmos com a carência. Para muitos de nós, não se ensoberbecer com a riqueza pode ser mais difícil do que não se desesperar com a pobreza.[17] Calvino conclui: "Aquele que é impaciente sob a privação manifestará vício oposto quando estiver no meio do luxo" (2000, p. 74).

O reformador entende que Paulo sabia, por experiência própria, agir de modo santo em ambas as circunstâncias. Em tudo Paulo

---

[17]Cf. CALVIN, 1996, v. 21, p. 124.

A ética social 189

era agradecido a Deus (1Ts 5:18), sabendo que, em Cristo, poderia suportar e vencer qualquer situação. Calvino observa que temos de usar moderadamente os recursos concedidos por Deus, para que não caiamos na torpeza do excesso, da vanglória e da arrogância (Rm 13:14) (1967, III.10.3). E ainda orienta:

> Os bens terrenos, à luz de nossa natural perversidade, tendem a ofuscar nossos olhos e a levar-nos ao esquecimento de Deus, e, portanto, devemos ponderar, atentando-nos especialmente para esta doutrina: tudo quanto possuímos, por mais que pareça digno da maior estima, não devemos permitir que obscureça o conhecimento do poder e da graça de Deus (1999, v. 2, p. 355-6).

Calvino insiste neste ponto: aqueles que não aprenderem a viver na pobreza, quando ricos, revelarão a sua arrogância e orgulho.[18] O apóstolo Paulo constitui-se num exemplo de simplicidade em qualquer situação (Fp 4:12).[19]

Ele também entende que na pobreza tendemos a nos tornar mais humildes e fraternos. Devemos aprender a repartir e a ser assistidos pelos nossos irmãos:

> Todas as pessoas desejam possuir o bastante que as poupe de depender do auxílio de seus irmãos. Mas quando ninguém possui o suficiente para suas necessidades pessoais, então surge um vínculo de comunhão e solidariedade, pois que cada um se vê forçado

---

[18]Cf. CALVINO, 2010, p. 480.

[19]"Pode estar em seu poder viver em outro lugar com maior opulência; Deus, porém, o ligou à Igreja, a qual lhe propicia apenas um bem moderado sustento; é possível que em outro lugar você tenha mais honra; Deus, porém, lhe destinou uma situação na qual você viverá num estudo humilde; talvez em outro lugar você desfrute de um céu azul, ou de uma região mais agradável; mas é aqui seu lugar designado. É possível que você desejasse conviver com pessoas mais humanas; é possível que se sinta ofendido com sua ingratidão, ou com seu barbarismo, ou orgulho; em suma, pode ser que não simpatize com a disposição ou as maneiras da nação onde se encontra, porém deve relutar consigo mesmo e de certa maneira reprimir as inclinações opostas, para que você mantenha a tarefa que recebeu; porquanto você não é livre, nem se acha à sua própria disposição. Enfim, esqueça a si próprio, caso queira servir a Deus" (CALVINO, 2010, p. 430-1).

a buscar empréstimo dos outros. Admito, pois, que a *comunhão dos santos* só é possível quando cada um se vê contente com sua própria medida, e ainda reparte com seus irmãos as dádivas recebidas, e em contrapartida admite ser também assistido pelas dádivas alheias (CALVINO, 1997b, p. 430).

Aos pastores e aos cristãos em geral, Calvino apresenta uma recomendação:

> Os ministros devem viver contentes com uma mesa frugal, e devem evitar o perigo do regalo e do fausto.[20] Assim, até onde suas necessidades o requeiram, que os crentes considerem toda a sua propriedade como à disposição dos piedosos e santos mestres (1998c, p. 181).

Somos administradores dos bens de Deus

Visto que nosso Pai celestial nos concede todas as coisas por sua livre graça, devemos ser imitadores de sua graciosa benevolência, praticando também atos de bondade em favor de outrem; e em razão de nossos recursos virem dele, não somos mais que despenseiros dos dons de sua graça (CALVINO, 1995, p. 169).

Tudo pertence a Deus

A Bíblia nos ensina que todas as coisas são dadas pela benignidade de Deus e são destinadas ao nosso bem e proveito. Deste modo, tudo o que temos se constitui em um depósito do que um dia teremos de dar conta. "Temos, pois, de administrá-las como se de contínuo, ressoasse em nossos ouvidos aquela sentença. 'Dá conta de tua mordomia' (Lc 16:2)" (CALVINO, 1967, III.10.5).

Deus concede-nos bens para que o gerenciemos. Ele continua sendo o Senhor de tudo:

---

[20]No entanto, Calvino não era indiferente à necessidade de os ministros serem mantidos condignamente (cf. 2009, p. 91-2; 156).

Quando Deus nos envia riquezas, não renuncia a sua titularidade, nem deixa de ter senhorio sobre elas (como o deve ter) por ser o Criador do mundo. [...] E ainda que os homens possuam cada um sua porção segundo Deus os há engrandecido mediante os bens deste mundo, não obstante, ele sempre continuará sendo Senhor e Dono de tudo (CALVINO, 1988, p. 42).

Portanto,

O uso legítimo de todas as graças é o liberal e generoso compartilhar com os outros. Nenhuma, nem mais certa, regra, nem mais válida exortação para mantê-la, se podia excogitar do que onde somos ensinados que todos os dotes de que somos possuidores são consignações de Deus, creditadas à nossa confiança com esta condição: que sejam dispensadas em benefício do próximo (1Pe 4.10) (CALVINO, 1985-1989, III.7.5).

O sentido da riqueza

Os crentes gozam de genuína riqueza quando confiam na providência divina que os mantém com suficiência e não se desvanecem em fazer o bem por falta de fé. [...] Ninguém é mais frustrado ou carente do que aquele que vive sem fé, cuja preocupação com suas posses dilui toda a sua paz (CALVINO, 1995, p 193-4).

Para Calvino, a riqueza residia em não desejar mais do que se tem, e a pobreza, o oposto.[21] Por sua vez, também entendia que a prosperidade poderia ser uma armadilha para a nossa vida espiritual: "Nossa prosperidade é semelhante à embriaguez que adormece as almas" (1988, p. 227). "Aqueles que se aferram à aquisição de dinheiro e que usam a piedade para granjearem lucros, tornam-se culpados de sacrilégio" (1998a, p. 168). Daí que, para o nosso bem, o Senhor nos ensina, por meio de várias lições, a vaidade dessa existência.[22]

---

[21]Cf. CALVINO, 1999, v. 1, p. 46; 1998a, p. 168.
[22]Cf. CALVINO, 2000, p. 60.

Os servos de Deus não podem ser reconhecidos simplesmente pela sua riqueza. Esclarecendo uma interpretação errada de Eclesiastes 9:1, o reformador afirma:

> Se alguém quiser julgar pelas coisas presentes quem Deus ama e quem Deus odeia, trabalhará em vão, visto que a prosperidade e a adversidade são comuns ao justo e ao ímpio, ao que serve a Deus e ao que Lhe é indiferente. De onde se infere que nem sempre Deus declara amor aos que Ele faz prosperar temporalmente, como tampouco declara ódio aos que Ele aflige (2006, v. 2, p. 26).

Comentando Salmos 62:10, Calvino diz:

> *Pôr o coração nas riquezas* significa mais que simplesmente cobiçar a posse delas. Implica ser arrebatado por elas a nutrir uma falsa confiança. [...] É invariavelmente observado que a prosperidade e a abundância engendram um espírito altivo, levando prontamente os homens a nutrirem presunção em seu procedimento diante de Deus, e a se precipitarem em lançar injúria contra seus semelhantes. Mas, na verdade, o pior efeito a ser temido de um espírito cego e desgovernado desse gênero é que, na intoxicação da grandeza externa, somos levados a ignorar quão frágeis somos, e quão soberba e insolentemente nos exaltamos contra Deus (1999, v. 2, p. 580).

Ele considera a cobiça de dinheiro uma "praga" que, conforme nos ensina Paulo (1Tm 6.10), traz muitos males: "Os que sofrem dessa praga gradualmente se degeneram até que renunciam completamente a fé" (1998a, p. 170).

Devemos, em todas as coisas, ser gratos a Deus, quem nos confere tudo o que temos, usando com prudência dos bens que ele nos concede para o seu serviço. "Quanto mais liberalmente Deus trate alguém, mais prudentemente deve ele vigiar para não ser preso em tais malhas" (CALVINO, 1999, v. 1, p. 633).

Então, nos adverte: "Quando depositamos nossa confiança nas riquezas, na verdade estamos transferindo para elas as prerrogativas que pertencem exclusivamente a Deus" (1998a, p. 182). Devemos

A ética social   193

nos lembrar de que a nossa riqueza está em Deus, aquele que sobe-
ranamente nos abençoa.[23] Assim sendo, "[...] é uma tentação muito
grave, ou seja, avaliar alguém o amor e o favor divinos segundo a
medida da prosperidade terrena que ele alcança" (1999, v. 1, p. 346).

Do mesmo modo, insiste o reformador, as aflições não devem
ser vistas de forma mística e supersticiosa:

> É certamente um erro muitíssimo comum entre os homens olha-
> rem eles para os que se acham oprimidos com angústias como se
> fossem condenados e réprobos. Visto que, de um lado, a maioria
> dos homens, julgando o favor divino pelo prisma de um estado
> incerto e transitório de prosperidade, aplaudem os ricos e aque-
> les para quem, como dizem, a fortuna sorri. E então, de outro
> lado, agem com desprezo em relação aos que enfrentam infortú-
> nio e miséria, e estultamente imaginam que Deus os odeia por não
> exercer sobeja clemência para com eles como o faz em favor dos
> réprobos. O erro do qual falamos, consiste em que a atitude de se
> julgar injusta e impiamente é algo que tem prevalecido em todas as
> eras do mundo. As Escrituras em muitas passagens clara e distin-
> tamente afirmam que Deus, por várias razões, prova os fiéis com
> adversidades, numa ocasião para exercitá-los à paciência, e noutra
> para subjugar as inclinações pecaminosas da carne, e ainda noutra
> para purificá-los dos resíduos que restam das paixões da carne, os
> quais ainda persistem neles. Às vezes para humilhá-los, às vezes
> para fazer deles um exemplo para outros, e, ainda, outras vezes
> para instigá-los à contemplação da vida celestial (CALVINO, 1999,
> v. 2, p. 240-1).

Isso porque,

> riquezas e outros confortos mundanos devem ser vistos como que
> propiciando alguma experiência do favor e benevolência divinos,
> mas não se deduz daí que os pobres sejam objetos do desprazer
> divino. Ter um corpo saudável e boa saúde são bênçãos de Deus,

---

[23]Cf. CALVINO, 1999, v. 2, p. 356.

porém não devemos conceber que isso constitua prova de que a fraqueza e a enfermidade devam ser consideradas com desaprovação (CALVINO, 2002, v. 3, p. 458).

Quanto ao dinheiro, como tudo que temos provém de Deus, "o dinheiro em minha mão é tido como meu credor, sendo eu, como de fato sou, seu devedor" (CALVINO, 1999, v. 2, p. 504). Somos sempre e integralmente dependentes de Deus: "Um verdadeiro cristão não deverá atribuir nenhuma prosperidade à sua própria diligência, trabalho ou boa sorte, mas antes ter sempre presente que Deus é quem prospera e abençoa" (CALVINO, 2000, p. 42).

Jesus Cristo é quem nos pedirá conta. O mesmo Jesus que em sua vida terrena viveu de forma sóbria e modesta, combatendo todo excesso, soberba, ostentação e vaidade.

> Portanto, ao fazer o bem a nossos irmãos e mostrar-nos humanitários, tenhamos em mente esta regra: que de tudo quanto o Senhor nos tem dado, com o que podemos ajudar a nossos irmãos, somos despenseiros; que estamos obrigados a dar conta de como o temos realizado; que não há outra maneira de despensar devidamente o que Deus pôs em nossas mãos, que ater-se à regra da caridade. Daí resultará que não somente juntaremos ao cuidado de nossa própria utilidade a diligência em fazer bem ao nosso próximo, senão que incluso, subordinaremos nosso proveito aos demais (CALVINO, 1967, III.7.5).

A justa graça de compartilhar com alegria

> Notemos bem como podemos ser sempre liberais mesmo quando mergulhados na mais terrível pobreza, se suprimos as deficiências de nossas bolsas pela generosidade de nossos corações (CALVINO, 1995, p. 167).

A grandeza de nosso trabalho não está simplesmente no que fazemos, mas como e com qual objetivo o fazemos. É agradável a Deus que por meio de nosso trabalho a sociedade seja beneficiada.

Calvino entende que o ato de repartir o que temos consiste em uma prática de justiça relacionada ao propósito de nossa existência: "Assim como não nascemos unicamente para nós mesmos, também o cristão não deve viver unicamente para si mesmo, nem usar o que possui somente para os seus propósitos particulares ou pessoais". Continua: "Já que dar assistência às necessidades de nosso próximo é uma parte da justiça — e de forma alguma é a menor parte — os que negligenciam essa parte de seu dever devem ser tidos na conta de injustos" (1995, p. 193).

A nossa "riqueza", ou seja, suficiência, como resultado da bondade de Deus, tem um sentido social:

> O Senhor administra em nosso favor tanto quanto nos é proveitoso, às vezes, mais e às vezes, menos, mas sempre na medida em que ficamos satisfeitos e que vale muito mais do que ter o mundo inteiro e sermos consumidos. Dentro desta suficiência devemos ser ricos para o bem de outrem. Porque Deus não nos faz o bem com o fim de cada um de nós guardar para si mesmo o que recebe, mas para que haja mútua participação entre nós, de acordo com os reclamos das necessidades (ibidem, p. 191).

A ajuda aos nossos irmãos só se torna possível quando nos despimos da primazia de nossos interesses pessoais e renunciamos ao nosso direito em prol do outro.

> Esta, portanto, nos seja a regra para a benevolência e beneficência: tudo quanto a nós nos dispensou Deus com que possamos assistir ao próximo, somos disso mordomos. Mordomos que estamos obrigados a prestar conta de nossa mordomia. Essa, afinal, é, após tudo, a reta mordomia: a que se amolda à norma do amor. Assim acontecerá que não só o zelo pelo alheio proveito sempre com a preocupação de nosso próprio benefício conjuguemos, mas até àquele subordinemos (CALVINO, 1967, III.7.5).

Ajudar aos necessitados deve ser entendido não como a perda de algum bem, antes, como um privilégio que nos é concedido pela

196 **O legado de Calvino**

graça de Deus que nos capacita a sermos generosos e a suportar com paciência as tribulações.

> Os membros de Cristo têm o dever de ministrar uns aos outros, de modo que, quando nos dispomos a socorrer nossos irmãos, não fazemos mais do que desempenhar o ministério que é também dever deles. Por outro lado, negligenciar os santos, quando necessitam de nosso socorro, é algo mais do que apenas ausência de bondade; é usurpá-los daquilo que lhes é devido (CALVINO, 1995, p. 186-7).[24]

Em outro lugar:

> Ainda que seja universalmente consensual que é uma virtude louvável prestar ajuda ao necessitado, todavia nem todos os homens consideram o dar como sendo uma vantagem, nem tampouco o atribuem à graça de Deus. Ao contrário disso, acreditam que alguma coisa sua, ao ser doada, perdeu-se.[25] No entanto, Paulo declara que quando prestamos auxílio aos nossos irmãos, devemos atribuí-lo à graça de Deus, e devemos considerá-lo um extraordinário privilégio a ser ardorosamente buscado. [...] Os homens rapidamente fracassam quando não são sustentados pelo Espírito do Senhor, que é o Autor de toda consolação, e uma inveterada carência de fé confiante nos permeia e nos mantém afastados de todos os deveres de amor até que superemos tudo isso pela graça do mesmo Espírito (ibidem, p. 166).

---

[24]Beza (1519-1605) narra que, com o grande crescimento da igreja em Genebra, composta intensamente de imigrantes, "deu azo a que os estrangeiros que aqui vinham radicar-se formassem uma associação com vistas a subvencionar as diretas necessidades de seus pobres, para que a cidade não fosse sobrecarregada em demasia" (2006, p. 38).

[25]Quando fazemos o bem, nada perdemos; é Deus mesmo que nos recompensará, na eternidade e aqui: "O que sai de nós para alguém, parece diminuir o que possuímos; mas o tempo da ceifa virá, quando os frutos aparecerão e serão recolhidos. Pois o Senhor considera o que é doado aos pobres como sendo doado a Ele mesmo, e um dia reembolsará o doador com fartos juros. [...] Esta colheita deve ser entendida tanto em termos de recompensa espiritual de vida eterna com também sendo uma referência às bênçãos terrenas com as quais o Senhor agracia o benfeitor. Não é somente no céu que o Senhor recompensará os feitos nobres do justo, mas o fará ainda neste mundo" (CALVINO, 1995, p. 189).

Pregando em 30 de outubro de 1555, disse: "Deus mescla rico e pobre de um modo que eles podem se reunir e manter comunhão um com o outro, de maneira que o pobre recebe e o rico dá" (CALVIN, 2005, v. 27, p. 342).

No entanto, essa ajuda não poderá ser com arrogância, antes deve ser praticada com amor, prontidão, humildade, cortesia, simpatia e alegria. Aliás, somente assim nossas esmolas se constituem em sacrifício agradável a Deus:

> A esmola é um sacrifício agradável a Deus. Pois quando diz que Deus ama ao doador contente, ele deduz o contrário, ou seja: que Deus rejeita o constrangimento e a coerção. Não é sua vontade dominar-nos como tirano; Ele nos revela como Pai, portanto, requer de nós a espontânea obediência de filhos (CALVINO, 1995, p. 190).

Todavia, Calvino constata com tristeza:

> Quase ninguém é capaz de dar uma miserável esmola sem uma atitude de arrogância ou desdém. [...] Ao praticar uma caridade, os cristãos deveriam ter mais do que um rosto sorridente, uma expressão amável, uma linguagem educada.
>
> Em primeiro lugar, deveriam se colocar no lugar daquela pessoa que necessita de ajuda, e simpatizarem-se com ela como se fossem eles mesmos que estivessem sofrendo. Seu dever é mostrar uma verdadeira humanidade e misericórdia, oferecendo sua ajuda com espontaneidade e rapidez como se fosse para si mesmos.
>
> A piedade que surge do coração fará com que se desvaneça a arrogância e o orgulho, e nos prevenirá de termos uma atitude de reprovação ou desdém para com o pobre e o necessitado (2000, p. 39).

Em nossa beneficência, nada devemos esperar em troca, ainda que esta seja uma prática comum. Aliás, "quando damos nossas esmolas, nossa mão esquerda deve ignorar o que a mão direita fez" (CALVIN, 1996, p. 196). Comentando o Salmo 68, ele enfatiza que o Deus da glória é também o Deus misericordioso. Em seguida, observa a atitude pecaminosa comum aos homens: "Geralmente distribuímos nossas atenções onde esperamos nos sejam elas retri-buídas. Damos preferência a posição e esplendor, e desprezamos ou negligenciamos os pobres" (CALVINO, 1999, v. 2, p. 645).

E quanto à ingratidão tão comum ao gênero humano? Bem, em nossa ajuda aos nossos irmãos não devemos nos preocupar com isso, visto que, "ainda que os homens sejam ingratos, de modo que pareça termos perdido o que lhes damos, devemos perseverar em fazer o bem" (idem, 1995, p. 173).[26] E mais: "[...] não dependemos da gratidão humana, e, sim, de Deus que se coloca no lugar do pobre como devedor, para que um dia venha restituir-nos cheio de solicitude, tudo quanto distribuímos" (idem, 1997a, p. 500).

O valor de cada um

As pessoas devem ser avaliadas não pelo seu dinheiro, mas por sua piedade. Os piedosos aprendem a reverenciar e a imitar os genuí-nos servos de Deus:

> Aprendamos, pois, a não avaliar uma pessoa pelo prisma de seu estado ou seu dinheiro, nem pelo prisma de suas honras transitó-rias, mas avaliá-la pelo prisma de sua piedade ou de seu temor a Deus. E certamente que ninguém jamais aplicará verdadeiramente seu intelecto ao estudo da piedade que, ao mesmo tempo, também não reverencie os servos de Deus; da mesma forma, por outro lado, o amor que nutrimos por eles nos incita a imitá-los em sua santi-dade de vida (CALVINO, 1999, v. 1, p. 294).[27]

Socorro e oração

Da oração do Senhor, Calvino extrai o princípio de que devemos nos preocupar com todos os necessitados. Contudo, sabendo da

---

[26]"É realmente verdade que não há nada que fira tanto os que possuem uma dispo-sição mental ingênua que quando os perversos e ímpios os recompensam de forma um tanto desonrosa e injusta. Mas quando ponderam sobre esta consoladora con-sideração, de que Deus não é menos ofendido com tal ingratidão do que aqueles a quem se faz a injúria, eles não têm nenhuma justificativa de se magoarem com tanto excesso" (CALVINO, 1999, v. 2, p. 192).

[27]Cf. também: CALVINO, 1999, v. 1, p. 346; 1999, v. 2, p. 240-1.

impossibilidade de conhecermos a todos e de termos recursos para ajudar a todos os que conhecemos, diz que a ajuda não exclui a oração nem esta àquela. Assim, devemos orar por todos:

> O mandamento de Deus que nos compele a socorrer a indigência dos pobres é mandamento geral. E, todavia, os que obedecem a esse mandamento e com este fim fazem misericórdia estendendo seus bens a todos os que eles veem ou sabem que têm necessidade, não obstante não dão ajuda a todos os que têm igual necessidade, ou por não poderem conhecê-los a todos, ou porque não têm meios suficientes para supri-los. De igual modo, não contrariam a vontade de Deus aqueles que, considerando e tendo em mente a sociedade comum da igreja, a comunidade cristã, fazem uso das orações particulares por meio das quais, com palavras particulares, mas com espírito amplo e afeto comum, encomendam a Deus a si mesmos ou outros, cuja necessidade Ele lhes quis dar a conhecer mais de perto. Se bem que nem tudo que diz respeito à oração é semelhante a fazer caridade. Porque não podemos socorrer com os nossos bens senão aqueles cuja pobreza conhecemos, mas podemos e devemos ajudar pela oração mesmo aqueles dos quais não temos conhecimento, e que estão distantes de nós por qualquer distância que haja no tempo ou no espaço. Isso se faz por causa da amplitude geral das orações, amplitude que abrange todos os filhos de Deus, no número dos quais eles também estão incluídos (2006, v. 3, p. 121).

Uma advertência geral

Comentando o nono mandamento — "Não furtarás" —, Calvino admite que "há muitas espécies de ladrões"; contudo, não quer se deter em demasia "fazendo listas das diferentes classes de furtos e roubos". Resume, então:

> Todos os meios utilizados pelos homens para enriquecimento com prejuízo de outros, afastando-se da sinceridade cristã, que deve ser mantida com carinho, e agindo com fingimento e astúcia, enganando e prejudicando o próximo — os que assim procedem devem ser considerados ladrões. Embora os que agem desse modo muitas

vezes ganhem na defesa da sua causa diante do juiz, Deus não os considerará como outra coisa senão ladrões. Porque ele vê as armadilhas que pessoas da alta sociedade de longe armam para pegar gente simples em suas redes; Ele vê os pesados impostos e taxas que os grandes da terra impõem aos pequenos, para oprimi-los; Ele vê como são venenosas as lisonjas utilizadas por aqueles que querem destruir o próximo por meio de mentiras e outras formas de falsidade. Essas coisas geralmente não chegam ao conhecimento dos homens.

Além disso, transgressão deste mandamento não é só prejudicar alguém quanto a dinheiro, comércio ou direito de propriedade, mas também quanto ao não atendimento a qualquer dever nosso e a qualquer direito do próximo. Porque tanto defraudamos o nosso próximo usurpando os seus bens como lhe negando os serviços que lhe devemos prestar. Assim, se um procurador ou mordomo ou administrador, em vez de zelar dos bens entregues aos seus cuidados, viver na ociosidade, sem se preocupar com o seu dever de procurar o bem daquele que lhe dá o sustento; se desperdiçar ou empregar mal o que lhe foi confiado, ou o gastar em coisas supérfluas; se o empregado zombar do seu chefe ou patrão, se divulgar os seus segredos, ou se planejar algo contra os bens dele ou contra a sua reputação ou contra a sua vida [Romanos 13; 1Pedro 2; Tito 3]; se, por outro lado, o chefe ou patrão ou pai tratar desumanamente os seus subordinados ou a sua família, para Deus é um ladrão. Porque, aquele que não pratica o que a sua vocação o manda fazer pelos outros, com isso retém o que pertence a outros (2006, v. 1, p. 207-8).[28]

Em 1562, Calvino escreve esta oração para ser feita antes do trabalho:

---

[28]Em outro lugar: "Quando, pois, a fraude, a astúcia, a traição, a crueldade, a violência e a extorsão reinam no mundo; em suma, quando todas as coisas são arremessadas em total desordem e escuridão, pela injustiça e perversidade, que a fé sirva como uma lâmpada a capacitar-nos para visualizarmos o trono celestial de Deus, e que essa visão nos seja suficiente para fazer-nos esperar pacientemente pela restauração das coisas a um melhor estado" (1999, v. 1, p. 240). No mundo, "Deus não é um espectador indolente" (ibidem, p. 241).

Nosso bom Deus, Pai e salvador, uma vez que a ti aprouve ordenar que trabalhemos para podermos atender à nossa indigência, por tua graça, de tal modo abençoa nosso labor que tua bênção estenda até nós, sem o que ninguém poderá prosperar no bem, e que tal favor nos sirva para testemunho de sua bondade e assistência, mercê da qual reconheçamos o paternal cuidado que tens de nós. Ademais, Senhor, que te apraza assistir-nos por teu Santo Espírito, para que possamos exercer fielmente nossos múnus e vocação sem qualquer dolo ou engano, pelo contrário, que tenhamos antes o propósito de seguir tua injunção que satisfazer o desejo de nos enriquecer; que se, não obstante, a ti apraz prosperar nosso labor, que também nos dês a disposição de proporcionar a assistência àqueles que estão na indigência, segundo os recursos que nos houveres dado, reten-do-nos em toda humildade, a fim de que nos não elevemos acima daqueles que não hajam recebidos tal abundância da tua dadivosi-dade. Ou, se nos queres tratar em maior pobreza e indigência do que desejaria nossa carne, que te apraza fazer-nos a graça de acrescentar fé em tuas promessas, para fazer-nos seguros de que nos haverás de, por tua bondade, prover-nos sempre o sustento, de sorte que não caiamos na desconfiança; antes, pelo contrário, esperemos pacien-temente que nos cumules não somente de tuas graças temporais, mas também de tuas graças espirituais, para que tenhamos sempre mais amplo motivo e ocasião de render-te graças e descansar intei-ramente em tua só bondade. Ouve-nos, Pai de misericórdia, por Jesus Cristo, teu Filho, nosso Senhor (CALVIN, 2005, v. 6. p. 138).

CONSIDERAÇÕES FINAIS

A obra de Cristo é o que torna possível os pecadores viverem doxo-logicamente e trabalharem em obediência a Deus (PENNINGS, 2012, p. 375).

Sobre a vida exemplar de Calvino, escreve André Biéler:

A pregação do reformador é o prolongamento de sua ação. A modés-tia em que vive com seus colegas é proverbial e toca as raias da pobreza.[29] Suas providências em favor dos deserdados são constantes. Importuna persistentemente os conselheiros da cidade para que tomem medidas de atendimento aos pobres. Depois da chacina dos protestantes em Provence, em 1545, organiza pessoalmente uma coleta geral, subindo as escadarias dos edifícios repletos de refugiados[30] para recolher a esmola de todos (1970, p. 45).

Calvino combateu o monasticismo e a pobreza voluntária (fruto da compreensão de salvação pelas obras). A sua dinâmica consistia em abrir postos de trabalho, ensinando profissão e até mesmo comprando instrumentos de trabalho para os que passavam por esse treinamento. Criou escolas até mesmo para meninas (1536), culminando na Academia (1559).

Genebra recebia muitos imigrantes. Muitos chegavam sem recursos. Havia uma metodologia para tratar dessa questão:

> Um supervisor distrital fazia a triagem de todos os pedidos e apresentava aos diáconos os que ele achava que deviam ser aprovados. Os diáconos visitavam as casas para verificar as necessidades. Cerca de 5% da população de Genebra receberam ajuda financeira, quase sempre por pouco tempo. Os diáconos, pensando com uma mentalidade empresarial, às vezes usavam os recursos da igreja para comprar ferramentas, matéria-prima ou pagar o aluguel inicial de uma loja. Os refugiados que eram artesãos podiam trabalhar (OLASKY, 2011, p. 88).

Nesse espírito, os antigos ourives de Genebra que trabalhavam com joias como motivos religiosos e, também, de ostentação, em sua nova fé perceberam gradualmente a incompatibilidade de suas produções. Muitos redirecionaram o seu trabalho para a fabricação de relógios.[31]

---

[29] Vejam-se BIÉLER, 1990, p. 229-30.

[30] A grande quantidade de refugiados abrigados em Genebra contribuiu para modelar determinadas ênfases em sua vida econômica e enriquecimento de diversas profissões. (Cf. alguns exemplos: BIÉLER, 1990, p. 216ss.)

[31] Cf. <https://www.myswitzerland.com/pt/uhrmacherkunst-immer-wieder-am-puls-der-zeit.html>. Acesso em: 23 out. 2018.

A Suíça era também conhecida por seus valentes e bem treinados jovens que se tornavam mercenários (*Reisläufer*) de reis e príncipes. Um elemento fomentador para isso era, além das recompensas financeiras, o gosto pela aventura e a falta de emprego, pois a economia suíça era eminentemente agrícola. Com a Reforma, esse quadro gradualmente foi sendo transformado.

A Reforma foi um movimento espiritual e ético, influenciando todas as áreas da vida. Afinal, tudo pertence a Deus. Ele mesmo nos colocou neste mundo para glorificá-lo por meio de nossa obediência expressa em uma fé operosa.

O fato é que o protestantismo, com os seus princípios econômicos, com a sua ênfase no livre exame das Escrituras, na salvação pessoal e na responsabilidade de cada homem diante de Deus, contribuiu na esteira renascentista para a maturidade do homem moderno, enfatizando a responsabilidade individual perante Deus, sem excluir, contudo, o aspecto comunitário da vida cristã e a relevância da sociabilidade entre os fiéis. Onde quer que o protestantismo fincasse raízes, a sua influência se tornaria notória como uma força modeladora da cultura, não apenas da vida religiosa. Lembremo-nos de que a Revolução Industrial ocorreu na Inglaterra protestante e de que F. W. Taylor (1856-1915), "o fundador da administração científica", era protestante e norte-americano.

Max Weber (1864-1920), ao analisar o progresso econômico protestante, não conseguiu captar adequadamente esse aspecto fundamental no protestantismo, que enfatiza o trabalho, não simplesmente pelo dever ou vocação, conforme Weber entendeu, mas para a glória de Deus. Esse é o fator preponderante que escapou à sua compreensão.[32]

Precisamos aqui enfatizar alguns pontos já vistos. As Escrituras nos ensinam que Deus nos criou para o trabalho (Gênesis 2:8,15). O trabalho, portanto, faz parte do propósito de Deus para o ser humano, sendo objeto de satisfação humana: "Em vindo o sol [...] sai o homem para o seu trabalho, e para o seu encargo até à tarde" (Salmos 104:22-23). Na concepção cristã, o trabalho dignifica o

---

[32]Cf. HILL, 1988, p. 195ss.; TAWNEY, 1971, p. 114-115.

homem, devendo o cristão estar motivado a despeito do seu baixo salário ou do reconhecimento humano, embora as Escrituras também observem que o trabalhador é digno do seu salário (Lucas 10:7). Seu trabalho deve ser entendido como uma prenda feita a Deus, independentemente dos senhores terrenos. Deste modo, o que de fato importa não é o trabalho em si, mas o espírito com o qual ele é feito. A dignidade deve permear todas as nossas obras, visto que as realizamos para o Senhor e pela capacitação dele: "Ao executarem o que Deus lhes determinou, os homens devem começar sempre com oração, invocando o nome de Deus e oferecendo-lhe seus labores, para que ele os abençoe" (CALVINO, 2009, v. 4, p. 377). O nosso trabalho revela a nossa percepção de Deus e de sua criação.

A prestação de contas de nosso trabalho deverá ser feita a Deus. É ele com o seu escrutínio perfeito e eterno quem julgará as obras de nossas mãos, daí a recomendação do apóstolo Paulo:

> E tudo o que fizerdes, seja em palavra, seja em ação, fazei-o em nome do Senhor Jesus, dando por ele graças a Deus [...]. Servos, obedecei em tudo aos vossos senhores segundo a carne, não servindo apenas sob vigilância, visando tão-só agradar homens, mas em singeleza de coração, temendo ao Senhor. Tudo quanto fizerdes, fazei-o de todo o coração, como para o Senhor, e não para homens, cientes de que recebereis do Senhor a recompensa da herança. A Cristo, o Senhor, é que estais servindo; pois aquele que faz injustiça receberá em troco a injustiça feita; e nisto não há acepção de pessoas. Senhores, tratai aos servos com justiça e com equidade, certos de que também vós tendes Senhor no céu (Colossenses 3:17, 22—4.1; cf. Efésios 6:5-9).

Assim, não há desculpas para a fuga do trabalho, mesmo em nome de um motivo supostamente religioso (compare 1 Tessalonicenses 4:9-12 com Efésios 4:28 e 1 Timóteo 5:11-13).

Um comentarista bíblico resume bem o espírito cristão do trabalho:

> O trabalhador deve fazê-lo como se fosse para Cristo. Nós não trabalhamos pelo pagamento, nem por ambição, nem para satisfazer a

um amo terreno. Trabalhamos de tal maneira que possamos tomar cada trabalho e oferecê-lo a Cristo" (BARCLAY, 1973, v. 11, p. 176).[33]

Desde a criação, o homem foi colocado numa posição acima das outras criaturas, cabendo-lhe o domínio sobre os outros seres criados, sendo abençoado por Deus com a capacidade de procriar e dispondo de grande parte da criação para o seu alimento (Gênesis 1:22, 26-30; 2:9). Como indicativo da posição elevada em que o homem foi colocado, o Criador compartilha com ele do poder de nomear os animais e de dar nome à sua mulher (Gênesis 2:19,20,23; 3:20). E mais: Deus delega-lhe poderes para cultivar e guardar o jardim do Éden (Gênesis 2:15), demonstrando a sua relação de domínio sobre a natureza. No entanto, todas essas atividades envolvem o trabalho compartilhado por Deus com o ser humano. O nomear, procriar, dominar, guardar e cultivar refletem a graça providente e capacitante de Deus.

O homem é um ser que trabalha. A sua mão é uma arma "politécnica", instrumento exclusivo e incomparável de construção, reconstrução e transformação. É por meio de nossas mãos que exteriorizamos o nosso ser. Faz parte da essência do homem trabalhar. O trabalho é algo bom em si mesmo, não simplesmente pelo que ele proporciona. O homem é um artífice que constrói, transforma, modifica. A sua vida é um eterno devir, que se realiza no fazer como expressão do seu ser orientado e direcionando para valores que acredita serem relevantes. Logo, o trabalho deve ter sempre um sentido axiológico. O ser — que não pode se limitar ao simples fazer — está sempre à procura de novas criações que envolvem o trabalho. Neste, o homem concretiza a sua liberdade de ser. Acontece que, se o homem é o que é, o seu trabalho revela parte da sua essência. A "originalidade" do seu trabalho será uma decorrência natural da sua autenticidade. O homem autentica-se no seu ato construtivo, ainda que este seja resultado de suas tensões. Por isso, nunca poderemos ter como meta da sociedade a ausência do trabalho. Este não é resultado do pecado. O homem

---

[33]Cf. 1Timóteo 6:1-2.

foi criado para o trabalho, não para permanecer na inatividade e indolência.[34] Por isso, aposentar-me de um determinado trabalho não significa abandonar a condição de "ser" que trabalha. No trabalho, expressamos e aperfeiçoamos a nossa humanidade, cumprindo a nossa vocação. Deixar de trabalhar significa deixar de utilizar parte da sua potência, equivale a deixar parcialmente de ser homem, em outras palavras, seria uma desumanidade.

Lamentavelmente, o conceito protestante do trabalho, no pensamento moderno, foi secularizado, abandonando aos poucos a concepção religiosa que lhe dera suporte, tornando-se agora apenas uma questão de racionalidade, não necessariamente de "vocação" ou de "glorificação a Deus". Perdeu-se a "infraestrutura", ficou-se apenas com a "superestrutura".[35] Delumeau resume com pertinência: "Na verdade, o Protestantismo não engendrou em seus fiéis a mentalidade capitalista a não ser na medida em que perdeu seu tônus religioso e se tornou infiel a Calvino" (1989, p. 305).

REFERÊNCIAS BIBLIOGRÁFICAS

BARCLAY, W. *El Nuevo Testamento Comentado.* Buenos Aires: La Aurora, 1973.

BAVINCK, Herman. *Dogmática reformada.* São Paulo: Cultura Cristã, 2012, 4v.

BEZA, Theodoro de. *A vida e a morte de João Calvino.* Campinas, SP: Luz para o Caminho, 2006.

BIÉLER, A. *A força oculta dos protestantes.* São Paulo: Cultura Cristã, 1999.

---

[34]Cf. CALVIN, 1996, v. 1, p. 125.

[35]Biéler faz uma constatação relevante: "A íntima interpenetração da Reforma e da Renascença contribuiu amplamente para a sua promoção no Ocidente. Mas o materialismo e as ideologias substitutivas engendradas pela secularização do pensamento, no decurso dos séculos subsequentes, acabaram por fazer crer que uma civilização arrancada de suas raízes espirituais conseguiria produzir espontaneamente todos esses valores. Essas ideologias substitutivas proliferaram. [...] Todas essas ideologias, que tomaram o lugar da fé cristã, transformaram-se em crenças que, uma vez dissipadas, deixaram no Ocidente e no mundo atual um vácuo espiritual, e muitas vezes um desespero, que se mostram propícios a toda sorte de novidades inflamadas da demagogia religiosa, filosófica ou política" (1999, p. 54-5).

A ética social 207

_____. *Calvino, o profeta de La era industrial: fundamentos y método de La ética calviniana de la sociedad.* México, D.F.: Casa Unida de Publicaciones, 2015.

_____. *O humanismo social de Calvino.* São Paulo: Oikoumene, 1970.

_____. *O pensamento econômico e social de Calvino.* São Paulo: Casa Editora Presbiteriana, 1990.

CALVIN, J. *Calvin's Commentaries.* Grand Rapids, Michigan: Baker Book House, 1996 (reprinted), 22v.

_____. *Sermon* Dt 15.11-15 (Sermão 95): In: SELDERHUIS, Herman J. ed. *Calvini Opera Database 1.0,* Netherlands: Instituut voor Reformatieonderzoek, 2005, v. 27).

_____. To Madame de Coligny, "Letters," John Calvin Collection, [CD-ROM], (Albany, OR: Ages Software, 1998).

_____. *Textes Choisis* par Charles Gagnebin. Paris: LUF Egloff, © 1948.

CALVINO, João. *A verdadeira vida cristã.* São Paulo: Novo Século, 2000.

_____. *As Institutas da Religião Cristã: edição especial com notas para estudo e pesquisa,* São Paulo: Cultura Cristã, 2006, 4v.

_____. *As Institutas ou Tratado da Religião Cristã.* São Paulo, SP.; Campinas, SP: Casa Editora Presbiteriana; Luz para o Caminho, 1985-1989, 4v.

_____. *As Pastorais.* São Paulo: Paracletos, 1998a.

_____. *Cartas de João Calvino.* São Paulo: Cultura Cristã, 2009.

_____. *Efésios.* São Paulo: Paracletos, 1998b.

_____. *Exposição de 1 Coríntios.* São Paulo: Paracletos, 1997c.

_____. *Exposição de 2 Coríntios.* São Paulo: Paracletos, 1995.

_____. *Exposição de Hebreus.* São Paulo: Paracletos, 1997a.

_____. *Exposição de Romanos.* São Paulo: Paracletos, 1997b.

_____. *Gálatas.* São Paulo: Paracletos, 1998c.

_____. *Gálatas-Efésios-Filipenses-Colossenses.* São José dos Campos, SP: Fiel, 2010.

_____. *Instrução na Fé.* Goiânia, GO: Logos, 2003.

_____. *O Evangelho segundo João.* São José dos Campos, SP: Fiel, 2015, 2v.

_____. *O livro dos Salmos.* São José dos Campos, SP: Fiel, 2009, v. 4.

_____. *O livro dos Salmos.* São Paulo: Paracletos, 1999, v. 1.

208 **O legado de Calvino**

_____. *O livro dos Salmos*. São Paulo: Paracletos, 1999, v. 2.

_____. *O livro dos Salmos*. São Paulo: Parakletos, 2002, v. 3.

_____. *Romanos*. 2. ed. São Paulo: Parakletos, 2001.

CALVINO, Juan. El Señor dio y El Señor quito: In: *Sermones Sobre Job*. Jenison, Michigan: T.E.L.L., 1988.

_____. *Institución de la Religión Cristiana*. Rijswijk, Países Bajos: Fundación Editorial de Literatura Reformada, 1967 (Nueva Edición Revisada), 4v.

COSTA, Hermisten M. P. *A fortuna e a providência: Maquiavel e Calvino, dois olhares sobre a história e a vida*: In: IV Congresso Internacional de Ética e Cidadania — Filosofia e Cristianismo, 2008, São Paulo: Mackenzie, 2008. v. 4, p. 6-9.

_____. *João Calvino 500 anos*. São Paulo: Cultura Cristã, 2009.

DELUMEAU, Jean. *Nascimento e afirmação da Reforma*. São Paulo: Pioneira, 1989.

FUCHS, Erich. *L'Éthique de Calvin: Calvinisme et Capitalisme*. In: HIRZEL, Martin E.; SALLMANN, Martin (eds.). *Calvin et le Calvinisme*. Genève: Labor et Fides, 2008, p. 223-43.

HART, D.G. O reformador da fé e da vida. In: PARSONS, Burk (ed.). *João Calvino: Amor à devoção, doutrina e glória de Deus*. São José dos Campos, SP: Fiel, 2010, p. 67-77.

HILL, Christopher. *O eleito de Deus: Oliver Cromwell e a Revolução Inglesa*. São Paulo: Companhia das Letras, 1988.

MACGRATH, Alister E. *Lutero e a teologia da cruz*. São Paulo: Cultura Cristã, 2014.

MERTON, Robert K. *Ensaios de sociologia da ciência*. São Paulo: Associação Filosófica Scientiae Studia; Editora 34, 2013.

NASH, Ronald H. *Questões últimas da vida: uma introdução à filosofia*. São Paulo: Cultura Cristã, 2008.

OLASKY, Marvin. O roteiro secular no teatro de Deus: Calvino sobre o significado cristão da vida pública: In: PIPER, John; MATHIS, David, orgs. *Com Calvino no teatro de Deus: A glória de Cristo e a vida diária*. São Paulo: Cultura Cristã, 2011.

PENNINGS, Ray. Trabalhando para a Glória de Deus. In: BEEKE, Joel R. *Vivendo para a glória de Deus: Uma introdução à fé reformada*. São José dos Campos, SP: Fiel, 2012 (reimpressão).

SCHAEFFER, Francis A. *Como viveremos?* São Paulo: Cultura Cristã, 2003.

————. *O grande desastre evangélico.* In: ————. *A igreja no século 21.* São Paulo: Cultura Cristã, 2010.

TAWNEY, R.H. *A religião e o surgimento do capitalismo.* São Paulo: Perspectiva, 1971.

TIL, Henry H. Van. *O conceito calvinista de cultura.* São Paulo: Cultura Cristã, 2010.

10

A civilização moderna e as ciências

Christian Medeiros[1]

NA PRIMEIRA METADE DO SÉCULO XVI, um erudito astrônomo polonês, Copérnico, revolucionou as ideias até então aceitas sobre o Sistema Solar. Ensinava-se anteriormente que o Sol girava em torno da Terra, considerada o centro do universo. Em seu célebre livro *Das revoluções das esferas celestes*, Copérnico demonstrou que é o contrário, a Terra que gira em torno do Sol, bem como os outros planetas, e a compreensão do universo foi colocada de ponta cabeça.

---

[1]Ministro presbiteriano; bacharel em Teologia pelo Seminário Teológico Presbiteriano Rev. José Manoel da Conceição e pela Universidade Presbiteriana Mackenzie; licenciado em Filosofia pela Universidade Católica de Brasília; mestre e doutor em Ciências da Religião, com concentração em Teologia e História pela Universidade Metodista de São Paulo. Professor de História da Igreja no Seminário Teológico Presbiteriano Rev. José Manoel da Conceição e de Teologia Sistemática e Filosofia da Reforma na Universidade Presbiteriana Mackenzie nos cursos de Teologia e Filosofia.

Ao mesmo tempo, outra revolução era realizada no mundo espiritual. Um jovem francês de 27 anos, João Calvino, publicava em 1536 um pequeno volume de seis capítulos, chamado "Institutas da religião cristã" (CADIER, 1966, p. 1).

Jean-Jacques Rousseau (1712-1778), filósofo genebrino[2] e um dos mais importantes teóricos da política, apontou enfaticamente:

> Os que consideram Calvino somente um teólogo não conhecem bem a extensão de seu gênio. A redação de nossos sábios editos, da qual participou ativamente, honra-o tanto quanto sua *Instituição*. Qualquer que seja a revolução que o tempo possa trazer a nosso culto, enquanto o amor à pátria e à liberdade não se extinguir entre nós, jamais a memória desse grande homem deixará de ser abençoada (1973, p. 64).

Também afirma:

> Todos sabem com que sucesso a arte da prédica é cultiva em Genebra; porém, muito acostumados a ver dizer de uma maneira e agir de outra, poucas pessoas sabem até que ponto o espírito do cristianismo, a santidade dos costumes, a severidade consigo mesmo e a brandura para com o próximo reinam entre nossos ministros. Talvez caiba apenas à cidade de Genebra mostrar o exemplo edificante de uma tão perfeita união entre uma sociedade de teólogos e de letrados (2005, p. 145).

Certamente não há elementos para categorizar Rousseau como um calvinista estritamente falando; no entanto, ainda podemos

---

[2]Na dedicatória da obra *Discurso sobre a origem e os fundamentos da desigualdade entre os homens*, Rousseau apresenta seu tributo de honra à sua cidade natal: "[...] tendo a felicidade de ter nascido entre vós, como poderia eu meditar sobre a igualdade que a natureza instalou entre os homens e sobre a desigualdade que eles instituíram sem pensar na profunda sabedoria com que uma e outra, combinadas com acerto neste Estado, concorrem, da maneira mais próxima da lei natural e mais favorável à sociedade, para a manutenção da ordem pública e para felicidade dos particulares?" (2005, p. 135).

212   O legado de Calvino

verificar resquícios do pensamento do reformador provindos de seu pai, um relojoeiro calvinista, e de seu avô, um huguenote que fugiu das guerras de religião na França do século XVI. Apesar de por vezes apresentar um pensamento paradoxal, por assim dizer, contudo, sua afirmação se apresenta como legítima: "jamais a memória desse grande homem deixará de ser abençoada". Eis nossa tese neste capítulo: mostrar que a memória do reformador João Calvino é presente nos séculos posteriores nas mais diversas áreas do conhecimento humano, mas pretendemos apresentar apenas alguns poucos exemplos, além daqueles que já foram apresentados ao longo deste livro.

CALVINO: O FUNDADOR DE UMA CIVILIZAÇÃO

Tomaremos como ponto de partida norteador para este capítulo a tese de Emile G. Léonard (historiador francês das mentalidades e especialista em história do protestantismo com presença influente no Brasil), em sua *Histoire Générale du Protestantisme* (1988, p. 258, 306-9), porquanto apresenta Calvino como o pai de uma nova civilização e como o criador de um novo tipo de homem, o reformado,[3] considerando que uma das principais características desse novo homem reformado é a sua concepção de valorização do ser humano.

Eis o tópico-chave de Léonard que nos interessa no momento:

> [...] depois da libertação das almas, a fundação de uma civilização. [...] Estava reservado ao francês e ao jurista Calvino criar mais que uma nova teologia, um homem novo e um mundo novo. Nela, esta é a obra que predomina e a que nos dá a razão do seu autor. E é realizada também não somente em Genebra senão na totalidade de sua extensão através do mundo e dos séculos (1988, p. 258).[4]

---

[3]Devo essa perspectiva a COSTA, 1999, p. 15. Observemos outros autores que seguem a tese de Léonard: BOISSET, 1971, p. 63; McDERMOTT, 2010, p. 97; TOURN, 2008, p. 119; MERCURE, 2003, p. 68; COTTRET, 2002, p. 176.
[4]Todorov afirma: "Em suma: o homem moderno, incubado por Calvino, Descartes e Rousseau, e posto no mundo pela Revolução, não conhece nada que seja exterior

A civilização moderna e as ciências 213

Mais à frente, depois de descrever a influência política do reformador, Léonard continua: "o maior êxito de Calvino consiste, sem apreensão, que ele forjou em Genebra um novo tipo de homem, o 'reformado', e em Genebra esboçou o que viria chegar a ser a civilização moderna" (ibidem, p. 307). Por fim, conclui ao mostrar que uma das principais razões da influência que Calvino exerceu foi "por não haver feito acepção de pessoas" (ibidem), demonstrando assim, de modo central, a valorização do ser humano como expressão de seu sistema teológico.

Léonard desenvolve a sua tese sobre o reformador genebrino descrevendo-o como "fundador de uma civilização" (1988, p. 258-309). Começa apresentando pormenores a partir da descrição do homem Calvino, sua vida e seu pensamento religioso. Defende que Calvino faz parte da segunda geração de reformadores, portanto, "não tinha que criar o protestantismo, senão consolidá-lo e organizá-lo" (ibidem, p. 259). Ordem e organização, aspectos centrais da mentalidade do reformador que se constituem parâmetros estruturalmente fundantes de seu sistema de pensamento. Apresenta alguns pormenores da vida pessoal do reformador e expõe o seu percurso formativo intelectual, eminentemente humanista, porquanto

---

a ele mesmo. Nem acima dele (um ser superior), nem além (seres semelhantes); ele está condenado a permanecer em si mesmo". Mais adiante: "O preço da liberdade é, portanto, duplo. De um lado, o homem moderno está destinado a se tornar um 'individualista', no sentido corrente do termo: a só preocupar-se consigo mesmo, a ignorar os laços que o prendem aos outros homens" (2005, p. 22). Obviamente não é possível culpar quem quer que seja pelo que gerações posteriores farão com suas propostas iniciais, tampouco seria possível a esses citados prever as distorções e deturpações que pensadores farão no futuro com suas ideias que no tempo onde foram formuladas eram inovadoras e benéficas para a sociedade, penso eu. Observemos ainda: "O termo calvinismo está associado ao movimento implementado por João Calvino, seu maior líder e articulador do movimento reformado. Ele mesmo, como um humanista, rejeitou aquilo que era o coração da ideia de personalidade do Renascimento, a ideia de que o homem é a fonte criadora de seus próprios valores e, portanto, no fundo incapaz de pecar. Era estranho à mente de Calvino o pensamento de que as artes e as ciências podiam estar livres da religião. Para ele, diferentemente do que ocorria com outros líderes da Reforma, não existia dicotomia básica entre o Evangelho e o mundo, entre o Evangelho e a cultura. Para Calvino, toda a vida, inclusive aquilo que é chamado livremente de cultura, era teônoma, isto é, tem a sua razão de ser enquanto sujeita a Deus e à Sua lei" (NASCIMENTO, 2007, p. 52).

214 **O legado de Calvino**

este aspecto se constitui uma das características essenciais para a compreensão da influência de Calvino no mundo moderno. Em conclusão ao tema da conversão de Calvino, Léonard completa:

> o símbolo adotado mais tarde (um coração em uma mão estendida oferecido a Deus) e o lema *Prompte et sincere* bem expressam não somente pelo seu próprio comportamento neste momento capital, mas também o que é exigido dos seus seguidores: uma vez reconhecida a verdade, deve-se segui-la sem hesitação (*prompte*) e incondicionalmente (*sincere*). Postura ativista que caracterizou a igreja e a civilização que dela procederam (ibidem, p. 260).[5]

Enfatiza que a experiência e o pensamento religioso de Calvino se constituem para o historiador e o leitor leigo o aspecto mais essencial da inesgotável atividade do reformador. A sua obra magna, *Instituição* (ou *Institutas*) *da religião cristã*, foi escrita diante da intersecção experiência e ação, visualizada na dedicatória da obra ao rei Francisco I da França. Calvino propõe dois objetivos para a vida do cristão: honrar a Deus e servi-lo, uma perspectiva teocêntrica e social. A construção teológica de Calvino é apresentada como algo que responde aos anseios existenciais do ser humano,

---

[5]Compare com esta declaração de Calvino: "Quanto à maneira como pretendo proceder, eis qual é meu presente sentimento: se eu tivesse alguma escolha, nada me agradaria menos do que seguir seu conselho. Mas quando me lembro de que não pertenço mais a mim mesmo, ofereço meu coração, apresentando como sacrifício ao Senhor. Portanto, não há fundamento para estar apreensivo, achando que só conseguirá belas palavras. Nossos amigos estão decididos e comprometidos sinceramente. E quanto a mim, asseguro que não tenho outro desejo senão o de que, pondo de lado qualquer consideração por mim, busquem apenas o que é mais importante para a glória de Deus e o benefício da igreja. Conquanto eu não seja tão ardiloso, não me faltariam pretextos pelos quais pudesse, astutamente, me esquivar de maneira a justificar-me facilmente diante dos homens, mostrando-lhes que não houve erro da minha parte. No entanto, tenho plena consciência de que é com Deus que tenho de tratar, à vista do qual não se sustentam tais artifícios da imaginação. Por isso, submeto minha vontade e os meus sentimentos, branda e resolutamente, à obediência a Deus; e sempre que meus próprios conselhos me faltarem, submeter-me-ei àqueles por meio de quem espero que o Senhor mesmo fale comigo" (2009, p. 49-50). Cf. também: WALLACE, 2003, p. 28; HALSEMA, 1968, p. 122; LESSA, p. 140. Esta carta é encontrada na íntegra em: CALVIN, 1998, nº 73, p. 272-3.

principalmente no que concerne à ideia de um Deus que é acessível ao homem por meio da sua Palavra e mediado por Jesus Cristo.

Segundo Léonard, Calvino considerava a sua obra eclesiástica, política e social em Genebra o seu principal legado e, para tanto, cita as *Ordenanças eclesiásticas* como exemplo de sua dedicação e influência na vida pública da cidade que afetaria toda a Europa, direta ou indiretamente, com seu sistema de governo. Léonard afirma:

> O consistório havia se tornado o conselho diretor da igreja que ele desejava que fosse perfeitamente unido em torno dos seus pastores. O sistema político que gozava de sua preferência se realizou com uma aristocracia de notáveis chefes piedosos e um povo ganho cada vez mais para o evangelho, uns aos outros confirmados nesses sentimentos pelos emigrantes franceses. Igreja e poder colaboram de bom grado na realização do reino de Deus, seguindo as diretrizes que ditava Calvino, e que lhe sucederá, depois de morto, Teodoro de Beza, seu incansável continuador. Isto foi tão particularmente bem-sucedida, tanto no campo eclesiástico quanto secular, que ele pediu ao morrer que não mudassem nada. Por causa do ponto de vista do trabalho realizado em Genebra é que se deve apreciar o duro e incansável esforço de Calvino (1988, p. 307).

Léonard entende que a ênfase em ordem e organização é característica singular em Calvino, uma vez que a desordem não provém de Deus; mostra esse aspecto como o reflexo de sua formação em artes, no humanismo, em letras antigas e direito (1988, p. 269).[6] Propõe que: "a importância que [Calvino] deu a organização e a administração é outra característica do mundo moderno" (ibidem, p. 308). Calvino é descrito como um ativista em oposição ao quietismo inerte próprio de sua época. Outro aspecto importante

---

[6]Boorstin afirma: "Calvino, com um notável talento tanto para o dogma quanto para a organização — da teoria e da prática do protestantismo — fez da igreja, que pouco antes adotara a Reforma em sua Genebra, um modelo de cristianismo protestante através da Europa e no Novo Mundo" (2003, p. 151).

enfatizado por Léonard é o conceito de vocação concebido por Calvino que se estende além das fronteiras eclesiásticas e atinge as esferas do mundo secular. Na Idade Média, o homem diante do trabalho deveria ser polivalente, uma espécie de faz-tudo. Calvino, no entanto, motivado pela sua teologia da vocação, "com seu amor pela ordem, não podia aceitar o topa-tudo" (ibidem, p. 309). Léonard conclui: "uma das grandes leis do mundo moderno foi e ainda é a especialização. Por isso, Calvino tem sido, no domínio econômico, a origem [do mundo moderno]" (ibidem).

UM TIPO HUMANO: O CALVINISTA

Esta perspectiva norteadora de nossa análise a partir da tese de Léonard ainda encontra outro suporte fidedigno de aceitação em Lucien Febvre — renomado historiador das mentalidades, criador da cadeira de História da Reforma e do Protestantismo na Escola Francesa de Altos Estudos (2002, p. 19). Em seu texto *Esboço de um retrato de João Calvino*, palestra pronunciada em uma conferência organizada em 1949 na Universidade Presbiteriana Mackenzie pelo Instituto de Cultura Religiosa (MOTA, in: PERRONE-MOISÉS, 2004, p. 150), e que mais tarde, em 1968, é publicado como parte de uma obra maior sobre o pensamento religioso do século XVI, Febvre assevera:

> [...] o essencial, sem dúvida, é outra coisa — se é verdade que a grande obra de Calvino não foi redigir livros, pronunciar sermões, formular e defender dogmas. Foi "educar homens". Calvino criou, formou a mentalidade, moldou um tipo humano que se pode ou não gostar, com o qual se pode ou não sentir afinidades: como ele é, se constitui como um dos fermentos do nosso mundo, e não somente de nossa França. Calvino criou um tipo humano, o calvinista" (1968, p. 263).

No final de seu artigo, ao falar sobre o legado e a lembrança de Calvino, afirmando que estes não se resumem apenas a uma epígrafe numa sepultura, escreve: "Calvino não construiu um sepulcro de pedras mortas. Construiu ele mesmo com pedras vivas,

A civilização moderna e as ciências 217

como disse nosso velho Rabelais, 'são homens'" (ibidem, p. 267).[7] Fernand Braudel afirma no prefácio que "este *Coeur Religieux du XVI e Siécle* [Coração religioso do século XVI] é certamente o centro do pensamento mais original de Lucien Febvre. É suficiente por si só" (ibidem, p. 1, "Note Liminaire" [nota introdutória]).

Febvre apresenta um Calvino "cuja repercussão foi universal" (1968, p. 252) e "que possuía todas as características essenciais do gênio francês: a sobriedade e a moderação; uma lógica imperiosa e soberana; um sentido crítico alerta e temível; sobretudo, o dom de saber escolher" (ibidem, p. 253-4). E prossegue: "quando falava e escrevia, seu objetivo não era dizer tudo, confusamente, sem esquecer nada do que estava pensando. Seu objetivo era expressar o essencial, e somente o essencial, e expressá-lo com precisão, com clareza, boa ordem e boa lógica" (ibidem, p. 254). Para Febvre, um homem com capacidade de escolha, lucidez e análise como Calvino foi essencial para a Reforma em uma Europa completamente coberta de ruínas e incertezas. Desse modo, aponta o contexto existencial e sua mudança de rumos: "engano, confusão, desamparo. Foi então quando surgiu um homem. E apareceu um livro. O homem: João Calvino. O livro: *Instituição da religião cristã*" (ibidem, p. 256). Demonstra que Calvino não decidiu por si mesmo ser o reformador genebrino, mas foi conduzido por experiências diversas e uma sucessão de fatores múltiplos e que, ao considerar esses elementos, se entende como se forja "um condutor de homens" (ibidem, p. 257). Assim apresenta os meios providentes na gênese do reformador: formação acadêmica humanista e experiência religiosa. Ressalta: "a obra de Calvino é um oceano", "uma doutrina clara, lógica, coerente, perfeitamente ordenada por um mestre" (ibidem, p. 263). Febvre apresenta um homem que tem sua agenda de vida determinada única e tão somente pela obediência ao seu Deus. Submissão à vontade suprema de Deus, eis a motivação por excelência do reformador.

Febvre expõe a doutrina da predestinação em Calvino como o grande fator motivador de mudança na estrutura de pensamento

---

[7]Cottret diz ser esse um belo comentário sobre Calvino (2000, p. 13).

da Europa que se expressa em todos os níveis humanos, pois confere segurança em um mundo tomado pela angústia existencial no século XVI, e arremata:

> [...] doutrina de rara e profunda psicologia, a partir de nosso ângulo que nada tem de dogmático, que é de historiador e não de teólogo. A predestinação, a peça final do edifício, a coroação. O último toque da alma de um homem que não trai, que não teme, que se mostra fiel, sem medo, até a morte (ibidem, p. 267).

Ordem, lógica, coerência, capacidade crítica, segurança e firmeza — elementos essenciais para organizar a sociedade, a cultura, as ciências, o mundo. Eis a influência de Calvino como fundamento de uma civilização.

CALVINO E SUA INFLUÊNCIA NA CIVILIZAÇÃO MODERNA

Ricardo Cerni, ministro presbiteriano espanhol, aponta que "Calvino pode figurar como um dos fundadores do método e da organização que tanto caracterizam a nossa atual civilização, e isso de modo algum é negativo" (1992, p. 57). Daniel Boorstin, historiador judeu, declara que "foi Calvino quem forneceu um modo de organização de igrejas que abriu caminho para o moderno mundo ocidental de democracia, federalismo e governo representativo" (2003, p. 151).[8] Nessa perspectiva de análise, observemos também a concepção do historiador católico Daniel-Rops sobre a influência do reformador genebrino:

> Poucos homens, no entanto, deixaram sobre a terra um rastro tão profundo. Quem poderá apagar a sua grandeza? Semeou grandes ideias, realizou grandes coisas e determinou grandes acontecimentos. A história não teria sido tal como foi se ele não tivesse vivido,

---

[8]À frente ainda expõe: "a forma presbiteriana de direção da igreja, da qual Calvino foi o fundador, estava muito presente no espírito das modernas instituições políticas representativas ocidentais" (ibidem, p. 154).

pensado e agido com a sua vontade implacável. [...] Calvino pertence incontestavelmente ao pequeníssimo grupo de mestres que, no decorrer dos séculos, moldaram com as suas mãos o destino do mundo (1996, p. 421).

André Biéler se refere a Calvino como o "profeta da era industrial", em uma obra que versa sobre a ética do reformador (1964). Denis Crouzet, historiador da Sorbonne, fala da edificação de uma nova humanidade a partir de Calvino (2001, p. 157-203). Pierre Pierrard, outro historiador católico, também defende a mesma tese sustentada por Léonard, quando afirma de Calvino: "pode-se dizer que fora o fundador de uma civilização" (1982, p. 177).[9] Esta tese também é sustentada de certo modo, mesmo que não se concentre nesse tópico em seus pormenores, por Tzvetan Todorov quando analisa o humanismo na França (2005, p. 22). Para ele, o principal aspecto dessa modernidade que surge a partir de Calvino diz respeito ao conceito de individualidade, ou seja, valorização do indivíduo por excelência.

Um aspecto enfatizado por Johannes Neunhaus deve ser lembrado como um elemento vital na estrutura de formação do reformador: "Calvino acolheu em si mesmo todo o conteúdo da educação humanista, mantendo submissa sua consciência ao Deus grandioso e poderoso" (1909, p. 2).

Certamente esses são apenas alguns apontamentos esparsos que reverberam extensivamente nos escritos de outros tantos analistas das mais diversas matizes de pensamento e áreas de estudo. Observemos alguns exemplos da influência de João Calvino na linguagem e nas ciências em geral (outros aspectos como arte, literatura, economia, educação e ética podem ser vistos nos capítulos anteriores).

---

[9]No contexto da Academia de Genebra, Pierrard afirma que Calvino influenciou a toda a Europa (p. 175). Outro historiador católico expõe sobre Calvino: "Seu epistolário, todavia (mais de 4.000 cartas conhecidas!), nos mostra um homem afetuoso e sociável, de rica sensibilidade e fiel aos seus amigos, enquanto suas obras revelam a vasta gama de seus interesses, da literatura clássica à economia, ao direito e à política. Talvez seja esse o segredo da influência mundial que ele veio a exercer, apesar da saúde precária, do ingente trabalho que o sobrecarregava e das grandes preocupações que o oprimiam. Calvino é, sem dúvida, um extraordinário organizador e um forte temperamento de chefe" (MARTINA, 2008, p. 148).

Linguagem

Uma das características mais determinantes na produção de sentido, unidade e herança histórica em uma civilização é a sua linguagem. Examinemos, deste modo, a presença marcante da teologia de João Calvino no campo da linguagem. Calvino é exposto por Olivier Millet, professor de literatura francesa da Université de Bâlle, como o inaugurador da prosa do francês moderno (1995, p. 8);[10] enquanto, Patrick Collinson, professor de história moderna na Universidade de Cambridge, o apresenta como o fundador do francês literário do futuro (2006, p. 58)[11] e aponta que as *Institutas* marcam "o advento literário do idioma francês moderno" (ibidem, p. 111),[12] além de considerá-la o "livro com o qual [Calvino] iria transformar o mundo" (ibidem, p. 110); para o crítico literário Émile Faguet, Calvino é "o maior escritor do século XVI" (1898, p. 188); Mircea Eliade, historiador das religiões, assevera que a *Instituição da religião cristã*, obra-prima de Calvino, fora "notável por sua perfeição literária" (2011, p. 232);[13] para Bernard Cottret, a obra principal de Calvino, juntamente com os *Ensaios* de Montaigne, inaugura a formação da identidade literária francesa (2002, p. 307); Will Durant afirma que

---

[10]Afirmação corroborada por Willemart: "Organizador religioso, mas também grande escritor, Calvino foi, de um certo modo, fundador da prosa francesa com a *Institution* e seus tratados" (WILLEMART, 2000, p. 43). Compare com TILLEY, 1904, p. 224-38; DELISLE; WOODSWORTH, 1995, p. 52-3; LA HARPE, 1840, p. 597; BONALI-FIQUET, 1991, p. 13; FAGUET, 1898, p. 127-97.

[11]"[Calvino] teve aulas com Mathurin Cordier, que aperfeiçoou os dotes linguísticos do homem que faria no idioma francês o que Lutero estava já fazendo em alemão e Tyndale em inglês" (COLLINSON, 2006, p. 109).

[12]Ainda aponta Collinson: "Calvino publicou tanto em francês quanto em latim, pois visava sempre à sorte da Reforma em sua terra natal, e em algumas de suas obras em latim intitulou-se porta-voz da causa geral da Reforma, o que fez com eficiência. Mas Calvino pode ser considerado autor de um só livro, ou pelo menos de um livro que sobrepujou todos os demais, seus *Institutos*, e vale a pena investigar de que tipo de livro se tratava, tanto na arquitetura quanto no conteúdo. *Institutio* significava 'instrução', e era originalmente uma espécie de catecismo, com seis modestos capítulos na primeira edição de 1536, mas também um manifesto, que continha uma dedicatória ao rei Francisco I que dizia: 'Este é o nosso objetivo'. A edição de 1539 foi mais extensa, com 17 capítulos. [...] Em suas versões finais (latim 1559; francês 1560), os *Institutos* se tornaram verdadeira *summa*, com oitenta capítulos dispostos em quatro tomos, adaptados à estrutura do Credo dos Apóstolos" (2006, p. 116-7).

[13]"[...] o livro que logo se tornaria a declaração mais significativa do protestantismo contida num único texto, as *Institutas da religião cristã*" (LINDBERG, 2001, p. 302). Compare com CASTARÈDE, 2004, p. 43; AYRES-BENETT, 1996, p. 153-6.

"a forma deste trabalho constitui uma das mais expressivas produções de que há registro na literatura francesa" (2002, p. 384); Jean Delumeau registra sobre as *Institutas*: "será a primeira grande síntese religiosa escrita em francês, e é um monumento da literatura francesa" (2000, p. 233); Emmanuel Le Roy Ladurie se refere à obra como um "livro magistral" (1999, p. 152).[14] Otto Maria Carpeaux enfatiza que o "brilhante" prefácio das *Institutas* de Calvino "desafiam a admiração dos eruditos" (1976, p. 27).[15] O especialista em literatura francesa, Roberto Alvin Corrêa, defende que João Calvino "vertendo para o francês a sua própria obra, *Instituição cristã*, conferiu à língua como que nova dignidade" (1947, p. 85). Deparamo-nos ainda com o pedagogo italiano Franco Cambi que apresenta Calvino como o "antecipador do mundo moderno" (1999, p. 252) e, ao descrever a Academia de Genebra, assevera "que pode ser considerada a obra-prima de Calvino na sua qualidade de organizador de cultura" (ibidem).[16] Mark Shaw propõe: "A influência de Calvino se espalhou por toda a Europa. Na época de sua morte, ele havia se tornado o líder internacional da Reforma e uma das figuras mais importantes na formação do pensamento do mundo moderno" (2004, p. 53).[17] Tais afirmações também servem para confirmar a tese de Léornard como plausível e amplamente aceita por estudiosos de uma gama diversa de matizes ideológicas e campos de estudo distintos.

Ciência moderna

O sistema calvinista ainda apresenta parâmetros norteadores para a ciência. Calvino também o fez com extrema maestria. O princípio

---

[14]"Mas, em maior número do que todas estas obras, avultam os textos de Calvino: 256 edições, de 1550 a 1564, das quais 160 em Genebra. A *Instituição cristã* é, então, só por si, objeto de 25 edições, nove em latim e dezesseis em francês, a maior parte das quais provém dos prelos genebrinos" (FEBVRE, 2000, p. 402).
[15]Compare com ORLANDI, 1990, p. 105. "Esta carta é uma obra-prima de um advogado de defesa em favor da causa do protestantismo francês e manifestou claramente aos protestantes em toda parte a capacidade de liderança de Calvino" (LINDBERG, 2001, p. 303).
[16]"Em 1536, chamado por Guilherme Farel em Genebra, ele modela uma comunidade humana tendo como base a religião evangélica. Genebra torna-se o centro de formação dos pastores que serão enviados para todas as comunidades francesas e que permitirão a unidade da Igreja Evangélica Reformada" (WILLEMART, 2000, p. 42).
[17]Compare com DUMONT, 1985, p. 63.

da acomodação da linguagem da Bíblia será central nesse propósito de desenvolvimento da ciência moderna. Conforme atesta Karen Armstrong, escritora especializada em religiões monoteístas:

> Lutero separou a religião da política porque repudiava os métodos coercivos da Igreja Católica Romana, que usara o Estado para impor suas próprias normas e sua ortodoxia. Calvino não partilhava essa visão de um mundo sem Deus. Como Zwuingli, acreditava que os cristãos deviam expressar sua fé participando da vida política e social, e não recolhendo-se a um mosteiro. Ajudou a batizar a emergente ética do trabalho capitalista, proclamando que o trabalho é uma vocação sagrada, e não, como os medievais pensavam, um castigo divino para o pecado. Ao contrário de Lutero, não estava desencantado com o mundo natural. Achava possível ver Deus em sua criação e recomendava o estudo da astronomia, da geografia e da biologia. Tinha bons cientistas entre seus seguidores. Não via contradição entre a ciência e as Escrituras. Em sua opinião a Bíblia não fornece informações literais sobre geografia ou cosmologia, mas tenta exprimir uma verdade inefável em termos que os limitados seres humanos possam entender. A linguagem bíblica é infantil — uma simplificação deliberada de uma verdade complexa demais para ser articulada de outro modo (2001, p. 87).[18]

A Reforma protestante do século XVI foi um movimento essencialmente de caráter religioso/teológico, um retorno à Bíblia como única regra de fé e prática; no entanto, esse movimento produziu transformações em todos os campos da sociedade e do saber humano. Com ciência não foi diferente. Além disso, se faz necessário um recorte, considerando a amplitude e abrangência da temática; para tanto, no concentraremos apenas em João Calvino, o que mesmo assim já seria amplamente suficientes para milhares de páginas de estudos sobre seu pensamento acerca da ciência. Entretanto, vejamos um extrato das *Institutas* que consideramos um apropriado ponto da partida inicial:

---

[18]Compare com CAVALCANTI, 2000.

A civilização moderna e as ciências   223

[...] visto que no conhecimento de Deus está posta a finalidade última da vida bem-aventurada, para que a ninguém fosse obstruído o acesso à felicidade, não só implantou Deus na mente humana essa semente de religião a que nos temos referido, mas ainda de tal modo se revelou em toda a obra da criação do mundo, e cada dia nitidamente se manifesta, que eles não podem abrir os olhos sem serem forçados a contemplá-lo. Por certo que sua essência transcende a compreensão, de sorte que sua plena divindade escapa totalmente aos sentidos humanos. Entretanto, em todas as suas obras, uma a uma, imprimiu marcas inconfundíveis de sua glória, e na verdade tão claras e notórias, que por mais brutais e obtusos que sejam, tolhida lhes é a alegação de ignorância. [...] desde o instante em que, na criação do mundo, exibiu seus adereços, em virtude dos quais agora, quantas vezes volvemos os olhos para qualquer lado, sua glória nos é patente. [...] essa ordem tão admiravelmente estruturada do universo nos serve de espelho em que podemos contemplar ao Deus que de outra sorte seria invisível. [...] Inumeráveis são, tanto no céu quanto na terra, as evidências que lhe atestam a mirifica sabedoria. Não apenas aquelas coisas mais recônditas, a cuja penetrante observação se destinam a astronomia, a medicina e toda a ciência natural, senão também aquelas que saltam à vista a qualquer um, ainda o mais inculto e ignorante, de sorte que nem mesmo podem abrir os olhos e já se veem forçados a ser-lhes testemunhas" (CALVINO, 2008, I.5.1-2).

Essas afirmações de Calvino sobre a ciência demonstram o apreço que o reformador possuía pelas ciências de um modo geral, porquanto a organização e ordem da criação expressam a sabedoria do Criador. Ao considerar a criação dessa forma singular, diante da perspectiva vigente, acaba por estimular o estudo científico da criação. Sua perspectiva da revelação fora aqui determinante para o desenvolvimento das ciências naturais. Para Calvino, toda a ciência e conhecimento humano verdadeiro são dádivas de Deus que objetivam a glória do próprio Criador. Assim, quanto mais o homem se aprofundar nesse conhecimento verdadeiro produzido pela investigação da criação, mais se aproximará dos segredos da sabedoria divina.

224   O legado de Calvino

Outra contribuição determinante para o progresso da ciência moderna realizado por Calvino foi seu método hermenêutico, o qual não identificou a Bíblia como um livro de ciências naturais, e, desta feita, fugiu da interpretação literalista de sua época — a Bíblia não é um manual de astronomia ou biologia, ou de qualquer outro campo científico —, seguindo a concepção da acomodação de linguagem e enfatizando que o objetivo central das Escrituras é revelar o Criador e a redenção em Cristo Jesus. Desta feita, Deus se adapta à linguagem humana com o objetivo de fazer-se compreender. Contudo, é necessário enfatizar que as Escrituras nos fornecem óculos com os quais podemos interpretar toda a realidade que nos cerca, incluso nisto todo o universo criado.

Os cientistas modernos, a partir do século XVI, que seguiram essa concepção calvinista, como Kepler, compreendiam que a sua atividade se assemelhava a de um sacerdote de Deus na função de interpretar adequadamente o livro da natureza visando única e tão somente à glória de Deus. Compreenderam que o homem, em todas as suas faculdades, incluindo o intelecto, devem glorificar a Deus.

Ciências humanas

Do mesmo modo que a hermenêutica de Calvino contribuiu para a formação da ciência moderna, especificamente as ciências naturais[19] com o seu conceito de acomodação de linguagem, a teologia bíblica de Calvino influenciou o desenvolvimento das ciências humanas[20] — "Calvino era um genuíno humanista, estando profundamente interessado pelo ser humano" (COSTA, 2009, p. 389) — e, consequentemente, a antropologia também será influenciada pela sua estrutura de pensamento. Jean de Léry, huguenote francês que veio ao Brasil como missionário, é exemplo dessa abrangência

---

[19]Cf. HOOYKAAS, 1988, p. 152-61; McGRATH, 2005, p. 23-5; COSTA, 2009, p. 367-93.
[20]Cf. MOLTMANN, in: CERVANTES-ORTIZ, 2009, p. 257-8; BIÉLER, in: ibidem, p. 259-82; BARTH, in: ibidem, p. 283-91; PORRAS, in: ibidem, p. 395-401; COETZEE, in: ibidem, p. 402-20; COSTA, 2009, p. 325-93; BIÉLER, 1999; 1970; 1990; McGRATH, 2004, p. 203-94; VAN TIL, 2010, p. 105-38; TAWNEY, 1971, p. 109-34; VOEGELIN, 1982, p. 101-17; SKINNER, 1996; ALTHUSIUS, 2003; BODIN, 2011.

quando escreve a obra singular *História de uma viagem feita à Terra do Brasil* (BIÉLER, 1990, p. 245-50). Isso ocorre porque Calvino apresenta uma interpretação diferente da correntemente aceita em sua época, que entendia a imagem de Deus no homem como uma realidade não presente em todos os seres humanos,[21] mas apenas e tão somente nos cristãos, gerando graus de humanidade e valorização não somente entre o ser humano de um modo geral, mas também especificamente entre os próprios cristãos; desta feita, mais santidade por parte do cristão implicaria mais reflexo da imagem de Deus nele. A transposição desse conceito de "cristão" reflexo da imagem de Deus, portanto, valorativo como equivalente a "europeu", foi natural; desse modo, a lógica eurocêntrica prevalece, e sua interpretação pejorativa do habitante do Novo Mundo passa a ser algo habitual nas interpretações provindas de alguns católicos, dentre eles André de Thevet.[22] No entanto, para Calvino,

---

[21] "[...] parece que a imagem de Deus **não** se encontra em todo homem. [...] Ora, todos os homens não foram predestinados. Logo, nem todos os homens têm a conformidade da imagem. [...] Ora, pelo pecado o homem perde sua semelhança com Deus. Logo, perde a imagem de Deus. [...] Visto que é em virtude de sua natureza intelectual que se diz ser o homem à imagem de Deus, ele o é sobretudo na medida em que a natureza intelectual pode imitá-lo ao máximo, naquilo em que Deus se conhece e ama. Por conseguinte, a imagem de Deus no homem poderá ser vista de três maneiras. Primeiramente, enquanto o homem tem uma aptidão natural para conhecer e amar a Deus, aptidão que reside na natureza da alma espiritual, comum a todos os homens. Segundo, enquanto o homem conhece e ama atual ou habitualmente a Deus, embora de maneira imperfeita. Trata-se então da imagem por conformidade de graça. Terceiro, enquanto o homem conhece e ama a Deus atual e perfeitamente. Tem-se então a imagem segundo a semelhança da glória" (AQUINO, 2002, II.93.4).

[22] "Ao resumir Polidoro Virgílio no início de uma descrição baseada na mesma filosofia das origens, Hacket mostra uma aguda compreensão da aposta ideológica do livro de Thevet. O que ele percebe, de Polidoro Virgílio a este último, não é a filiação direta, bastante clara, mas uma comunidade de preocupações, uma conduta análoga que recorre à comparação das tradições culturais de diversos povos para tentar extrair um modelo geral e assentar sobre este a superioridade da Europa cristã. [...] "Ao empreender uma arqueologia da Europa por intermédio da América, valoriza-se menos um progresso contínuo de uma a outra do que uma ruptura fundamental e determinante entre duas eras: a de antes e a de depois da Revelação. Os Tupi não tiveram acesso, até o presente, à era da Redenção. Estão separados da Verdade, o que se exprime de maneira muito concreta por seu manifesto despojamento e sua evidente barbárie. A nudez e o canibalismo são sinais tangíveis dessa separação, mas também o desconhecimento de técnicas elementares como o cultivo da terra com o arado, a fundição do ferro e a forjadura dos metais, a arte equestre, as armas de fogo.

a imagem de Deus no homem não fora perdida quando do pecado; ela foi deformada pela Queda, mas não foi perdida, ou seja, todo ser humano ainda é e continua a ser imagem e semelhança de Deus.[23] Deste modo, Calvino enfatizou a importância e o valor do ser humano,[24] no entanto, devemos enfatizar que, para ele, o valor do homem é derivado do próprio Deus, e não como algo intrinsecamente independente do Criador.

Calvino enfatiza nas *Institutas*:

> Quase toda a suma de nossa sabedoria, que deve ser considerada verdadeira e sólida, compõe-se de duas partes: o conhecimento de Deus e o conhecimento de nós mesmos. Como são unidas entre si por muitos laços, não é fácil discernir qual precede e gera a outra. Pois, em primeiro lugar, ninguém pode olhar para si sem que volte imediatamente seus sentidos para Deus, no qual vive e se move,

---

[...] "A partir de então, o selvagem vai servir de contraste ao cristão da Europa, o qual, por pouco que respeite os mandamentos, conta com a fortuna de sua eleição divina e da certeza da Redenção. O catálogo dos inventores corroboraria então um pensamento hierárquico, realçando nessa medida o privilégio reservado à cristandade sobre o resto do mundo" (LESTRINGANT, in: NOVAES, 1999, p. 38-9).

[23]"Não há dúvida de que, quando caiu de sua dignidade, Adão foi afastado de Deus por causa de tal fraqueza; embora a imagem de Deus não fosse absolutamente esvaziada e destruída, ainda assim se corrompeu de tal maneira que não restou senão uma horrenda deformidade. Por isso, o começo da recuperação da salvação está na restauração que alcançamos por meio de Cristo, o qual, por essa razão, é chamado Segundo Adão" (CALVINO, 2008, I.15.4). Na obra de 1537, *Instrução na fé*, ao comentar sobre o mandamento "Não matarás", afirma Calvino: "Aqui somos proibidos de toda violência e injúria e, de modo geral, de qualquer ofensa que possa ferir o corpo do nosso próximo. Pois, se lembrarmos que o homem foi feito à imagem de Deus, devemos considerá-lo como santo e sagrado, de tal forma que ele não possa ser violado sem que também nele seja violada a imagem de Deus" (in: FARIA, 2008, p. 53). "É preciso agora falar da criação do homem, não só porque é, entre as obras de Deus, a espécie mais nobre e mais admirável, tanto de sua justiça quanto de sua sabedoria e bondade, mas porque, como dissemos no início, Ele não pode ser apreendido plena e solidamente por nós a não ser pela apreensão de nós mesmos" (CALVINO, 2008, I.15.1).

[24]Faber, em um contexto de discussão e análise acerca dos sacramentos, afirma: "Como humanista, Calvino atenta para a maneira como algo se torna importante para as pessoas. Descreve Deus praticamente como um retórico que deseja alcançar o ser humano de todas as maneiras" (2008, p. 61). Já Erickson e Murphy afirmam: "João Calvino (1509-1564), o teólogo francês, é considerado um profeta, tendo uma nova visão da vida humana" (2008, p. 84).

porque não há dúvida acerca de que não provenham de nós as qualidades pelas quais nos sobressaímos. Pelo contrário, é certo que não sejamos senão a subsistência no Deus uno. [...] Por isso, o reconhecimento de si não apenas instiga qualquer um a buscar a Deus, mas ainda como que o conduz pela mão para reencontrá-lo. Consta, pelo contrário, que o homem jamais chega a um conhecimento puro de si sem que, antes, contemple a face de Deus, e, dessa visão, desça para a inspeção de si mesmo (2008, I.1.1-2).

No prefácio ao Novo Testamento em 1535, Calvino declara:

Deus, o criador muito perfeito e excelente obreiro de todas as coisas, além de suas criaturas nas quais já havia mostrado mais que admirável, ainda havia formado o homem como uma obra-prima cuja excelência singular pôde-se contemplar. Pois ele o havia formado à sua imagem e semelhança (Gênesis 1:26), de tal maneira que a luz de sua glória reluzia claramente nele (in: FARIA, 2008, p. 14).

Em tempo, o conceito de valor do ser humano é derivado e determinado pelo Criador. Deste ponto surge uma antropologia que será influente desde a modernidade até o tempo presente. Influência perceptível pela série de edições que a obra de Jean Léry terá desde a sua primeira publicação, em 1578.[25] Frank Lestringant assevera objetivamente que Léry escreveu "o primeiro ensaio de antropologia digno deste nome publicado na França" (in: LÉRY, 1994, p. 29).

Essa valorização do ser humano estabeleceu as bases necessárias para a educação, por exemplo, pois todo ser humano possui a capacidade inerente de aprender. A preocupação, o zelo e o impulso em labutar no campo educacional por parte de Calvino estavam íntima e intrinsecamente associados ao seu conceito de que o homem foi criado à imagem e semelhança de Deus, portanto, este deveria ser servido em todos os âmbitos possíveis.

---

[25]"La Rochelle, 1578; Rouen, idem; e depois Génève, 1580, La Rochelle, 1585; e Paris, 1586" (VARNHAGEM, 1956, p. 287).

228   O legado de Calvino

Portanto, o homem possui a capacidade essencial de aprender e produzir conhecimento, conforme externaliza o reformador.[26]

O ano de 1536 tem grande importância para Genebra no campo da educação,[27] pois Calvino redige um programa de governo para a cidade onde enfatiza a necessidade do conhecimento e, para tanto solicitava a criação de escolas na cidade. Apresentou um projeto educacional gratuito para a cidade de Genebra, destinado tanto a meninos quanto a meninas; aqui, encontramos o início da "primeira escola primária, gratuita e obrigatória de toda a Europa" (COSTA, 2009, p. 334). As ideias educacionais de Calvino influenciaram os huguenotes na França, os valões da Holanda e Bélgica, os puritanos na Inglaterra, os presbiterianos na Escócia e, mais tarde, as colônias inglesas da América. Dizia Calvino que o saber "era necessidade pública para assegurar boa administração política, apoiar a igreja indefesa e manter a humanidade entre os homens" (LUZURIAGA, 1979, p. 112).

Calvino é enfático quando elabora uma filosofia da educação em germe que norteará suas práticas no campo educacional; observemos:

> As escolas não são apenas a semente das igrejas, mas nelas educamos o espírito segundo a forma de viver. Assim, as escolas são fontes de humanidade, durante toda a vida, e aqueles que desprezam isto devem continuar necessariamente na escuridão, confusão religiosa, superstição, destruição das leis, letras e artes, esquecimento da

---

[26]"Seguem-se as artes, sejam liberais, sejam manuais, pelas quais há de se aprender. Também nelas aparece a força da sutileza humana, uma vez que certa aptidão é inerente a todos nós. Ainda que nem todos sejam capazes para o aprendizado de tudo, há um indício satisfatório de uma energia comum, pois não se encontra ninguém em que não se descubra uma perfeita compreensão de alguma arte. E não dispõe da energia e da facilidade apenas para aprender, mas para imaginar algo novo em alguma arte, ou para ampliar e lustrar o que alguém tenha antes ensinado. E Platão, uma vez que disseminou um erro, ao ensinar que tal compreensão nada mais fosse que a recordação, obriga-nos, assim, a confessar, por uma excelente razão, que seu princípio foi inspirado pelo entendimento humano. Portanto, esses ensinamentos atestam abertamente que a compreensão universal da razão e da inteligência está incutida de forma natural nos homens. Assim, entretanto, universal é o bem, dado que nele cada um deva reconhecer por si a graça peculiar de Deus" (CALVINO, 2008, II.2.14).

[27]Para mais detalhes quanto ao presente assunto, cf. GUTEK, 2001, p. 84-97.

antiguidade e da história, enfim, desvanecer a humanidade: finalmente uma barbárie infinita em todas as partes da vida. Por esta causa, todos os governantes sábios devem criar escolas para serem principalmente úteis à coisa pública e à boa ordem, e serem o principal adorno e ornamento da cidade. Quais, portanto, são as razões, por mais veementes, devemos manter as escolas da igreja? Avançar a doutrina da igreja, e todas as boas ciências, que são úteis tanto para explicar a doutrina celeste, quanto para governar as outras coisas concernentes à vida do homem? É nosso dever estimular esta prática da igreja em todo tempo. Visto que a igreja jamais floresceu sem escolas (IOANNIS CALVINI, 1866, p. 375).

A Academia de Genebra foi inaugurada em 5 de junho de 1559, na Igreja de São Pedro, sob a direção de Teodoro de Beza,[28] possuía as cadeiras de grego, hebraico e filosofia. Thomas Ransom Giles afirma: "A Academia representa o ápice do sistema. [...] o êxito da escola é imediato, a ponto de atrair alunos da França, da Inglaterra, da Holanda e da Escócia, países em que serve de modelo" (1987, p. 126). Nas palavra de Pierre Bertrand, em sua história de Genebra: "[a Academia] será a primeira fonte da Genebra intelectual" (s/d, p. 62); e ainda afirma que a própria cidade de Genebra foi fundada sobre a Palavra de Deus, que era grandemente ensinada a todos em todo tempo.

A PREGAÇÃO DA PALAVRA: CERNE DA INFLUÊNCIA

Diante desses poucos exemplos nos vem à lume a pergunta: como é possível influenciarmos hoje a sociedade da qual fazemos parte? A história de Calvino nos ensina! Diríamos inicialmente que é possível se tivermos plena consciência de dependência e submissão

---

[28]"Ao apontar Beza como líder, ele escolheu um humanista conhecido internacionalmente e um homem das letras que escrevia e amava poesia e já havia publicado uma peça. Beza pronunciou um discurso na cerimônia inaugural em 5 de junho de 1559, apresentando uma história da educação no passado, referindo-se a como Moisés aprendeu a sabedoria dos egípcios e congratulando o Concílio por propiciar que Genebra compartilhasse da gloriosa obra de difusão de um conhecimento que estava livre de superstições" (WALLACE, 2003, p. 89).

230 **O legado de Calvino**

à vontade de Deus. Eis o exemplo: Calvino, em uma carta escrita a Farel, datada de 1540, após três anos em Estrasburgo (1538-1541) vivendo a vida que sempre desejou — pregando, ensinando, escrevendo, enfim, pastoreando —, escreve as seguintes palavras como expressão de sua piedade:

> Quanto à maneira como pretendo proceder, eis qual é meu presente sentimento: se eu tivesse alguma escolha, nada me agradaria menos do que seguir seu conselho. Mas quando me lembro que não pertenço mais a mim mesmo, ofereço meu coração, apresentando como sacrifício ao Senhor. Portanto, não há fundamento para estar apreensivo, achando que só conseguirá belas palavras. Nossos amigos estão decididos e comprometidos sinceramente. E quanto a mim, asseguro que não tenho outro desejo senão o de que, pondo de lado qualquer consideração por mim, busquem apenas o que é mais importante para a glória de Deus e o benefício da igreja. Conquanto eu não seja tão ardiloso, não me faltariam pretextos pelos quais pudesse, astutamente, me esquivar de maneira a justificar-me facilmente diante dos homens, mostrando-lhes que não houve erro da minha parte. No entanto, tenho plena consciência de que é com Deus que tenho de tratar, à vista do qual não se sustentam tais artifícios da imaginação. Por isso, submeto minha vontade e os meus sentimentos, branda e resolutamente, à obediência a Deus (2009, p. 49-50).[29]

Patrick Collinson, professor de Cambridge, instiga-nos com duas indagações: "Como Calvino conseguiu fazer o que fez? Como foi que, por volta de 1553, a magistratura civil já se tornara ainda mais zelosa do que o próprio Calvino na decisão de 'viver segundo o Evangelho?'" Eis sua resposta:

> A resposta mais simples é sua capacidade de pregação no púlpito, que fez Genebra submeter-se à vontade de Deus. Foi um ataque

---

[29]Compare com WALLACE, 2003, p. 28; VAN HALSEMA, 1968, p. 122; LESSA, s/d, p. 140. Esta carta é encontrada na íntegra em: CALVIN, 1998, n° 73, p. 272-3.

impiedoso aos ouvidos da cidade. Havia sermões diários, e três aos domingos. A contribuição de Calvino foi de 260 sermões por ano (2006, p. 115).

Collinson prossegue: "o sermão era provavelmente o meio mais poderoso de comunicação oral do alto para baixo" (ibidem, p. 194). Por fim, afirma que "a Reforma prescreveu uma nova primazia dos ouvidos sobre os olhos" (ibidem, p. 50). É a fiel pregação da Palavra transformando crianças, mesmo a despeito da idade avançada, em homens maduros. O meio por excelência para influenciar a sociedade é a pura, simples e fiel pregação da Palavra de Deus vivida na prática diária dos filhos de Deus como um testemunho concreto de sua obediência ao Senhor.

Após os três anos em Estrasburgo (1538-1541), em 13 de setembro de 1541, Calvino retorna a Genebra e assume o pastorado da igreja. Já na sua primeira oportunidade de pregar a Palavra, ele demonstra seu zelo e compromisso com a essência intrínseca do ministério pastoral. Vejamos o relato de Timothy George:

> No primeiro domingo após seu retorno, ele subiu ao púlpito da Catedral de São Pedro. A grande catedral gótica estava abarrotada de genebreses curiosos, que esperavam ouvir um Calvino exultante açoitando seus oponentes, os quais o haviam tirado da cidade, e lançado um inflamado sermão do tipo "eu-os-avisei" à assembleia inteira. Numa carta a Farel, Calvino contou o que fez: "Depois de um prefácio, continuei com a exposição de onde havia parado — com o que mostrei que havia interrompido meu ofício de pregador durante algum tempo, e não que tinha desistido dele inteiramente". Nada poderia ter sido menos impressivo ou mais eficaz. Calvino simplesmente começou de onde tinha parado três anos antes, no mesmo capítulo e versículo do livro da Bíblia (não sabemos qual era, nem isso importa) que estava pregando. Dessa forma, Calvino demonstrou que ele pretendia que sua vida e sua teologia não fossem um recurso de sua própria criação, mas um testemunho responsável da Palavra de Deus (1993, p.184-5).

O escritor e jurista brasileiro Fábio Konder Comparato, professor de direito da Universidade de São Paulo, testemunha sobre Calvino, declarando: "movido pelo dever de pregar integralmente a Palavra do Senhor [...] Calvino permaneceu sempre rigidamente apegado à ideia de que tudo, inclusive a própria fé, nos vem de Deus, pois desde o pecado original nada de bom nos advém por nosso próprio mérito" (2006, p. 177).

Steven J. Lawson também o faz expondo:

> Durante os anos em Genebra, Calvino via o púlpito como sua responsabilidade mais importante, o principal trabalho de seu chamado pastoral. Assim, o magistral reformador entregou-se à exposição da Palavra como talvez nenhum outro na história o tenha feito. Ele estimou e exaltou a pregação bíblica ao nível da mais elevada importância, e também fez dela o seu compromisso vitalício (2008, p. 17).

James Montgomery Boice, pastor presbiteriano, ao falar sobre o meio pelo qual é possível restaurar a vitalidade da igreja em nossa época com doutrinas bíblicas que mudaram o mundo, cita inevitavelmente o pregador Calvino, enfatizando:

> Calvino não tinha outra arma a não ser a Bíblia. Desde o princípio, sua ênfase tinha sido no ensino da Bíblia [...]. Calvino pregou biblicamente todos os dias, e sob o poder daquela pregação a cidade começou a ser transformada. Como as pessoas de Genebra adquiriram conhecimento da Palavra de Deus e foram mudadas por ela, a cidade se tornou, como John Knox chamou mais tarde, uma Nova Jerusalém de onde o evangelho se difundiu para o resto da Europa, Inglaterra e o Novo Mundo" (2003, p. 81).

E, por fim, conclui:

> Provavelmente nunca existiu um exemplo mais claro de reforma moral e social extensivas do que a transformação de Genebra sob o ministério de João Calvino, e isto foi realizado quase completamente pela pregação da Palavra de Deus (ibidem, p. 82).

Um dos principais biógrafos e historiadores de Calvino, o francês Emile Doumergue (1844-1937), declarou, em 1909, quando da comemoração dos quatrocentos anos do nascimento de Calvino do mesmo púlpito que pregou o reformador:

> Para mim, o Calvino verdadeiro, que explica todas as outras faces de Calvino, é o Calvino pregador de Genebra, que moldou o espírito dos reformadores do século dezesseis por meio de suas palavras. [...] Embora Calvino seja lembrado como um teólogo que restabeleceu os marcos doutrinários enterrados sob os escombros de séculos de confusão, ou como um argumentador inteligente cujo nome os oponentes tentaram ligar a crenças que consideravam odiosas, a verdade é que Calvino via si mesmo, antes de tudo, como um pastor da igreja de Cristo e, portanto, como alguém cuja principal tarefa deve ser pregar a Palavra (in: LAWSON, 2008, p. 18).

Calvino considerava a pregação "o incomparável tesouro da Igreja" (WOLTERSTORFF. In: McKIM, 1998, p. 250).

Em 28 de abril de 1564, Calvino chama os pastores de Genebra à sua casa para se despedir deles, faz um pedido para evitarem inovações e os encoraja dizendo: "Deus servir-Se-á desta Igreja e mantê-la-á e vos asseguro que Deus a defenderá" (BONNET, 1854, II, p. 576-9 *apud* DELUMEAU, 1989, p. 121). Em seguida, declara tacitamente:

> Quanto à minha doutrina, tenho ensinado com fidelidade e Deus me concedeu a graça de escrever: o que eu fiz o mais fielmente que pude e não adulterei uma única passagem da Escritura nem a deturpei conscientemente. E muito embora tivesse realmente possibilidades de descobrir sentidos sutis, se me tivesse aplicado com subtileza, empreendi tudo isso e me apliquei com simplicidade (DELUMEAU, 1989, p. 123).

Seguindo-se à sua fala: "Despediu-se, diz um assistente, com delicadeza de todos os irmãos que lhe apertaram a mão um por um, todos se debulhando em lágrimas" (ibidem).

Por fim, a propósito das palavras do principal especialista em Calvino no Brasil, Hermisten Maia Pereira da Costa, resume o ponto central deste texto: "Calvino contribuiu para forjar um tipo novo de homem: 'o reformado', que vive no tempo, o seu tempo, para a glória de Deus!" (1999). Eis apenas um pequeno lampejo da influência intelectual do reformador João Calvino na construção do mundo moderno.

REFERÊNCIAS BIBLIOGRÁFICAS

ALTHUSIUS, Johannes. *Política*. Rio de Janeiro: Topbooks, 2003.

AQUINO, Tomás de. *Suma teológica*. São Paulo: Loyola, 2002.

ARMSTRONG, Karen. *Em nome de Deus:* o fundamentalismo no Judaísmo, no Cristianismo e no Islamismo. São Paulo: Companhia das Letras, 2001.

AYRES-BENETT,Wendy. *A History of the French Language Through Texts*. London: Routledge, 1996.

BARTH, Karl. *El Gobierno y la Política*. In: CERVANTES-ORTIZ, Leopoldo (ed.). *Juan Calvino:* su vida y obra a 500 años de su nacimiento. Barcelona: Clie, 2009.

BERTRAND, Pierre. *Survol de L'Histoire de Genève*. Genève: Labor et Fides, s/d.

BIÉLER, André. *A força oculta dos protestantes*. São Paulo: Cultura Cristã, 1999.

_____. *Calvin, profete de l'ere industrielle*. Genève: Labor et Fides, 1964.

_____. *El Dinero y la Propriedad*. In: CERVANTES-ORTIZ, Leopoldo (ed.). *Juan Calvino:* su vida y obra a 500 años de su nacimiento. Barcelona: CLIE, 2009.

_____. *O humanismo social de Calvino*. São Paulo: Oikoumene, 1970.

_____. *O pensamento econômico e social de Calvino*. Casa Editora Presbiteriana: 1990.

BODIN, Jean. *Os seis livros da república*. São Paulo: Ícone, 2011.

BOICE, James Montgomery. *O evangelho da graça*. São Paulo: Cultura Cristã, 2003.

BOISSET, Jean. *História do protestantismo*. São Paulo: Difusão Europeia do Livro, 1971.

A civilização moderna e as ciências 235

BONALI-FIQUET, Françoise. *Introducion*. In: CALVIN, Jean. *Lettres à Monsieur et à Madame de Falais*, Textes Littéraires Français. Geneva: Librairie Droz, 1991.

BONNET, J. (ed.). *Lettres de Jean Calvin*. Paris: 1854, II.

BOORSTIN, Daniel J. *Os investigadores*, Rio de Janeiro, Civilização Brasileira, 2003.

CADIER, Jean. *Calvin*. Paris: Press Universitaires de France, 1966.

CALVIN, John, "Letter to Farel". *John Calvin Collection*. The Ages Digital Library, 1998, n. 73, p. 272-3.

_____. "Letter to Farel". *John Calvin Collection*, The Ages Digital Library, 1998, n. 73, p. 272-3.

CALVINI, Ioannis. *Opera Quae Supersunt Omnia. Actes de Ratisbonne*. Volumen V. Brunsvigae: C. A. Schwetschke, 1866.

CALVINO, João. *A instituição da religião cristã*. São Paulo: Unesp, 2008.

_____. *As cartas de João Calvino*. São Paulo: Cultura Cristã, 2009.

_____. *Instrução na fé*. In: FARIA, Eduardo Galasso (ed.). *João Calvino: textos escolhidos*. São Paulo: Pendão Real, 2008.

_____. *Primeiro prefácio — Novo Testamento (1535): epístola a todos os que amam a Jesus Cristo e seu evangelho*. In: FARIA, Eduardo Galasso (ed.). *João Calvino: textos escolhidos*. São Paulo: Pendão Real, 2008.

CAMBI, Franco. *História da pedagogia*. São Paulo: Unesp, 1999.

CARPEAUX, Otto Maria. *Reflexo e realidade*. Rio de Janeiro: Fontana, 1976.

CASTARÈDE, Jean. *Les Grands Auteurs de la Littérature Française*. Paris: Studyrama, 2004.

CAVALCANTI, Raïssa. *O retorno do sagrado*. São Paulo: Cultrix, 2000.

CERNI, Ricardo. *Historia del protestantismo*. Edinburgh: El Estandarte de la Verdad, 1992.

COETZEE, J.C. *Calvino y la Educacion*. In: CERVANTES-ORTIZ, Leopoldo (ed.). *Juan Calvino: su vida y obra a 500 años de su nascimiento*. Barcelona: Clie, 2009.

COLLINSON, Patrick. *A Reforma*. Rio de Janeiro: Objetiva, 2006.

COMPARATO, Fábio Konder. *Ética: direito, moral e religião no mundo moderno*. São Paulo: Companhia das Letras, 2006.

CORRÊA, Roberto Alvim. *Notas sobre o ensaio Literário na França in Província de São Pedro*. Vol. 9. Rio de Janeiro/Porto Alegre/ São Paulo: Globo, 1947.

COSTA, Hermisten Maia Pereira da. João Calvino: o humanista subordinado ao Deus da Palavra — a propósito dos 490 anos de seu nascimento. *Fides Reformata* IV, N.º 2, São Paulo: Mackenzie, 1999.

_____. *João Calvino — 500 anos:* introdução ao seu pensamento e obra. São Paulo: Cultura Cristã, 2009.

COTTRET, Bernard. *Calvin, a Biography.* Grand Rapids: Eerdmans, 2000.

_____. *Calvino, la fuerza e la fragilidade.* Madrid: Complutense, 2002.

CROUZET, Denis. *Calvino.* Barcelona: Ariel, 2001.

DANIEL-ROPS. *A igreja da Renascença e da Reforma, I. A Reforma Protestante.* São Paulo: Quadrante, 1996.

DELISLE, Jean; WOODSWORTH, Judith. *Les Traductiers dans l'Histoire.* Ottawa: Les Presses de l'Universitté d'Ottawa, 1995.

DELUMEAU, Jean. *Nascimento e afirmação da Reforma.* São Paulo: Pioneira, 1989.

_____. *De religiões e de homens.* São Paulo: Loyola, 2000.

DUMONT, Louis. *O individualismo:* uma perspectiva antropológica da ideologia moderna, Rio de Janeiro, Rocco, 1985.

DURANT, Will. *A Reforma:* história da civilização europeia de Wyclif a Calvino: 1300-1564. 3. ed. Rio de Janeiro: Record, 2002.

ELIADE, Mircea. *História das crenças e das ideias religiosas:* de Maomé à Idade das Reformas, vol. III. Rio de Janeiro: Jorge Zahar, 2011.

ERICKSON, Paul A.; MURPHY, Liam D. *A History of Anthropological Theory.* 3. ed. Ontário: University of Toronto, 2008.

FABER, Eva-Maria. *Doutrina católica dos sacramentos.* Rio de Janeiro: Loyola, 2008.

FAGUET, Émile. *Seizième Siècle: études littéraires.* Paris: Société Française, 1898.

FEBVRE, Lucien. *Au Coeur Religieux du XVIe Siècle.* Paris: École Pratique des Hautes Études, 1968.

_____; MARTIN, Henri-Jean. *O aparecimento do livro.* Lisboa: Fundação Calouste Gulbenkian, 2000.

GEORGE, Timothy. *Teologia dos reformadores.* São Paulo: Vida Nova, 1993.

GILES, Thomas Ransom. *História da educação.* São Paulo: E.P.U., 1987.

GUTEK, Gerald L. *Historical and Philosophical Foundations of Education: a biographical introduction.* 3. ed. New Jersey: 2001.

A civilização moderna e as ciências 237

HALSEMA, Thea B. Van. *João Calvino era assim*. São Paulo: Vida Evangélica, 1968.

HARPE, Jean François La. *Cours de Littérature Ancienne et Moderne*, vol. III. Paris: Libraries-Éditeurs, 1840.

HOOYKAAS, R. *A religião e o desenvolvimento da ciência moderna*. Brasília: EdUnB, 1988.

LADURIE, Emmanuel Le Roy. *O mendigo e o professor: a saga da família Platter no século XVI*. Tomo I. Rio de Janeiro, 1999.

LAWSON, Steven J. *A arte expositiva de João Calvino*. São José dos Campos: Fiel, 2008.

LÉONARD, Emile G. *Histoire Générale du Protestantisme. I/La Réformation*. Paris: Quadrige/Presses Universitaires de France, 1988.

_____. *O protestantismo brasileiro*. 3. ed. São Paulo: Aste, 2002.

LESSA, Vicente Temudo. *Calvino 1509-1564:* sua vida e sua obra. São Paulo: Casa Editora Presbiteriana, s/d.

LESTRINGANT, Frank. À espera do outro. In: NOVAES, Adauto (org.). *A outra margem do Ocidente*. São Paulo: Companhia das Letras, 1999.

_____. *Préface: Léry ou le rire de l'indien*. In: LÉRY, Jean de. *Histoire D'Un Voyage En Terre De Brésil*. 2. ed. Paris: Bliothéque Classique, 1994.

LINDBERG, Carter. *As reformas na Europa*. São Leopoldo: Sinodal, 2001.

LUZURIAGA, Lorenzo. *História da educação e da pedagogia*. 11. ed. São Paulo: Editora Nacional, 1979.

MARTINA, Giacomo. *História da igreja de Lutero a nossos dias*. Vol. I — O período da Reforma. 3. ed. São Paulo: Loyola, 2008.

McDERMOTT, Gerald R. *The Great Theologians: a brief guide*. Downers Grove-IL: InterVarsity, 2010.

McGRATH, Alister E. *A vida de João Calvino*. São Paulo: Cultura Cristã, 2004.

_____. *Fundamentos do diálogo entre ciência e religião*. São Paulo: Loyola, 2005.

MERCURE, Daniel; SPURK, Jan. *Le Travail dans L´Histoire de La Pensée Occidentale*. Les Presses de l'Université Laval: Québec, 2003.

MILLET, Olivier (ed.). *Jean Calvin: Œvre Choisies*. Paris: Gallimard, 1995.

MOLTMANN, Jürgen. *La Ética del Calvinismo*. In: CERVANTES-ORTIZ, Leopoldo (ed.). *Juan Calvino:* su vida y obra a 500 años de su nacimiento. Barcelona: Clie, 2009.

MOTA, Carlos Guilherme. *Ecos da historiografia francesa no Brasil:* apontamentos e desapontamentos. In: PERRONE-MOISÉS, Leyla (org.). *Do positivismo à desconstrução: ideias francesas na América.* São Paulo: Edusp, 2004.

NASCIMENTO, Ester Fraga Vilas-Bôas Carvalho. *Educar, curar, salvar:* uma ilha de civilização no Brasil tropical. Maceió-AL: Edufal, 2007.

NEUNHAUS, Johannes. *Calvin als Humanist in: Calvinstudien:* Festschrift zum 400 Geburtstage Johann Calvins. Leipzig: Velag von Rodolf Haupt, 1909.

ORLANDI, Eni Pulcinelli. *Terra à Vista:* discurso do confronto: Velho e Novo Mundo, São Paulo; Campinas: Cortez/Unicamp, 1990.

PIERRARD, Pierre. *História da igreja.* São Paulo: Paulinas, 1982.

PORRAS, Aristómeno. *Calvino y la Cultura Occidental.* In: CERVANTES-ORTIZ, Leopoldo (ed.). *Juan Calvino:* su vida y obra a 500 años de su nascimiento. Barcelona: Clie, 2009.

ROUSSEAU, Jean-Jacques. *Discurso sobre a origem e os fundamentos da desigualdade entre os homens.* 3. ed. São Paulo: Martins Fontes, 2005.

_____. *Do contrato social.* São Paulo: Abril Cultural, 1973. (Coleção Os Pensadores)

SHAW, Mark. *Lições de Mestre:* 10 insights para a edificação da igreja local. São Paulo: Mundo Cristão, 2004.

SKINNER, Quentin. *As fundações do pensamento político moderno.* São Paulo: Companhia das Letras, 1996.

TAWNEY, R. H. *A religião e o surgimento do capitalismo.* São Paulo: Perspectiva, 1971.

TILLEY, Arthur. *The Literature of the French Renaissance*, vol. I. Cambridge: Cambridge University Press, 1904.

TODOROV, Tzvetan. *Jardim imperfeito:* o pensamento humanista na França. São Paulo: Edusp, 2005.

TOURN, Giorgio. *Jean Calvin:* le réformateur de Genève. Lyon: Olivetan, 2008.

VAN HALSEMA, Thea B. *João Calvino era assim.* São Paulo: Vida Evangélica, 1968.

VAN TIL, Henry R. *O conceito calvinista de cultura.* São Paulo: Cultura Cristã, 2010.

VARNHAGEM, Francisco Adolfo de. *História geral do Brasil, antes da sua separação e independência de Portugal.* Tomo Primeiro. 6. ed. São Paulo: Melhoramentos, 1956.

VOEGELIN, Eric. *A nova ciência política.* 2. ed. Brasília: EdUnB, 1982.

WALLACE, Ronald. *Calvino, Genebra e a Reforma:* um estudo sobre Calvino como um reformador social, clérigo, pastor e teólogo. São Paulo: Cultura Cristã, 2003.

WILLEMART, Philippe. *A Idade Média e a Renascença na literatura francesa.* São Paulo, Annablume, 2000.

WOLTERSTORFF, Nicholas. *A liturgia reformada.* In: McKIM, Donald K. (ed.). *Grandes temas da tradição reformada.* São Paulo: Pendão Real, 1998.

Este livro foi impresso pela Exklusiva, em 2021, para a Thomas Nelson Brasil. A fonte do miolo é ZapfEllipt BT. O papel do miolo é pólen soft 80g/m², e o da capa é cartão 250g/m².